변방이
새로운
중심이
된다

김용석 시사 칼럼집 _ **변방이 새로운 중심이 된다**

초판 1쇄 인쇄 | 2010년 2월 25일
초판 1쇄 발행 | 2010년 3월 1일

지은이 | 김용석
발행인 | 김학민
발행처 | 학민사

등록번호 | 제10-142호
등록일자 | 1978년 3월 22일

주소 | 서울시 마포구 대흥동 150-1번지(우편번호 121-809)
전화 | 02-716-2759, 702-3317
팩시밀리 | 02-703-1495

홈페이지 | www.hakminsa.co.kr
이메일 | hakminsa@hakminsa.co.kr

ISBN 978-89-7193-197-4 (03340), Printed in Korea

변방이 새로운 중심이 된다

김용석 시사 칼럼집

김용석

지음

학민사

'변방'이 새로운 중심이 된다

중심지에서 멀리 떨어진 지역 ─ '변방'이다.

오는 4월경 사단법인으로 발족할 예정인 (가칭) '희망來일' 준비위원들이 김창진 성공회대 교수를 초청해서, 시베리아에 대한 강의를 듣고, 토론을 함께 한 적이 있다.

김창진 교수는 시베리아가 러시아의 '변방'이라고 했다. 전제주의와 농노제에 반대해 싸웠던 수많은 활동가들이 유배지인 시베리아라는 '변방'에서, 새로운 세계에 대한 꿈과 희망을 키워 갔노라고 설파했다.

중심에서 멀리 떨어져 있기 때문에 자유롭게 생각하고, 특정한 위치에서 밀려나 있음으로 해서 오히려 넓은 시야를 갖게 되고, 실패와 좌절 속에서 창조적 대안을 모색하는 등 '변방'은 '변방'대로의 특성을 갖는다고 했다.

모색과 분투 끝에 '변방'은 새로운 중심으로 나아갔다고도 했다.

가만히 생각해 보면, 김대중 · 노무현 두 분 전직 대통령님들도 '변방'에서 밀려다니면서도 모색과 도전의 끈을 놓지 않았던 삶을 살았고, 마침내 중심으로 진입할 수 있었던 것 같다.

미국의 오바마 대통령 역시 인종차별과 온갖 편견과 세계 패권주의에 맞서서 '변방'에서 새로운 세계를 꿈꾸었던 분이라고 생각된다.

나 역시 '변방'에서 이리저리 밀려다녔다.

학생운동을 하면서 3차례 제적되는 등 22년 반 만에 대학을 졸업할 수 있었으며, 위수령으로 강제 징집되어 최전방 철책선에서 근무했다.

긴급조치 9호 위반으로 4년 2개월 이상 옥고를 치루었다. 대구교도소에서는 해방 이후 한반도 전쟁과 관련해서 무기징역 등을 선고받고 20~30년씩 복역해오던 미전향 좌익수들과 오랜 기간을 같이 대화하고 생활하기도 했다.

교도소를 나와서는, 부평 한일스텐레스(주)에 소위 위장 취업해서 노조 대의원을 했으나, 회사 측의 부당 전출 끝에 끝내 해고되기도 했다.

부평 4공단 입구에서 사회과학 서적을 주로 다루던 샘터서점을 4년간 운영했다.

1988년 평민연으로 정치권에 들어와서는 부평에서 국회의원, 지방의원 선거에서 거듭 낙선하였고, 이후 공천실패, 경선실패 등의 쓰라림 속에서 20년 넘게 정치권 주변을 맴돌았다.

2003년에 노무현 참여정부가 출범하면서 시민사회비서관과 인사혁신비서관 등 요직을 맡아서 일했으나, '소수파'라는 한계 때문에 힘든 세월을 보내야 했다.

2005년부터 철도공사 초대 감사로 일하면서도, 이철 사장과 함께 철도부채 문제를 해결하는 등 커다란 성과를 내기도 했지만, 경영평가 등에 대한 관계 부처의 안일한 조치에 항의해서 임기 절반 정도만에 사표를 던지게 되었다.

아마도 공기업 임원이 자진해서 사표를 제출한 것은 전무후무한 일일 것이다.

나는 오랜 기간 '변방'으로 밀려다니는 어려운 상황 속에서도, 꿈과 희망을 가지고 새로운 세상을 사색하고 모색해 왔다.

청와대에서 요직을 맡아서 일하거나, 3만 명이 넘는 최대 공기업인 철도공사에서 일할 기회가 주어졌을 때, 나는 매 순간마다 최선을 다해서 일하고 또 일했다.

'변방'에서 다른 이들이 일하는 것을 지켜보면서, 얼마나 일하고 싶어 했던가? 나라면 이렇게 할 텐데… 이것은 개선해야 하는데… 우리가 꿈꾸는 새로운 세상을 만들어나가기 위해서, 나는 지금도 해야 할 일이 너무나 많다고 생각하고 있다.

새로운 가치, 사람이 사람답게 사는 세상, 서로 돕고 아껴주면서 오순도순 재미나게 사는 세상, 사회적 약자라도 당당하게 살아갈 수 있는 세상, 자연과 환경이 조화로운 그런 세상, 그런 세상을 나는 원하고 또 원한다.

한반도의 분단체제를 넘어서고, 세계 자본주의 체제를 넘어서고, 지식정보 사회로 가는 문명사적 전환기를 돌파할 힘은 오직 '변방'에서 나온다고 나는 믿는다.

국민들에게 믿음을 줄 수 있는 지도력은 맡은 일에 대한 성실함과 그 결과에 대한 진솔한 성찰과 더불어 대안을 모색하는 소통 속에서 나온다고 나는 믿는다.

이 책은 '변방'에서의 모색과 사색의 결과물인 동시에 정부 요직에서의 활동에 대한 보고서이고 진솔한 자기 고백서이다.

우리의 이러한 꿈과 희망의 '변방'이 한반도의 중심에 서게 된다면, 그러한 한반도는 다시 인류의 평화와 공동번영을 추구하는 세계의 중심으로 나갈 수 있게 될 것이라고 나는 감히 생각해 본다.

나는 또한 미래의 관점에서, 진보를 재구성해야 한다고 생각한다.

노무현 전 대통령은 진보가 보편적인 가치라는 의미를 다시 깨닫게 해주었다.

분단체제 속에서 '진보'라는 단어는 진보의 길을 걷는 사람들에겐 오히려 치명적인 낙인으로 작동해 왔던 것이 사실이다. 해서, 결과적으로는 대중적 영향력이 부족한 집단들이 오히려 진보라는 용어를 독점해 왔던 것도 사실이다. 노무현 전 대통령은 이제 진보를 국민 대중들이 다 함께 말하자고 외치고 있다.

'진보의 미래'를 말하면서, 진보의 길로 함께 밀고나가자고 절규하고 있다.

낡은 질서가 무너지고, 새로운 질서가 떠오르는 것을 노무현 전 대통령은 정확하게 예견하고 있는 것 같다.

미래는 20대80 사회가 된다고 한다.

생산력의 발달과 정보력의 집중으로, 소수 독점은 더욱 심화될 것이라고 한다. 20만 일해도 인류가 충분히 먹고 살 생산이 가능하다고 한다. 이론적으로는 80이 실업자가 되는 세상이 온다는 것이다.

그렇다면, '미래의 진보'는 두 가지 근원적인 과제를 던져주고 있는 셈이다.

하나는, 일자리 나누기가 핵심 과제가 될 것이라는 점이다. 일자리가 절대적으로 부족한 사회가 온다면, 그 해결책은 다수가 일할 수 있도록 일자리를 나누는 방법밖에 없지 않겠는가? 사회복지 서비스 분야에서 새로운 일자리를 대대적으로 만드는 길 외에 다른 방도가 있을 수 있겠는가?

다른 하나는, 시민의 힘으로 소수 독점을 통제하는 길을 빨리 찾아야 한다는 점이다. 스웨덴 같은 선진 북유럽 국가들은 소수 독점 기업들에 대한 세율이 매우 높다고 한다. 사회적 책임이 강조된다고 한다.

재벌 중심의 경제구조를 기술 벤처 중심의 중소기업 체제로 바꿔나가야 한다는 말도 맞지만, 대규모 독점기업에 대한 사회적 통제 수단을 확립해 나가는 일도 긴요하다는 생각이 든다.

'미래의 진보'는 결국 다시 민주주의와 공동체의 문제로 돌아오는 것 같다.

시민들이 미래 공동체를 대비하기 위한 사회적 합의 수준을 높여나가고, 독점에 대한 통제 수단을 장악하는 것만이 미래 공동체 사회를 준비하는 유일한 길이 될 것이기 때문이다.

소통과 컨설팅, 거버넌스와 올바른 민주시민 교육의 확대, 풀뿌리 민주조직의 확산, 국가운영에 대한 치밀한 준비, 문제해결 능력의 향상방안 등을 상시적으로 고민해야 한다. 시민의 정치역량을 높이는 길을 꾸준히 찾아나가야 한다.

보잘것없는 글들이다. 그러나, '변방'의 정신만큼은 살아있는 글들이라고 생각한다.

책이 나올 수 있도록 고생하신 김학민 학민사 대표, 유영주 '희망來일' 국장님께 감사드린다.

무엇보다도 긴 세월을 '변방'에서 겉돌기만 했는데도, 저에 대한 관심과 기대의 끈을 놓지 않고 격려해 주고 함께 하는 오랜 동지들께 진심으로 감사드린다.

2010년 2월

김 용 석

CONTENTS

제4장 │ 한국철도, 꿈과 희망을 찾아서

제 5 장 │ 살며 생각하며

내가 아는 김용석

아파트 관리 부정을 막고, 주거환경을 개선하자는 취지로 10년 전에 만든 '아
파트를 사랑하는 사람들의 모임'을 나는 김용석 선생과 함께 만들고 일했다.
김용석 선생은 추진력과 열정이 대단한 분이고, 시간 약속을 철저하게 지키는
것으로 소문난 분이다. 함께 일하면 힘이 나는 그런 분이다.

박 천 우 (장안대 교수)

2001년부터 성공회대학교 시민사회복지대학원에서 사회복지학을 공부할 때
만난 김용석 선생님, 언제나 뜨거운 열정으로 건강한 세상을 향해 나아가시는
모습이 존경스럽습니다. 선생님의 제안이 새로운 희망을 열어가는 울림이 되
기를 바랍니다.

조 경 애 (건강세상 네트워크 대표)

김용석은 71년에 위수령으로 같이 제적되고, 강제 입영해서 전방에서 함께 고생한
친구다. 성공회 대학원에 다니면서 노인복지 문제를 많이 고민했다. 김용석 동
지가 제시한 '도시 노인의 주간 자아강화 방안'인 '실버 존' 발상은 향후 노인
복지 문제 해결의 중요한 실마리가 될 것임을 믿어 의심치 않는다.

임 춘 식 (한남대 노인복지학과 교수)

제 **I** 장

노무현으로부터
배운다

노무현과의 맞짱

나는 노무현과 대화를 하려고 한다.

우선, 존칭을 쓰지 않는 것을 양해해주기 바란다. 그 이유의 하나는 노무현은 이미 이를테면 예수나 마르크스처럼 역사적인 인물이라는 점 때문이고, 다른 하나는 친구처럼 편하게 하고 싶은 말을 다하고 싶은 소망 때문이기도 하다.

나는 사실 지금까지 노무현과 직접 대화한 적이 한 번도 없다.

1987년 6월항쟁 이후 전개된 7~9월의 노동자 대투쟁의 시절, 나는 국민운동본부 민권국장이라는 직함으로 당시 노동계 지도자들과 이소선 어머니를 모시고, 마산-창원-부산-울산 지역을 순방하면서 그 실태조사를 한 적이 있다. 1987년 거제의 대우조선 이석규 열사 사건에서, 당시 노무현 변호사는 이상수 변호사와 함께 '제3자 개입 금지 조항' 위반으로 구속되어 있었다.

그런데, 당연히 면회라도 갔어야 하는 정황이었는데, 웬지 그러지 못했다.

이후 정치권에서 여러 차례 조우했지만 대화가 없었고, 내가 인사혁신비서관으로 청와대에서 근무할 때도 마찬가지였다. 잘 나서려 하지 않는 내 성격 탓일 수도 있겠다.

아니, 딱 한 번 있다. 내가 청와대에서 근무할 당시, 갑자기 상처해서 장지로 가는 도중에 위로전화를 받은 적이 있었다.

어쨌든, 내가 노무현과 뒤늦게나마 대화하려고 하는 것은, 노무현의 〈진보의 미래〉를 읽으면서였다. 나 나름대로 청와대에서의 짧은 근무기간 동안 그리고 그 후에도 머리를 떠나지 않고 있었던 궁금증이랄까, 또는 문제의식이랄까 하는 점들에 대해서, 노무현 역시 고뇌를 하고 있었구나 하는 끈끈한 동지의식 같은 것을 발견했기 때문이고, 노무현이 고뇌한 문제들에 대해서 대화를 해야 할 '책무-부채' 같은 것이 있다는 생각이 들었기 때문이다.

건방지게 말하자면, 사실 나는 노무현이 그닥 큰 인물은 아니라고 생각했었다. 미안하다. 노무현!

〈진보의 미래〉를 읽으면서, 노무현과 맞짱을 뜨고 싶은 욕구가 강렬하게 북받쳐 올랐다. 그러나, 나는 내가 이렇게 이야기하더라도 결과가 빤하다는 것을 잘 안다. 내가 노무현을 결코 이길 수 없다는 것을.

나는 철도공사 감사 시절에도, 간부 역량에 대한 평가를 간부 개인이 아니라 그와 네트워크 되어 있는 인물 역량에서 보려고 노력했고, 네트워크의 중요성을 간부들에게도 천명해 왔다. 누구누구와 협의하고 의사결정을 하느냐 하는 것이 간부 역량의 주요한 평가 기준이라는 뜻이다.

그런데 노무현의 네트워크와 김용석의 네트워크 싸움이라면, 이미 끝난 게임 아니겠는가?

그러나, 맞짱을 뜨겠다는 정도의 각오라도 해야 따라잡기라도 할 수 있는 것 아니겠는가? 바둑 세계에서는, 스승을 이기는 것이 스승에 대한 최대의 보답이라는 말이 있다. 나는 노무현을 이기기 위해서 최대한 노력할 것이다.

나는 노무현 학습 노트를 시리즈로 계속 써나가게 되기를 기원한다. 그러나, 이 시리즈는 형식에 구애받지 않으려고 한다. 어느 날, 어느 날에 쓰겠다는 일정표도 갖고 싶지 않다.

그저 노무현이 생각나고, 쓰고 싶다는 생각이 나면 쓰려고 한다. 분량도 내 마음대로다. 주제도 아마 이리 갔다가 저리 갔다가, 횡설수설하게 될 가능성이 높다. 듣는 이 하나 없는 독백도 아마 자주 하게 될 것이다. 잘난 척도 조금 하게 될지 모르겠다. 확인하기 어려운 '팩트' 들도 인용될 수 있다. 사람 이름들도 등장할 터인데, 인신공격할 생각이 전혀 없다는 점을 미리 밝혀 둔다.

노무현과 편하게 대화하고 싶다.
많은 충고와 조언을 당부드린다.

노무현은
진보주의자

2009년 11월 출간된 〈진보의 미래〉는, '사람사는세상 노무현재단' 과
한국미래발전연구원 관계자들이 편집한 책이다.
그러나, 1부는 노무현이 기초를 잡은 구성과 원고를 그대로 엮었다고 밝히고
있다.
이 책은 1부-진보의 미래 / 2부-진보주의를 연구하기 위하여
등으로 나뉘어져 있다.

노무현은 왜, 굳이 책을 쓰려고 했는가

다 알다시피, 노무현은 인터넷에 밝은 사람이다. 인터넷으로
대통령 되었다는 말까지 있을 정도였으니까. 노무현이 대통령 퇴
임 후 봉하 마을에서 시작한 것도 민주주의 2.0이라는 인터넷 네
트워크, 인터넷 토론이었다.

그러나, 이런 시도는 효과를 보지 못한 것처럼 보인다. 〈진
보의 미래〉 pp19~20에 이런 소회가 잘 나타나 있다. "인터넷에
분노와 증오는 넘쳐나지만, 사실과 논리는 부족하고 깊이도 모
자라고… 좋은 책이 필요합니다"라고.

그런데, 주권닷컴이라는 오마이뉴스 블로그는 인터넷 동호

인 모임을 "인터넷 지지층은 연예인 지지자 모임처럼 시작된 한계를 가지고 있다"고 지적하고 있다. '펜 클럽' 성격이 강하다는 이야기다.

나는 민주주의 2.0 진행이 잘 안된 이유가 인터넷 토론이 갖는 한계에도 있겠지만, 주권닷컴이 주장하는 내용에 더 가까운 것이 아닌지 생각한다. 아울러, 죽은 권력도 권력인지라, 터놓고 말하는 분위기를 갖기 어려웠던 점도 혹여 작동했을는지 모르겠다.

그래서, 나는 좋은 책의 필요성을 인정하면서도, 인터넷 소통 방식을 나름대로 개선할 필요도 있다고 생각한다. 주권닷컴이라는 블로그가 좋은 사례일 수 있다. 팀 블로그 또는 메타 블로그 형식을 잘 연구하고 발전시킬 필요가 있을 것 같다.

책에서 본 노무현, 그는 누구인가

노무현은 너무나 인간적인 사람이다. 열정도 대단하고, 탐구력도 강한 사람이었다. 세상을 바꾸는 길이 무엇인지 꾸준히 모색하고, 고뇌했던 사람이다. 서민이었다.

그러나, 노무현은 '진보주의자'라는 점이 중요하다.

노무현 스스로 '진보'를 간판으로 걸고 이야기한 점이 대단히 중요하다고 본다. 한반도의 여러 가지 특수한 상황 때문에, 그 동안에는 진보를 말하는 대중 정치인이 진보주의자를 자처하는 것은 매우 힘든 일이었다.

　이제 우리가 노무현을 방패삼아 진보의 길로 자연스럽게 나갈 수 있게 된다면, 이는 역사적인 큰 진전이 되는 것이라고 나는 주장한다.

　물론, 진보주의와 보수주의에 대해서는 개념 자체를 둘러싼 논란이 있을 수 있겠다.

　다음 ― 국어사전에는 진보주의를 '사회의 모순을 변화와 개혁을 통하여 점진적으로 해결해 나가려는 사고방식'이라고 정의하고 있다. 보수주의는 '급격한 변화를 피하고 전통의 옹호나 현상을 유지하려는 사상이나 태도'라고 정의내리고 있다.

　암튼, 노무현은 분명 진보주의자였다. 진보주의자 - 노무현!

　그래서 노무현이 가장 가슴 아파했던 대목이 '신자유주의자'로 공격받은 일이었을 것이라고 생각한다. 〈진보의 미래〉 곳곳에 억울하다는 소회가 진하게 묻어 있다.

　노무현은 이러한 편향된 공세에, 정면으로 '진보'로 답하고 있는 것이다.

　* 첨언 - 노무현이 우리 현실을 폭넓게 진단하고 미래를 바라보면서, 진보주의와 보수주의를 대비시켜서 고민하게 하고 학습하게 하려는 의도는 알겠지만, 나는 우리 역사에 진정한 보수가 있었는지 묻고 싶다. 박정희 정권이, 이명박 정부가 보수정권인가? 파쇼지!

　아쉬운 점도 있다.

노무현은 이 책에서 화두를 던지기만 하고 있다.

이 책을 자세히 살펴보면, 노무현은 모르는 것이 너무나 많다. 물론 역설적이지만, 무언가 아는 사람만이 질문할 수 있을 것이다. 그리고 질문 속에 답이 이미 있을 수 있겠다.

그러나, 노무현은 숙제 내주는 선생 같은 태도로 일관하고 있는 것 같다. 대놓고 토론할 기회가 이미 사라졌다는 점은 참으로 아쉬운 대목이다. 남은 자들의 몫이 되었다.

시민의 역할이 중요하다는 지적은 아무리 강조해도 지나치지 않지만, 국가운영 화두를 놓치고 있는 것은 아닌지.

가장 아쉬운 점은, 결론적으로 시민의 역할을 강조한 것은 맞지만, 전직 대통령 노무현이 털어놓았어야 할 부분은 국가운영에 관한 부분일 터, 국가운영을 말하면서 100% 정책적인 측면에서만 접근하고 있다는 점이다. 혹시 다른 자료들이 있는지 모르겠다.

이 책을 읽다 보면 마치 노무현은 학자로 돌아간 듯한 느낌을 준다. 물론, 대통령을 하면서 느꼈던 주제들을 중심으로 화두를 던지고 있긴 하다. 그러나 당시 주변 정세가 현실정치라고 오해받을 수 있는 부분이 있고 구체적인 사람과 일의 과정에 대한 언급이 어려웠던 정황은 인정하겠지만, 대통령 노무현 아니면 알 길이 없는 여러 가지 국가운영의 노하우들은 이대로 역사 속으로 묻혀 버리는 것은 아닌지 답답한 생각이 든다.

이를테면, 검찰, 국정원, 국세청, 감사원에 대해서 어떤 혁신 방안들을 가지고 있었고, 어떤 인사를 통해서 그 뜻을 관철시키려고 했는지? 어떤 부분은 성공했고, 어떤 부분은 실패했는지? 한계인지? 오류인지? 그 원인은 무엇이라고 생각하는지? 지금 개선책을 내라면, 노무현의 생각은?

묻고 싶다.

한명숙 사건이 터지면서, 검찰 혁신 말이 다시 나오고 있는데, (아마도 조만간 다시 수면으로 들어가겠지만) 참여정부는 무슨 혁신을 했다는 것인지? 무엇 때문에, 왜 안 되었는지?

진솔한 자기 고백과 성찰이 없다. 하긴, 누구 탓만 할 일도 아니다.

지금이라도, 이러한 권력기구를 혁신할 기구를 민주당이나 범 민주진영이 꾸려야 하지 않겠는가? 이러다가 국세청이 터지면, 국세청 혁신하자, 국정원이 터지면, 국정원 혁신하자는 단발적인 이야기만 나올 것이다. 국가운영의 주요 기구들에 대해서는 상시적인 혁신책 - 혁신전략을 갖고 있어야 하지 않겠는가?

또 다른 중요한 예를 하나 더 들자면, 참여정부 초기의 고건총리 - 이헌재 경제부총리 발상은 누구에게서 나왔고, 그러한 인사 결과에 만족하는 것인지?

아울러, 지금 이 시점에서 그 중요하다는 국가 경제 운용팀은 꾸려져 있는 것인지, 2012년에 혹여 일단 정권을 잡게 되면 그때 가서 생각해볼 일이라는 것인지? 답답하다.

내가 청와대에서 일한 기간은 짧지만, '할 일은 많고 일하는 사람은 없었다'는 것이 솔직한 고백이다. 그렇다면, 지금이라도 국가인재들을 어떻게 준비할 것인지 고민해야 옳지 않겠는가? 2012년에 일단 잡고 나서 보자는 것인가?

희한한 일도 많이 있었다. 예를 들자면, 지엽적인 소리처럼 들리겠지만, 참여정부 초기에 실시한 청와대 조직 진단은 완전히 웃기는 짬뽕이었다.

청와대가 무엇 하는 곳인가?

원론적으로 말하자면, 국가적 과제와 국민적 요구를 해결하기 위한 최상급 국가기관 아닌가? 당연히 청와대 조직은 이러한 요구에 답하는 형식으로 구성되는 것이 맞는 것이다. 그러면, 누가 주도해서 청와대 조직을 짜야 하는가?

물론, 부차적으로는 조직이 체계적인지, 낭비는 없는 것인지 살펴보는 일은 필요하겠지만, 정치 문외한들인 자칭 (경영)조직진단 전문가들이 주도하고서야 어떻게 일하는 조직이 나올 수 있었겠는가?

차차 하나하나 이야기하기로 하자.

노무현에게서 이런 질문에 대한 답을 들을 수 없다는 것은 우리 모두의 엄청난 손실이다.

국가의 역할 · 1

<진보의 미래> 1부-1절 '국가의 역할을 고민하자'

내 마음에 쏙 와 닿는 제목이다. 나 역시 나름대로 국가운영 문제에 대해서 줄곧 고민해 왔기 때문이다.

그러나 한편으로는, 솔직히 노무현이 국가의 역할이 무엇인지 잘 몰라서, 이런 화두를 던진 것은 아닐 터이지만, 어찌 보면 생뚱맞은 느낌도 든다.

대통령은 국가를 운영하라고 국민들이 맡겨준 직책이다. 대통령할 때는 뭐하다가 이제 와서 '국가의 역할을 고민하자'고 하는가 말이다. 물론, 대통령 해보니 새삼 국가 역할이 중요하다고 느꼈을 수도 있을 것이다.

암튼, 국가의 역할이 무엇이냐 는 화두는 대단히 중요하다고 생각한다.

왜냐하면, 많은 사람들이 국가의 역할도 잘 모르면서, 국가운영에 대한 비전도 없이, 토론도 없이, 준비도 없이, 무조건 정권이나 잡으려고 덤비고 있기 때문이다.

지금 솔직히 민주당을 포함한 범 민주진영이 국민들에게 당당하게 내놓을 정도의 정돈된 국가 비전을 갖고 있는가? 잘 모르겠다.

1997년 대선 무렵, 김대중-김종필의 DJP연합에 대한 의구심이 많이 제기되자, '정권교체야말로, 진정한 개혁이다' 뭐, 이런 말이 나왔다. 너무나 멋있어서, 나도 많이 떠들고 돌아다닌 것이 기억난다. 2002년에도 비슷하게 많이 써먹었던 것 같다.

2007년에도 이런 소리가 나오기에, 나는 대선기간 내내 '잡기도 어렵지만, 잡으면 어떻게 할 건데?' 되묻고 다녔었다. 잡고 나서 제대로 못할 것 같으면 아예 안 잡는 것이 도와주는 거야 , 이 사람아!

정권 잡으면 진짜 잘해야 된다. 잘하려면, 미리미리 잘 준비해야 한다는 것이 내 생각이다.

2003년 청와대에서 일하기 시작하면서, (대통령 만들기에 모두들 참으로 바빴을 것이다) 우리에게 던져진 책 2권이 박세일의 〈대통령의 성공조건〉이었다. 1권은 대통령 업무에 관해서 분야별로 해야 할 일들을 관계 전문가들이 서술한 책이고, 2권은 고위직 관료들의 국정운영 경험담을 수록한 책이다.

'아, 청와대 일이 이런 것이구나' 라는 것을 느꼈다.

박세일은 별도로 〈대한민국 선진화 전략〉이라는 책을 발간하였다.(2006. 2) '선진화 전략'은 보수세력의 일반적인 국가운영 트렌드로 간주되고 있다.

2009년 12월 19일 청와대는, 이명박 대통령의 대선승리 2주년을 맞아, 지난 집권 2년을 '대한민국 선진화를 위한 초석을 마런한 기간'이라고 자평하고 있다. 박세일이 주장한 선진화와는 완전히 다른 이명박의 선진화이기는 하지만…. (보수와 파쇼의 차이?)

진보 진영의 박세일은 누구인가? 우선, 나는 묻는다.

노무현이 〈진보의 미래〉를 통해서 던진 숙제를 풀어 나가는 과정에서 박세일 같은 사람도 나오고, 나아가 2012년이 훤하게 보이게 되기를 진심으로 기대한다.

국가의 역할 · 2

〈진보의 미래〉 1부–1절 '국가의 역할을 고민하자'

경제 이야기로 시작하고, 보수주의의 주장을 가지고 이야기를 하자

노무현은 경제만 가치있는 것은 아니고, 경제만 잘하면 성공할 수 있다는 것도 물론 아니지만, 경제 이야기로 시작하자고 말한다.

노무현의 이러한 접근 방식은 매우 현실적인 판단에서 나온 것이라고 할 수 있겠다. 아무리 '진보'적 담론을 말하려고 하더라도, 듣는 이가 없다면 무슨 소용이 있겠는가? 사람들이 관심을 가지고 있는 주제에서 시작하자는 것은 많은 대화 경험에서 나온 접근 방식이다.

나아가, 노무현은 보수주의의 주제를 가지고 이야기를 하자고 말한다. 보수주의는 돈을 가장 중요한 가치의 중심에 두고 있다. 노무현은 아마도 대통령을 하면서, 보수의 물줄기가 얼마나 뿌리 깊고 거대한지에 대해서 통감한 듯하다.

보수가 큰 흐름을 이루고 있는 현실을 인정한다면, 당연한 접근 방식이겠지만, 보수주의의 주제를 가지고 이야기하자는 말 속에는 그 이상의 의미가 함축되어 있다고 나는 생각한다. 노무현이 진보주의의 확장을 염두에 두고, 〈진보의 미래〉라며 도전적(?)으로 문제 제기를 한 것이라고 보기 때문이다.

요즘, 노무현의 〈진보의 미래〉에 대한 관심이 높아지면서, 일부 진보 독점주의자들의 심기가 내심 불편한 것처럼 보인다. 이라크 파병, 한·미FTA, 양극화 등을 결과한 노무현 참여정부가 '신자유주의 정권'인데, 왜 노무현이 진보를 말하는가 하는 문제 제기이다.

이 문제에 대해서 노무현은, 참여정부가 '신자유주의 정권'인지 아닌지의 논쟁을 뛰어넘어서, 그렇다면, 진보 독점주의자들의 진보는 무엇인지 현실적인 진보인지 되묻고 있다.

노무현이 '보수의 시대냐, 진보의 시대냐'라고, 2분법적으로 문제를 제기한 것은 현실적인 판단과 접근이 얼마나 중요하고도 불가피한 일인지 되묻고 있는 것이다. 반 걸음씩 나가는 것이 현실이고, 진정한 진보라는 것이다.

아울러, 진보 독점주의자들의 진보가 무엇이며, 진보를 어떻게 가능케 할 것인지를 묻고 있는 것이다.

박세일과 백낙청 이야기도 들어보자

나는 이즈음에서 박세일과 백낙청에 대해서 말하고 싶다.

앞에서도 언급한 바가 있지만, 박세일은 〈대한민국 선진화 전략)이라는 책을 통해서, 공동체 자유주의를 주창하고 있다. '부유한 국민이 사는 덕있는 나라'를 슬로건으로 걸고 있다.

박세일 주장의 요체는 자유주의를 기반으로 하면서도, 공동체 사회가 되어야 한다는 것이다. 반대하기 어려운 매우 매력 있는 주장 아닌가? 진보와 무엇이 다른가?

진보 독점주의자들은 박세일을 어떻게 보고 있을까? 박세일의 세계화 주장을 빗대어 신자유주의자로 몰아칠 것인가? 나는 박세일이 보수인지 진보인지 헷갈릴 때가 있다.

나는 백낙청을 좋아한다. 물론, 엘리트 코스를 밟은 이력에는 거리감이 조금 있지만, 백낙청에게는 깊은 생각의 편린 같은 것들이 너무나 많아서 신뢰가 간다. 돌다리를 건너면서, 이런저런 경우들을 다 짚어보려는 태도야 말로 격동의 한반도 지도자들의 가장 큰 덕목이어야 하지 않겠는가?

백낙청 주장의 요체는 변혁적 중도주의다. 분단체제를 변혁하는 유일한 길은 중도뿐이라는 것이다. 중도와 변혁은 하나라고 백낙청은 말한다.

〈어디가 중도이며, 어째서 변혁인가〉(백낙청 지음)

진보 독점주의자들은 백낙청을 어떻게 보고 있는가? 백낙청의 중도는 진보가 아니라고 생각하는가? 변혁하기 위해서는 중도까지 먹어야 한다는 뜻으로 나는 해석한다. 백낙청식 진보라고 생각한다.

백낙청은 성찰하는 진보와 합리적인 보수가 힘을 모아야 한다고 주장한다.

　박세일은 개혁적인 보수와 합리적인 진보가 힘을 모아야 한다고 주장한다.

　조합해보니, 성찰하는 진보와 개혁적인 보수가 합리적으로 뭉쳐야 한다고 해도 될 것 같다.

　노무현은 보수가 압도적으로 우위를 점하고 있는 시대라면서, 현실적인 접근방식을 찾아나가고 있다. 박세일과 백낙청 역시 궤를 같이하고 있다고 나는 생각한다.

보수의 시대,
진보의 시대

〈진보의 미래〉 1부-2절, '보수의 시대, 진보의 시대'

보수의 시대에서 진보의 시대로 가고 있는가?

노무현은 원론적인 차원에서 국가의 역할을 중심으로 보수와 진보의 정의를 내린다. 진보나 보수나 인간의 가장 기초적인 삶인 먹고 사는 문제를 다루는 데는 마찬가지인데, 보수는 시장에 맡기자는 주장을, 진보는 시장의 한계를 말한다는 것이다.

이것이 작은 정부(보수)와 큰 정부 – 일하는 정부(진보) 주장의 배경이 된다고 한다.

나는 이러한 설명이 원론적으로는 의미가 있지만, 오늘의 경제 현실에 적용하는 것은 불필요하다고 생각한다. 지금은 보수나 진보나 모두 시장의 한계를 인정하고 있고, 국가의 개입이 불가피하다고 생각하고 있다. 다만, 개입 방식이나, 개입의 과실이 어느 부류에게 돌아가느냐 하는 차원에서 쟁투가 벌어지고 있는 것이라고 본다.

또한 노무현이 편의적으로 위의 이론들을 차용하고 있을 뿐이라고 생각한다. 예를 들자면, 대체로 기업의 경향이 독점사업 분야에서는 개입 불가(시장에 맡기자)를 주장하고, 노사관계는 개입 당위(공권력이 할 일이다)를 주장하는 것에서 알 수 있다.

물론 노무현이, 이러한 원론을 들고 나온 것은, 큰 흐름에서 세계 경제가 보수 주도냐, 진보 주도냐를 말하기 위함이다. 보수와 진보의 원론적인 경향성을 설명하려고 하고 있다.

노무현은 보수 진영이 대체로 복지의 축소, 감세, 작은 정부, 민영화, 규제 철폐, 노동의 유연화, 개방 등을 주장하고 있고, 진보 진영은 제3의 길을 주장하고 있다고 진단한다.

보수 진영은 경제의 활력과 경쟁력을 내세워 노동과 복지, 정부의 역할을 적극적으로 공격하고 있고, 진보 진영은 노동과 복지, 진보의 가치 그 자체를 적극적으로 주장하기 보다는 지속 가능한 경제에 도움이 된다는 식의 수세적 논리로 대응하고 있다고 말한다.

나는 이러한 진단이 대체로 타당하다고 생각한다. 노무현의 말처럼, 어쨌든 논쟁은 경제의 효율성 논리, 시장의 논리 안에서 벌어지고 있는 것이다.

노무현은 이처럼 진보 진영의 태도가 수세적으로 변한 이유를, 복지병과 대처리즘, 레이거노믹스, 동구의 해체, 기술 혁신, 그로 인한 산업 구조의 변화와 노동의 변화, 세계화 등에서 찾는다. 보수의 시대라는 해석이다.

노무현은 아울러 이러한 보수의 시대가 막을 내리고 있는지, 진보의 시대가 열릴 것인지 조심스럽게 타진한다. 근래에 미국 중산층의 붕괴, 서민들의 불안과 위기 등의 문제가 누적되면서 보수주의의 논리에 대한 진보주의의 공세가 강화되고 있다는 사실에 기초한다.

'보수주의 시대냐? 진보주의 시대냐?' 노무현이 던져놓은 이러한 2분법 분류 방식은 문제의 본질을 파악하고, 상황을 정리하는데 큰 도움이 된다고 생각한다.

일부, 진보 독점주의자들은 김대중-노무현 정부를 신자유주의 정부라고 비난한다. 그들은 김대중-노무현의 철학이나 인간성이 중요한 것이 아니라, 결과가 중요하다고 주장한다.

결과적으로, 이라크 파병했지 않았느냐?
결과적으로, 양극화 극복 실패하지 않았느냐?
결과적으로, 한 · 미 FTA 하지 않았느냐?

나는 결과도 물론 중요하지만, 어떤 상황이었는지, 제대로 대처했는지, 무엇이 문제인지를 따져보는 일이 더 중요하다고 생각한다.

물론, 김대중-노무현 정부가 잘못한 부분이 없다는 이야기는 아니다.

오히려, 이러한 상황의 배경과 문제의 본질을 정확하게 이해함으로써 현실적인 타개책을 찾아나가는 것이 진보정책 추진자들의 기본적인 과제라는 것이다.

어린 학생이 15층 옥상에서 투신한 행위에 대해서, 결과만 보고 '생명을 경시하면 안 된다' 라는 식으로 이야기하는 것이 진보인가?

아니면, 몸을 날릴 수밖에 없는 어떤 상황을 분석하고, 대안을 찾으려는 것이 진보인가?

노무현은 진보를 향해서 몸을 날린 것이다.

노무현의 상황을 분석하고 대안을 찾는 것은 이제 우리들 진보주의자들의 숙명이 되었다.

보수의 주장,
진보의 주장

〈진보의 미래〉 1부-3절 '보수의 주장, 진보의 주장'

보수의 주장, 진보의 주장

노무현은 보수의 시대에, 보수의 주장이 무엇인지를 많이 짚어보고 있다. "그 동안에는 보수주의의 바람이 도도하여 또박또박 말을 붙이기도 어려웠다"고 술회하면서 말이다.

나는 미국의 변화가 노무현의 말처럼 그렇게 기대해도 좋을 만한 정도의 변화인지에 대해서는 잘 모르겠다. 다만, 노무현처럼 진보의 시대를 열기를 원하기 때문에, 보수주의 주장의 논리적 타당성과 실체적 결과를 검증하려는 노무현의 설명 속에서 배울 것은 배우려고 하는 것이다.

노무현이 설명하는 보수주의의 주제들은, 감세, 복지, 민영화, 노동의 유연화, 규제 철폐, 개방 등등이다.

* 감세 논쟁 : 감세가 투자를 활성화하고, 성장을 촉진하고, 가난한 사람들에게도 혜택을 가져다주는가? 노무현은 두 가지

예들 들어서 아니라고 답한다. 하나는, 1980년대 초 레이건 정부와 2001년 부시 정부가 감세정책을 추진했지만, 오히려 재정적자만 확대되었다는 사례이고, 다른 하나는 2005년 참여정부가 소득세 1% 법인세 2%를 인하했지만 소비와 투자가 증대되지 않고 세수 결손만 확대되었다는 것이다.

* 복지 논쟁 : 복지 확대는 복지병, 나태와 무책임을 낳는다고 보수주의는 주장한다. 사실인가? 우리나라의 복지지출 비중을 국제적으로 비교해보면, 아직도 까마득한 수준이라는 것이다. 복지는 함께 가는 성장을 위한 것이라고 노무현은 말한다.

* 민영화 : 보수주의의 민영화 주장의 근거는 효율성을 높인다는 것이지만, 공익의 관점이 필요하다고 노무현은 말한다. 아울러, 민영화 결과 성공 사례와 실패 사례를 모아 보자고 제의한다.

* 노동의 유연화 : 노동문제에 대한 연구가 많이 필요하다고 노무현은 말하면서, 노동유연화가 대세를 이루고 있다는 보수주의의 주장 자료들을 찾아보자고 말한다. 그 배경도 알아보자고 말한다. 그 외에도, 인적 자원을 경쟁력의 핵심으로 보는 경영전략이나, 노동 유연화를 수용하기 위한 사회적 조건에 대해서도 알아보아야 한다고 제의한다.

* 정부와 공기업의 구조 조정 : 아웃소싱은 성공하였는가, 공기업의 구조조정은 적절한 것인가, 우리 공무원이 많은 것인가 등 문제를 제기하고 있다.

* 규제의 철폐 : 실용주의적 접근이 필요하다고 노무현은 말한다. 규제 문제의 실체에 접근하기 위해서 규제개혁위원회,

부패방지위원회, 법제처, 제도개선비서관, 경제단체에 공무원 파견, 고충처리위원회 등을 통해서 개선하려고 노력을 기울였으나, 무엇이 개선되고 무엇이 남았는지 실체에 접근하기도 어려웠다고 노무현은 술회한다. 노무현은, 관료조직 때문이었는지 잘 모르겠다고 말한다.

* 개방 논쟁 : 노무현은 개방 문제가 진보와 보수의 문제인지, 선진국과 후진국의 문제인지를 묻는다. 각국의 사정에 맞는 전략이 필요한 것이므로 개방 여부가 문제가 아니라, 언제 어느 정도 할 것인가 하는 문제라고 보고 있다. 한·미 FTA 이야기도 우리나라 사정과 연관해서 검토하자고 제의한다.

결론적으로 노무현은 보수 시대의 성적표가 나쁘다고 설명하면서, 양극화를 낳은 것이 가장 큰 문제라고 말한다.

노무현은 재정의 크기와 성장, 복지, 국가 경쟁력 등의 실증적 사례들을 비교 분석하자고 제의한다. 보수주의 주장들이 과연 근거를 갖고 있는지, 자료들을 통해 따져보자는 것이다.

노무현이 제기한 수 없이 많은 과제들은, 많은 연구자들의 토론을 거쳐서 〈진보의 미래〉 2~3권으로 정리해서 나올 예정이라고 한다.

노무현은 레이건과 부시로 대표되는 미국 보수주의의 실패가 일시적인 추락이 아니라 구조적인 문제 탓으로 보고 있는 듯하다. 오바마의 등장으로 보수의 시대가 끝난 것으로 인식하는 것인지는 잘 모르겠다. 좀 더 정확한 진단이 필요할 것 같다.

진보의 대안과 전략

〈진보의 미래〉 1부-3절 '보수의 주장, 진보의 주장'

노무현은 진보의 대안과 전략이 진보 원리주의와 제3의 길로 갈린다고 말한다.

노무현은 제3의 길이 무엇인지에 대해서만 길게 설명하고 있다. 진보 원리주의(?)라는 것은 길게 언급할 필요조차 없는 비현실적인 주장으로 보고 있는 것이다.

제3의 길, 또는 신중도주의란 무엇인가?

노무현은 제3의 길은 신자유주의 논리의 일부를 받아들인다고 말한다. 경쟁과 성장, 노동, 작은 정부, 민영화, 개방 등의 일부를 수용한다는 것이다. 이러한 내용들을 노무현은 구체적으로 찾아보자고 한다.

'진보란 이런 것'이라며 막무가내로 주장하는 교조주의적인 태도가 아니라, 마음을 열고 진보를 따져보려는 합리적이며 개방적인 태도다. 아울러, 새로운 트렌드로 부상하고 있는 '인적 자본론'에 대한 연구도 주문하고 있다.

〈진보의 미래〉에서 노무현이 일관되게 주장하려는 것이 있다. 교조주의에 대해서 적극적으로 싸우라는 메시지다.

이전에, 가까운 후배로부터, 레닌의 투쟁 중 50% 이상이 내부 투쟁에 관한 것이라는 말을 들은 적이 있다. 나는 레닌에 대한 조예가 깊지 않아서 잘 모르겠지만, 사실이라면 의미심장한 일이다.

누가 진보를 내세웠는데 틀린 길을 가고 있다는 생각이 들면, 이에 대처하기가 참 곤란한 일 아니겠는가. 하느님을 내세우면서 누군가가 거짓 사랑을 말한다면, 참 뭐라고 탓하기가 어려워지는 것과 마찬가지다. 하느님과 맞서서 싸울 생각은 아니었지만 아마도 그리 비춰질 개연성도 있고, 다른 한편에서는 조중동이나 점잖은 '순수파 양반님'들이 '양비론' '지들끼리 쌈박질한다' 해가면서 신나해 할 일임에 틀림없다. 이래저래 괴롭다.

20세기는 전쟁과 혁명의 세기였다고 한다. 그런데, 역사를 바꾸려는 세력들 사이의 내부 투쟁이 더 치열했다고 한다. 우리끼리 아옹다옹한다는 일은 너무나 피곤한 일이다. 노무현은 참여정부가 신자유주의 정권이라고 공격받을 때, 상처를 많이 입은 것 같다. 성정이 여린 사람이 진보를 주창하고 그 길을 가려고 했는데, 오히려 신자유주의자로 매도되었다.

노무현을 두둔하려고 하는 말이 절대로 아니다. 이러한 괴로운 진흙탕 싸움에, 이제 우리도 전면적으로 발을 담가야 한다는 뜻이다.

참여정부의 여러 가지 정책들이 어떤 성격을 갖는지?

왜, 그런 정책들이 나오게 된 것인지?

참여정부의 국정 운영에 대한 객관적인 평가작업은 어떻게 이루어져야 하는지?

한계인지? 오류인지?

나는 거듭 참여정부 국정 참여자들의 진솔한 자기 고백과 일의 경과에 대한 설명과 내용에 대한 공유가 이루어져야 한다고 주장한다. 여기에 '진보의 미래'가 있고, '진보의 대안'이 있다고 본다.

이러한 자기 성찰이 노무현의 〈진보의 미래〉에 진정으로 답하는 일이라고 나는 믿는다.

노무현은 진보-보수, 제3의 길 논쟁에는 국가의 역할이라는 묵직한 주제가 자리 잡고 있다고 말한다.

누구를 위한 국가인가? 결국은 국가가 소수의 지배수단으로부터 다수를 위한 국가로 바뀌어왔다고 설명한다. 민주주의의 중요성이 여기에 있는 것이고, 적어도 지금 우리는 '국민 모두를 위한 국가'가 당당한 명분이 되었고, 제도적 수단을 획득했다고 말한다.

이러한 과정이 진보의 역사가 되고 있다는 것이다.

진보와 보수는 어떻게 다른가

〈진보의 미래〉 1부-4절 '진보란 무엇인가, 보수란 무엇인가?'

진보와 보수는 어떻게 다른가

현상의 유지냐, 현상의 변화인가 하는 것이 진보와 보수를 가르는 중요하고도 단순한 기준임을 노무현은 밝히고 있다. 물론, 보수라고 해서 무조건 현상을 유지하려는 것은 아니라고 나는 생각한다. 그러나, 진보와 보수의 경향성을 알기 쉽게 정의하자면, 그렇다는 말이다.

  * 자유와 평등 : 사람들은 자유를 강조하면 평등이 희생되고, 평등을 강조하면 자유가 희생된다고 말하지만, 노무현은 이런 논리에 동조하지 않는다. 불평등과 지배가 없으면, 자유의 문제는 없다고 말한다. 평등이 기본이라는 것이다.
  * 민주주의와 진보 : 노무현은 진보는 민주주의의 내재하는 가치라고 말한다. 진보적 민주주의라야 진정한 민주주의이다. 굳이 살을 붙이자면, 진보와 민주주의는 하나라는 것이 노무현의 통찰이라고 나는 생각한다.

그래서, 노무현은 민주주의가 가장 전형적인 역사의 진보라고 말한다. 민주주의 그 자체가 중요한 진보적 가치라는 말이다. 이어서 노무현은 진보와 보수를 가르는 기준이 결코 신자유주의일 수는 없다고 정리한다.

이러한 논리에 따라, 김대중 정부와 노무현 정부를 신자유주의 정부라고 규정하는 것은 잘못된 주장임을 밝히고 있는 것이다. 김대중-노무현 정부가 신자유주의 정부라면, 이른바 제3의 길을 가고 있는 유럽의 진보주의 정부들도 신자유주의 정권이냐고 반박하고 있다.

결국, 신자유주의를 기준으로 보수와 진보를 가르는 것은 옳지 않다는 것이다.

작은 정부와 큰 정부를 기준으로 보수와 진보를 가르는 것도 적절치 않다고 노무현은 말한다. 보수가 작은 정부를 고집하는 것도 아니고, 진보가 큰 정부를 무조건 주장하는 것도 아닌 것이 현실이기 때문이다. 또한 오늘날, 시민들은 큰 정부를 좋아하지 않고 있다.

국가의 역할은 시대적 과제나 국민적 요구가 무엇인지를 해석하는 정치적 입장에 따라서 규정된다고 나는 생각한다.

진보와 보수를 가르는 중요한 기준, '분배'에 대하여

진보와 보수가 실질적으로 가장 타협 없이 싸우는 쟁점은 결국 '국가가 분배에 얼마나 깊이 개입할 것인가?'의 문제라고 노무현은 말한다. 이 문제에 대한 태도를 기준으로 보수와 진보를 구분하는 것이 가장 정확한 기준이 될 것이다. 매우 중요한 본질적인 지적이다.

나는 이러한 노무현의 주장이 이론적으로는 타당한 것이라고 생각하지만, 전략적 접근이 필요한 것은 아닌지 하는 생각을 한다. '미래' 컨셉을 가미해야 한다는 생각이다. 단순히 '분배'라고 말하면, 무언가 '계급투쟁'같은 불안한 느낌이 팍 들어가는 것이 사실이고, 과도한 분배 방식이 낳은 부작용 등이 세계현대사 과정에서 드러나 있기 때문에, 국민들의 동의와 유연한 접근을 통해서 실효를 거둘 수 있는 전략적 접근 방식을 찾아나가는 것이 필요하다고 보는 것이다.

'미래' 컨셉을 중심으로 진보의 논리를 재구성할 필요가 있다고 나는 생각한다.

미래학자들에 의하면, 미래 사회는 20 대 80 사회로 간다는 것이다. 생산력의 엄청난 발전으로 인류는 소수 생산자와 다수 소비자로 나뉠 것이라는 지적이다.

이러한 관점에서 보자면, 사회적 약자를 돕는 일자리를 무수히 만들어나가는 길만이 실업 문제를 근본적으로 해소하는 것이 되고, 공동체 유지가 가능하다는 것이다.

아울러, 소수 생산자의 이익을 어떻게 통제할 것인가에 대한 사회적 합의가 대단히 중요한 과제가 된다는 것이다. 북유럽의 독점적 기업들의 사회적 책임이나 세금제도는 이미 이러한 측면에서 결정적인 시사점을 던져주고 있다는 것이 나의 생각이다. 따라서, 다시 민주주의의 문제가 진보의 본질적인 과제가 되는 것이라고 나는 생각한다.

　미래 선진 사회란, 사회문제 전반에 걸쳐서 국민들의 의사
결정 수준이 높고 빠른 사회라는 것이고, 이것은 '민주의식 - 정
치의식 - 공동체 의식의 제고'를 통해서만 이루어질 수 있는 것
이기 때문이다.

　노무현은 진보의 시대에 노출된 정부의 태만과 비효율 등은
관료제의 문제라고 강변하고 있는데, 틀린 지적은 아니지만 완
전한 답도 아니라고 나는 생각한다. 관료제를 어떻게 할 것인지
에 대한 국민의 정부, 참여정부의 고뇌가 깊었던 것도 아니고,
혁신 노력이 두드러졌었다고 보기도 어렵기 때문이다.

　나는 2007년 12월, 희망제작소가 주최한 '인수위 심포지
엄'에서 '감사원 혁신이 관료제 타파의 지름길'이라는 요지의
글을 발표한 바 있다. 일본 민주당의 하토야마 정부도 그 등장의
동력에는 관료제 혁신이라는 국민적 기대를 등에 업은 측면이
있는 것이다.

　노무현은 보수주의의 규제완화, 작은 정부, 정부 혁신, 구조
조정, 민영화, 노동의 유연화 등과 같은 명제들에 대해서, 수용
할 것은 수용하고 수용의 정도로 타협하는 것이 현명한 전략이
아닌지를 묻고 있다. 현실적인 검토가 필요하다는 지적이다.

　아울러 신자유주의가 보수와 진보를 가르는 기준은 될 수
없지만, 그 내용을 이루는 주장들의 타당성에 대해서는 하나하
나 검토할 필요가 있다고 말한다.

세계는 진보의 시대로 가는가

<진보의 미래> 1부-5절, '세계는 진보의 시대로 가는가'

이명박 정부에서 747은 이륙도 하지 못했음에도 불구하고, 노무현 정부 내내 '경제파탄'이라며 비난을 퍼부었던 언론은 조용하다. 미국 경제가 파탄이 나고 그로 인하여 세계경제가 불황에 빠진 탓이기도 하기에, 지금 우리가 할 일은 일단 위기를 극복하는 것이라고 노무현은 말한다.

위기 극복 과정이 우리 경제의 체질을 강화하는 계기가 되려면, 그 원인을 정확하게 알아야 처방이 나올 것이다.

부동산 거품, 파생 금융상품, 금융에 대한 규제와 감독의 부실, 이런 구체적인 원인을 이야기하는 사람도 있고, 빈부의 격차, 시장의 실패, 이런 포괄적인 경제체제 문제까지 이야기하는 사람도 있다고 노무현은 미국 경제 위기의 원인을 분석한다.

오바마는 "미국민은 감세 정책, 트리클 다운, 금융 규제 완화, 종교정치를 더는 지지하지 않는다"고 말했다고 한다. 이것은 지난 30년간 미국을 지배해 온 보수주의 정책을 정면으로 지적한 것이다.

진보의 시대로 가는 신호탄인가?

오바마의 당선이 미국에 불고 있는 진보의 바람을 반영한 것이라면, 이제 진보의 시대가 열릴 수도 있을 것이라고, 노무현은 기대섞인 희망을 말한다.

그래서, 클린턴은 보수 시대의 진보 대통령이었지만, 오바마는 진보 시대의 진보 대통령이 될 것이라는 미국 진보 진영의 싱크탱크들의 전망을 소개하고 있다.

노무현은 미국이 진보의 시대로 갈 것이라고 단정하는 듯하다. 그러면서, 유럽이 어떻게 될 것인지 조사해보자고 제안한다. 진보주의의 미래와 오늘날 경제 위기와 그 이후 세계질서, 세계의 대응 등.

노무현은 끝없이 질문을 던진다. EU헌법의 여러 조항이 매우 진보적이라는 점을 드는 것을 보면, 노무현은 진보의 미래에 대하여 희망적인 견해를 가진 것처럼 보인다.

나는 솔직히 잘 모르지만, 미국의 진보에 대한 노무현식 희망에 동의하지는 않는다. 미국은 여전히 힘의 우위 속에서 세계질서를 요리하고 있고, 그러한 기득권은 여전히 타국에 대한 영향력이 강화되는 속에서 유지될 수 있는 것이고, 그러한 영향력 확대 노력은 타국과의 충돌이 불가피하다고 보기 때문이다.

물론, 좀더 합리적인 방향으로 미국이 움직일 것이라는 기대는 있지만, 미국의 진보는 한계를 가진 어떤 범주 내로 제한될 것이라고 생각한다. 어쨌든, 우리 스스로의 민주 역량을 키우는 일이 중요하다고 말하고 싶다.

한국은 지금
몇 시인가

〈진보의 미래〉 1부-6절 '한국은 지금 몇 시인가?'

한국은 어디로 가고 있는가

이명박 정부 들어서고 감세, 구조조정, 규제 완화, 비정규직 기간의 연장, 경쟁의 교육 정책을 밀어붙이고 있는데, 이는 지난 8년간 미국 공화당 정부의 정책의 재판이라고 노무현은 설명한다. 한국은 세계의 변화에도 불구하고 보수의 시대로 가는 것인지, 답답하다.

노무현은 한국이 아직도 보수의 나라, 반공이 모든 것을 지배한 나라, 아직도 색깔 공세가 통하는 나라라고 개탄한다.

김대중 · 노무현 정부는 진보의 정권이었나? 제3의 길 기준으로 평가할 것을 노무현은 주문한다. 특히, 우리에게 진보의 역사가 있었는지, 상해 임정, 제헌헌법의 진보주의. 이해찬은 〈진보의 미래〉 출판기념회에서, 국민의 정부와 참여정부가 정조 이래 200년만의 진보정권이었다고, 아주 특수한 정권이었다고 주장한 바가 있다. 그럴 듯하다.

하여튼, 한국사회에서의 진보의 뿌리가 취약한 것만은 분명하다. 그래서, 민주대연합이니 진보대연합이니 하는 말은 결국은 취약한 진보진영이 그나마 단결해야 보수-수구를 막아낼 수 있다는 절박한 절규일 터이다. 선택이 아니라, 필수라는 말이다.

진보 독점주의자들은 김대중-노무현 정부를 신자유주의 정권이라고 공격해왔다. 잘못된 전선 설정이다. 물론, 진보 내부의 소통이 부진했던 점, 국가운영 과정과 결과를 공유하지 못한 점, 통치 전략의 부재, 국가인재의 부족 등등 국민의 정부와 참여정부가 비판받아야 할 점은 많고, 성찰과 대안제시 노력이 기울여져야 하는 것은 맞지만, 정부의 성격 자체를 보수정권-신자유주의 정권이라고 규정하는 것은 오류임이 분명하다.

노무현은 오죽 답답했으면, 오바마가 한국에 오면, 한국에서 진보의 시대가 열릴 것이냐, 우문(愚問)을 던지고 있다.

노무현은 한국에서의 권력이 누구에게 있는지 냉철하게 바라보아야 한다고 말한다. 시민은 권력을 가지고 있는가? 대한민국은 민주공화국인가? 여론의 흐름을 지속적으로 움직일 수 있는 힘이 권력인데, 시민의 권력수단은 무엇인지 묻고 있다.

2010 지방선거와 시민 권력의 수립

나는 2010 지방선거의 의미를 명확히 하자고 주장한다. 지금 당장은 세종시 문제를 비롯해서 이명박 정권의 역주행을 막아내는 싸움을 치열하게 전개하는 것이 중요한 것은 사실이다.

그러나, 2010 지방선거가 이명박 정권 심판의 큰 분수령이 될 것이라는 점이 중요하다. 따라서 2010 지방선거를 통해서 민주주의 하부토대의 구축, 시민 권력의 수립이라는 명확한 관점을 견지해야 한다고 보는 것이다.

이것은 일부 시민사회 운동가들이 주장하는 것처럼 정치를 배제한 순수한 '자치'라는 식의 접근이 아니라, 지방 '정치' 활성화라는 명확한 관점에 서야 한다는 것을 뜻한다.

진보 진영의 자치단체는 지역 현안에 대한 적극적인 해법 모색과 더불어 소통의 공동체 형성, 거버넌스 강화, 관료제 제어, 인사의 공정성, 민주시민 교육 프로그램의 개발과 운영, 풀뿌리 자생 조직에 대한 지원, 지역경제 활성화, 서민 사회복지의 대대적인 확충 등 민주정치를 강화하는 프로그램을 목적의식적으로 전면적으로 도입해야 한다는 주장이기도 하다.

일제 때, 순수문학이 결국은 친일문학이었다는 역사적 경험을 상기할 필요가 있다.

'순수' 너무 좋아하지 마라. '정치는 모른다'고 멋있는 척 말하지 마라. '정치 혐오'가 결국은 파쇼의 토양이 되어온 역사를 결코 잊어서는 안 될 것이다. '정치'가 존중되어야 한다. 권력을 바로 보아야 한다. 시민이 중심에 서야 한다.

흙탕물 속에서 몸 망가져가면서, 정치적 영향력을 확장하는 길을 찾아나가는 것이 시민 권력의 토대를 마련하는 길이라고 나는 믿는다. 진보의 길은 시민 권력을 갖는 길이다.

이것이 노무현이 부엉이 바위에서 몸을 던지면서 남겨준 숙제에 답하는 유일한 길이라고 나는 굳게 믿는다.

시민의 역할은
무엇인가

〈진보의 미래〉1부–7절 '시민의 역할은 무엇인가'

시민의 역할은 무엇인가

제 1부 7절은 마지막 절이다. 노무현은 결국 시민의 역할을 강조하는 것으로 1부를 끝내고 있다.

진보의 세상을 누가 어떻게 만들 것인가? 정치가 결정한다는 것이다. 정부도 중요하지만, 최종적으로는 국회가 결정한다. 국회는 국회의원들이 움직이지만, 정당이 국회의원들을 움직이기 때문에 정당이 중요하고, 여론의 호응이 있어야 한다는 것이다.

여론과 표를 움직이는 힘이 권력이다. 그렇다면 권력은 누구에게 있는가? 노무현은 권력은 시민에게 있다고 말한다. 정치인들은 여러 가지 정치공학적 전술을 사용하고, 언론은 여론을 조작하고 지배하며, 돈이 언론을 움직이고 자금을 댄다는 것이다.

시민이 권력을 다시 찾아야 한다. 시민이 주권자로서 권리를 찾고, 올바르게 행사해야 한다. 권리이자 의무이다. 책임지는 시민이 필요하다. 학습하고 생각하는 시민.

정치, 정책과 우리의 가치와 이해관계와의 인과관계는 매우 복잡해서 여간해서는 이해하기 어렵다. 그리고 야바위같은 논리와 선전이 난무한다. 오랜 역사 동안 그랬다. 이 혼란스러운 상황을 정리하고 길을 찾을 수 있는 시민의 지혜와 용기가 필요하다.

그래서 노무현은 다음과 같은 말로 1부를 마무리한다.

— 학습이 필요하다.

노무현과의 대화를 일단 마치면서…

〈진보의 미래〉 2부는 1부의 내용들을 좀더 상세하게 참모들에게 구술한 것으로 구성되어 있다. 큰 틀에서는 1부와 중복되는 내용들이다. 그래서, 일단 노무현과의 대화 시리즈는 여기서 일단락 지으려고 한다.

사족이지만, 정치가 중요하고, 정당이 중요하고, 여론이 중요하다면서, 지구당을 폐지한 것은 문제가 아닐 수 없다고 하겠다. 현실적으로도 지역에서는 유사 지구당이 운영되고 있어서 지구당 폐지의 실효성이 없다. 더 중요한 것은 지구당 폐지와 같은 발상이 '정치 혐오'의 바탕에서 이루어진 것이라는 점이다. 이에 따른 지방정치의 실종 현상은 심각하다고 본다.

보수-수구세력은 지구당이 없어도, 기존에 형성된 관변성 단체들 중심으로 지역의 이해관계를 재단하고, 자신들에게 유리한 여론들을 조성해나가고 있지만, 그나마 지구당 폐지로 시민들이 정치에 참여할 틀이 취약해진 진보진영은, 시민운동과 소수의 지역 정치인들만이 여론을 형성하는 축으로 기능하고 있을 뿐이다.

지역에서부터 민주적인 훈련이 이루어지고, 지방정치가 지역여론 형성의 한 축으로 작동되기 위해서는 지구당 부활과 더불어 '지구당 운영 규약' 제도가 반드시 도입되어야 한다는 점을 거듭 강조하는 바이다.

일단, '노무현과의 대화' 시리즈는 끝냈지만, 앞으로도 학습하는 자세를 견지하면서, 블로그 등을 통해서 노무현 대통령에 관한 생각들을 계속 밝혀나갈 것이다.

노무현이
진짜 진보다

'해를 그리며' 님의 '노무현 진보 자격론'에 답한다

'해를 그리며' 님은 노무현 전 대통령이 '진보'를 말할 자격이 있느냐는 요지의 글을 오마이뉴스 블로그에 올리셨습니다. 이에 저는 제가 쓴 몇 편의 글을 트렉백으로 보낸 바 있는데, 제 블로그에 다시 '해를 그리며' 님이 댓글을 달아주셨습니다.

저와 정치적 견해가 많이 다르다는 점을 인정하면서, 몇 가지 말씀 드리려고 합니다.

1. '해를 그리며' 님의 댓글, 우선 잘 읽어보았고 감사하다는 말씀 드립니다. 제가 쓴 글에 대한 주장의 변화는 없습니다. 다만, 제가 쓴 댓글 중에서 "안타깝다" "독선적이다"는 표현은 다소 감정적이면서 너무 일방적인 언사여서 미안하게 생각하고 있고, 앞으로는 그런 표현은 자제할 것입니다. 그러나 "노회찬이 오만방자하다" "논리의 비약이 심하다"는 표현은 다소 거칠지만, 틀린 말은 아니라고 저는 생각하고 있음을 밝힙니다.

2. 제가 참여정부 녹을 먹은 사람이라며, 그래서 참여정부

나고 노무현 전 대통령에 대한 비판의 목소리가 편치 않았을 것이라는, '해를 그리며' 님의 말씀은 저를 잘 모르고 하시는 말씀입니다. 참여정부 녹을 먹었다고 해서 눈치나 보는 그런 사람 아닙니다.

문제는, 비판의 목소리가 수구세력들에게 악용당할 가능성 때문에 조심스럽다는 점이지요. 조중동은 '참여정부 전 비서관, 노무현 전 대통령을 씹다' 이런 기사를 얼마나 좋아하겠습니까? 한명숙, 이해찬, 정세균 등이 검찰 수사에 대해서 오죽하면 묵비권으로 대응하고 있겠습니까?

3. '어쩔 수 없었다'는 저의 입장이 변명처럼 들릴 수도 있다는 점은 인정합니다. 그러나 '한나라당 쪽이 집권하고 있었을 때에도 많이 들었다' '그러니 한나라당과 똑 같다'라는 식의 말씀은 견강부회이기도 하지만, 가장 저질적인 마녀사냥 수법이기도 하지요.

참, 치사한 논리지만, 거꾸로 "당신의 이러저러한 주장은 북측의 주장과 같다"라고 하면 어쩌시겠습니까?

아, 그래서 민노당이 '종북파'라서 갈라섰군요?

'어쩔 수 없었다'에 담긴 진의는, 이를테면, 개인의 태도(변명)로서가 아니라, 힘의 관계라는 측면에서 해석해야 맞겠지요. 그래서 성찰하고, 비판하고, 토론하고, 고민하고 하는 것 아니겠습니까?

4. '신자유주의 첨병에 섰던 사람들'이라는 비난에 대해, 한편으로는 답답하지만 성찰의 재료로 가슴에 담고 살아가겠습니다.

또한, '한나라당이나 조중동의 정책방향과 동일한 이라크 파병을 결정하셨고, 미군기지 이전을 위해 평택 대추리 밀어붙이셨고, 한·미 FTA도 밀어붙이셨고, 새만금도 강행하셨지요' 라는 '해를 그리며' 님의 지적에 대해서는, '힘든 이야기' 라는 정도로 답변 드립니다.

'해를 그리며' 님이, 이러한 논리 연장선상에서 '좌냐? 우냐?'라고 다그치는 데 대해서는, "좌로 가려는데, 우에서 시작해야 한다"는 노무현 전 대통령님의 말씀으로 대신하려고 합니다. 저는 '개혁적인 보수와 성찰하는 진보가 합리적으로 힘을 모아야 한다'라는 말이 맞는지, 요즘 고민하고 있다는 점도 밝혀둡니다.

5. 글을 마치면서 하나 충고하려고 합니다. 언짢아 하시지 말기를 바랍니다.

저는 1987년 국민운동본부 활동 때부터 오랜 동안 '해를 그리며' 님처럼 생각하시는 많은 분들과 토론했고, 노동현장이나 정치 현장에서 부딪쳐 온 사람입니다.

그들 중 상당수가 지금 어떤 길을 가고 있는지도 잘 알고 있습니다.

균형 감각을 갖추도록 노력하시기를 진심으로 바랍니다.

끼리끼리보다는 보수 판에서 노는 일이 훨씬 더 힘들다는 점을 잊지 마시기 바랍니다.

건강하세요.

제 **2** 장

성공의 정치,
실패의 통치

이해찬 '실패'가
남긴 교훈

범시론(凡是論)이 아니라 실사구시론(實事求是論)이다

지나간 일이지만, 대통합민주신당의 2007년 대통령 후보 경쟁이 '정동영'의 승리로 끝났다.

패배한 손학규나 이해찬으로서는 국민경선이 다소 불합리하게 진행된 측면에 대해서 억울해 할 수도 있겠다. 조직 동원 문제를 둘러싼 잡음이 있었고, 표의 등가성에 대한 문제 제기가 있을 수도 있겠지만, 투표일인 12월 19일까지는 시간도 얼마 남아 있지 않고 해서 그런지, 대체로 결과에 승복하면서 전열을 가다듬는 분위기다.

한나라당 대선 후보 경선 과정에서 민주 진영으로 말을 바꾸어 탄 손학규에 대해서는, 투표 참여자들은 그 결단을 어느 정도 평가하면서도, 범여권의 대표주자로서의 '손학규'에는 선뜻 마음을 주기 어려웠던 것 같다.

한나라당에서의 행보에 대한 처절한 성찰이 더 필요했다는 점과 더불어 몸을 더 낮추었으면 어땠을까 하는 지적도 일리가 있는 것 같다. 손학규가 한나라당 혁신을 위해서 얼마나 헌신했는지에 대한 설명도 부족했던 것 같다.

대통합민주신당의 경선 과정을 지켜보면서, '이해찬' 전 총리의 행보를 유심히 지켜보았는데, 그 이유는 실상은 이해찬이 범민주 진영의 적자라는 나름대로의 판단 때문이었다. 국민경선 초기에 이해찬이 승리할 것인지, 패배할 것인지에 대해서는 알기 어려웠지만, 이해찬이 여러 후보들 중에서는 가장 정통 코스를 밟은 것만은 틀림없었기 때문이다. 적어도 논리적으로는 이해찬의 '성공'이야말로 '전체 민주 진영의 승리'라는 식의 정서가 민주진영 일부에는 있었던 것 같다.

이해찬은 학생운동을 거쳐서 정통 재야 운동의 중심에 서 있었던 인물이다. 1987년 대통령선거 당시 90%가 넘는 지지세를 가지고 있던 '비판적 지지' 그룹의 중심이었으며, 1988년에는 평민련을 만들어서 의미 있는 정치세력화를 주도하였다.

이후, 광주 청문회, 노동위원 등으로 활약하면서 내용을 갖춘 비판적 지성의 면모를 과시하기도 했고, 국무총리로서도 행정 전반을 깐깐하게, 컨트롤하는 등 그야말로 얼치기들이 판치는 이 시대에 보기 드문 '진국'이었다고 말할 수 있는 인물이다. 이해찬 실패는 솔직히 가슴 아픈 일이다.

그러한 이해찬이 왜 '실패'했는가?

이 문제를 따져보는 일은, 새로운 출발을 위해서도 너무나 중요한 일이다. '이제는 끝이다'라고 생각했었지만, 다시 새로운 과제가 주어지는 역사의 현장을 우리는 얼마나 많이 목도했던가? 정통 민주 진영의 자산들이 이대로 무너져서는 안 된다고 생각하기 때문이다. 참으로 뼈를 깎는 '자기 성찰'이 필요하고, 대안을 모색하는 '지혜'가 필요한 시점이다.

'이해찬 실패'는 단순히 그가 후보로 선정되지 못했다는 점에 있는 것만은 아니다. '승패는 병가지 상사(勝敗는 兵家之常事)'라는 말처럼, 선거에서 이기고 지는 결과는 일상적인 일이다. 중요한 점은 '이해찬 컨텐츠'가 무엇이었는가 하는 점에 있다.

가장 중요한 이해찬 실패의 원인은 '비전을 제시하지 못한 점'에 있다고 생각한다. 세상은 변화한다고 말하면서도, 이해찬의 주장은 구태의연 투성이였다. 이해찬은 '김대중·노무현' 두 축의 가장 명분 있는 계승자였지만, 조금도 이들을 뛰어넘을 생각이 없었던 것처럼 보였다.

등소평은 모택동의 사상과 업적을 비판 없이 계승하려는 화국봉이나 강청 등 4인방이 내세운 '범시론(凡是論)'을 뛰어넘는 '실사구시론(實事求是論)'으로 중국 '개혁과 개방의 아버지'로 자리 매겨질 수 있었던데 반해, 이해찬은 김대중과 노무현에 대해서 '범시론'적 태도를 견지했던 것은 아닌지 묻고 싶다. 이러한 이해찬의 한계가 고스란히 김대중·노무현에 대한 '의리론'으로 나타난 것은 아닌지, 묻고 싶다.

이해찬에게 묻는다. 그리고 국민의 정부와 참여정부를 만들어 내고, 국가운영에 참여한 우리 스스로에게도 묻는다. 우리가 지켜야 할 가장 중요한 '의리'는 누구에 대한 '의리'여야 하는지? 김대중·노무현에 대한 '범시론'이 우리의 길인지?

지금 국민들은 새로운 시대에 걸맞는 국가발전 전략을 요구하고 있다. 국민적 요구에 답하지 못하면서 국민들의 미래를 책임질 수는 없는 일이다.

그 출발은 김대중·노무현 두 분 지도자에 대한 '실사구시'적 접근에서 비롯되어야 한다. 두 분의 공과를 제대로 가려서 타산지석으로 삼으려는 '지혜'와 '용기'가 필요하다. '범시론(凡是論)'이 아니라 '실사구시론(實事求是論)'이 절대적으로 요구되는 상황이다.

문국현님께 드리는 글

문국현님이 혹여 대통령 당선자로서 이 글을 읽으시게 되는지도
모르겠습니다만, (그 가능성은 없고) 아마도 대통령 선거에서 실패한 상태에서
이 글을 읽으시게 될 것 같습니다. 이 글은 대선 이전인 2007년 12월 17일
썼습니다.

저는 문국현님과 2007년 1월부터 수차례 만나서 회의를 한
적이 있습니다. 2006년 무렵에는 제가 근무했던 철도공사 직원들
과 함께 군포의 유한킴벌리 공장을 방문해서 직원들과 대화도 나
누고 견학도 했습니다.

저는 여기저기 다니면서 강연을 통해서 어설프게 체득한
'사람 중심'의 경제를 소개하기도 했고, 미래의 기업상을 보여
준 것이라고 열변을 토하기도 했습니다. 지금도 이러한 유한킴
벌리의 업적을 높이 평가하고 있고, 문국현님의 경영 철학에 대
해서 존경하고 있습니다.

저는 철도공사에서 '학습'을 강화하는 방안도 미력이지만
시행했고, 때마다 강조한 바 있습니다. 정말 좋은 솔루션이고,
미래 지향적인 컨셉이라고 생각합니다.

기억이 나실지 모르겠습니다. 지난 1월 어느 날, 우리는 수
차례 만났었습니다. 그때 이미 문국현님은 대선 출마를 비공식

적으로 확인해주신 바가 있고, 대선 행보를 하려면 무엇을 해야 하는지를 함께 토론한 적이 있었습니다.

문국현님을 모시고 제가 준비한 자료를 가지고 함께 검토한 적도 있었습니다. 당시 저는 문국현님을 존경하는 입장이어서, '좋은 대통령이 될 수 있겠다'는 기대감으로 나름대로 성의껏 자료를 준비하곤 했었습니다.

그러나 몇 차례 모임과정에서 제가 의아하게 생각했던 점은, 우리의 대화가 '일방적'이었다는 점이었습니다. 예를 들면, 테이블에 제기된 여러 문제에 대해서 '문국현님이 어떻게 할지'에 대해서는 아무런 답도 없이 지나가기 일쑤였습니다.

저는 모임에 나갈 동력을 잃었고, 더 이상 모임에 참여하지 않게 되었지만, 그래도 좋은 분이니까, 잘 되기를 바라면서 먼 발치에서 지켜보게 되었던 것이지요.

그 당시 느꼈던 '이건 아닌데' 했던, 찜찜함의 '까닭'이 확연하게 가슴에 와 닿기 시작한 것은 상당한 시간이 흐른 뒤였습니다.

문국현님은 이제 정치권에서 상당한 '지분'을 갖고 있는 '공인'이 되셨습니다. 유력한 '공인'에 대한 비판 차원에서, '문국현 바로읽기'를 몇 줄 시도하려고 합니다.

문국현님은 스페셜리스트였습니다.

정치를 흔히 종합예술이라고 합니다. 조명에 밝은 분, 시나리오를 잘 쓰시는 분, 연기가 좋은 분 등등을 우리는 스페셜리스트라고 부릅니다. 나름대로 자부심과 긍지를 가지고 계실 것이고, 존경할 만하다고 생각합니다.

문국현님은 '경제' 스페셜리스트입니다. 경제 솔루션은 진짜 좋은 것이라고 생각합니다. 그런데 스페셜리스트로서의 자긍심이 지나쳐 교만한 것처럼 보입니다. 이 점이 답답합니다.

스페셜리스트의 경우, 자기 분야의 내용성을 주장하고 관철하려고 고집을 부린다 해도 그 진정성은 누구나 높이 살 것입니다.

그러나 전체 흐름을 무시한 고집은 오히려 피해를 주는 법입니다. 예를 들면 지나치게 밝은 조명이 전체 연극을 죽이는 독으로 작용할 수도 있는 경우와 같습니다. 지금의 문국현님은 본의 아니게 그런 일을 하고 계십니다.

진정한 스페셜리스트는 아마도 자기 분야의 특성을 살리는 길이라면, 경우에 따라서는 비록 차선책이라고 할지라도, 모든 것을 내던져 전체적인 흐름과 타협할 것이라고 생각합니다.

지금 이 원고를 쓰고 있는 순간(2007. 12. 17. 15:30), 'BBK 특검법 국회통과'라는 핸드폰 문자 메시지가 왔습니다. 왜 '반부패'의 기치가 선명한 창조한국당이 'BBK 국면'에서 반부패 전선의 주도적인 역할을 하고 있지 못할까요? 'BBK 테이프'를 가진 사람들이 문국현님과 접촉을 먼저 안 해서 그렇게 된 것이라고 보아야 할까요? 그렇지 않습니다.

문국현님은 정치가 갖고 있는 또는 민주화 운동이 갖고 있는 수많은 컨텐츠들에 대해서 진정으로 고민하고 부딪치고 있다고 생각하십니까?

가장 가슴 아픈 일은, 이명박 후보와 '경제'에 있어서 가장 대척점을 이룬다는 문국현님이 '이명박 집권 저지'를 위한 온갖

'고뇌와 몸부림'에서 한가한 것처럼 보인다는 점입니다.

'한나라당이나 민주신당이나 똑 같다'는 식의 발언이 문국현님의 핵심참모 입에서 쉽게 나오고 있습니다. 유치한 발상이요, 정치적 '색맹'에 다름 아닙니다.

정치의 기본도 모르는, 스페셜리스트들의 '무지' 때문에 본의 아니게 '전선'이 교란당하고 있는 점이 안타깝습니다.

참여정부의 '실정'에 대해서는 저도 가슴 아프고 죄송스럽게 생각하지만, '경제 솔루션'만으로 민주주의의 무게를 감당할 수 있다고 생각하신다면 독선이고 오만입니다.

스페셜리스트의 독선과 오만. 문국현님, 진지하게 고뇌하시기 바랍니다.

민주당과
정세균의 길을
되묻는다

최근 출판사 휴마니타스가 '정치가에게 묻는다' 라는 기획 아래 시리즈로 책을 출간하고 있다. 정치에 대한 불신 풍조가 만연해 있고, 이미지 중심의 감성 정치가 판치는 상황에서, 정치인에 대한 이러한 이성적인 접근은 매우 바람직한 일이라고 생각한다.

첫 번째로 발간된 책이 정세균 민주당 대표가 서술한 〈정치에너지〉이다.

이명박 정권의 전횡이 도를 지나쳐서 민심 이탈이 가속화되고 있음에도 불구하고, 제1야당인 민주당이 확고한 수권정당 - 대안정당으로 자리 매겨져 있는지에 대한 의구심이 많던 차에, 민주당 대표 정세균의 생각이 무엇인지 살펴볼 기회를 갖게 된 것은 다행스런 일이라고 할 수 있겠다. 더구나, 정세균이 매우 진솔하고 진지하게 서술하고 있다는 점에서 그 값어치를 더하고 있다고 본다.

물론 민주당과 정세균을 동일시하는 것이 타당한지에 대한 반론이 있을 수 있겠다. 나는 동일시해도 무방하다고 본다. 적어도 이 시점에서는…

정세균은 여러 정파들의 추대(?) 형식으로 민주당 대표가 되었고, 그가 이끄는 민주당에 대해서도 '무난하다' '원만하다' '그럭저럭 잘하고 있다'는 것이 세간의 일반적인 평가로 보여지기 때문이다.

민주당과 정세균은 지금 무엇을 고민하고 있을까?

아마도, 이명박 정권의 전횡을 어떻게 막아낼지에 대한 생각으로 가득차 있을 것이다. 4대강 문제, 세종시 문제, 미디어 법 등 언론 통제 문제, 국회 운영 문제, 민주인사 탄압 문제, 용산역 참사, 2010 지방선거, 다른 야당이나 사회단체와의 연대 협력 방안, 기타 등등 현안들이 쌓여만 가고 있으니….

그러면서 아마도 다른 한편으로는 이런 생각도 할 수 있을 것 같다. 이대로 이명박 정부가 굴러갈 수 있을까? 2010 지방선거에서는 수도권 등에서도 이길 것 같은데… 2012 대통령 선거도 좋은 후보만 나서면 해볼만 하겠는데….

제 1야당으로서 당연한 생각처럼 보여진다.

이런 점에서 프레시안에 실린 최장집 교수나 심상정 전 의원의 이 책 〈정치 에너지〉에 대한 서평은 민주당과 정세균의 길을 다시 생각할 수 있는 시의적절한 지적들을 많이 담고 있다고 생각한다.

이에 대해 정세균이 나름대로 응대한 것도 아주 진지한 것이었다.

　이러한 의미있는 소통에 보태는 차원에서, 몇 가지 다시 민주당과 정세균의 길을 되묻고 싶다.

　1. 나는 진보파에 대한 정세균의 언급에 대해서는 대체로 정세균 입장에 동의한다. 우리 사회에 진보파의 목소리는 크나, 현실성은 떨어진다는 느낌을 갖고 있다. 진보파의 이야기에 귀를 충분히 기울이되, 구체적인 현실 속에서 해결방안을 찾아야 한다고 평상시에도 많이 생각했기 때문이다. 구체적인 사례는 생략한다. 진보파의 성찰이 있어야 할 것이다.

　2. 현대사 해석에 관해서는 민주당과 정세균이 다소 어정쩡한 시각을 갖고 있다고 본다. 물론, 예를 들자면 김대중 전 대통령처럼 정적을 부단히 '빨갱이'로 내모는 정치현실 속에서 균형있게 현대사를 해석한다는 일 자체가 어쩌면 불가능한 것인지도 모르겠다. 어려운 일이다. 그러나, 현대사를 균형있게 해석하려는 부단한 노력은 반드시 필요한 것이라고 본다.

　3. 경제 대안이 중요하다는 정세균의 응답은 옳다고 본다. 그 준비가 절실하다. 성장주의에 대한 비판도 중요하지만, 그 대안을 내놓고 민주당 집권 시 실행할 수 있도록 준비해야 한다. 민주당과 정세균이 이러한 요구에 추상적으로는 옳게 답하고 있지만, 구체적인 준비를 어떻게 하고 있는지 되묻고 싶다.

　4. 지난 10년의 민주정부에 대한 평가 문제에 대해서 정세균은, 이명박 정부에 비해서 모두 옳았고 완벽하게 잘했다는 식으로 가는 것을 경계해야 하며, 지난 대선과 총선에서 나타난 민

의를 잊어서는 안 된다고 매우 추상적으로 언급하고 있다.

정세균의 말처럼, '대안은 성찰에서, 성찰은 평가에서 나오는 것'이라고 한다면, 정세균은 평가의 중요성을 알고 있다는 이야기다. 최장집과 심상정도 참여정부에 대한 정세균의 평가가 무엇인지를 꾸준히 묻고 있지 않았는가?

정세균은 이 부분에서 아무런 구체적인 답이 없다. 이 점은 대단히 중요하다. 정세균은 이명박 정부의 전횡에 대해서는 싸우겠지만, 대안을 준비할 생각은 없다는 이야기가 되기 때문이다. 아니, 말로는 대안정당을 준비한다고 한다. 그러나 평가가 없지 않은가?

'평가 없이 성찰 없고, 성찰 없이 대안 없다'는 말은 세상에 대한 정세균의 통찰력을 보여주는 말이다. 일반 정치인과는 다른 수준 높은 철학이 담긴 말이다. 그런데 평가가 없다면, 성찰 역시 레토릭에 불과한 것이라는 비판을 벗어나기 어렵다고 본다. '대안은 없다'는 솔직한 고백처럼 들리는 것이다.

5. 이 언저리가 대단히 중요하다.

아마도 제 1야당인 민주당이 이명박 정권에 대해서는 나름대로 날을 세우고 역할을 하고 있지만, 권력을 맡기기에는 웬지 불안하다는 식의 정서가 일반 국민들 사이에 만연해 있고, 한나라당을 반대하면서도 선뜻 대거 민주당 지지로 돌아서지 못하는 주된 요인처럼 보여지기 때문이다.

민주당은 야당이지만, 집권예비정당 · 대안정당으로 가야 한다는 말이다. 최장집 · 심상정 지적의 핵심도 민주당이 대안정당일 수 있는가에 있다.

6. 물론, 참여정부를 평가하는 일이 현실적으로 어려운 것은 사실이다. 왜냐하면, 진솔한 평가가 자칫 이적행위로 작동할 가능성이 현실적으로 있을 뿐만 아니라, 현실 정치를 하고 있는 참여정부 참여자들의 정치적 위상을 본의 아니게 흔들 수도 있는 문제가 되기 때문이다.

참여정부의 주요 인사들이 조직했다가 슬그머니 사라진 '참여정부 평가 포럼'의 경우가 단적인 예다. 참여정부 평가를 참여정부 요인들이 한다면, 그게 제대로 된 평가일 수 있겠는가?

두 분 전직 대통령님의 서거 이후, 민주당이 두 분의 뜻을 계승한다면서 만든 '평가 조직'과 작업이 얼마나 효율적으로 잘 진척되고 있는지 모르지만, 민주당이 두 분의 뜻을 계승 발전하겠다는 의지의 표현 정도에서 이미 끝난 작업일 개연성이 높다. 두 분의 뜻을 계승 발전하지 말자는 이야기가 아니라, '평가' 작업은 그런 식으로는 절대로 이루어질 수 없다는 말이다.

7. 민주당과 정세균은 참여정부에 대한 평가를 할 것인가 말 것인가 되묻지 않을 수 없다. 평가위원회를 구성해서 참여정부의 행적을 뒷조사하고 토론하는 식으로는 실효성이 없다.

이 지점에서 민주당과 정세균에게 제안한다. 2012년 민주당 집권에 대비한 '국가운영' 전담 기구를 즉각 구성하기 바란다.

이런 방식만이 참여정부에 대한 미래 지향적이면서 현실적인 평가 작업이 될 것이며, 반이명박 국민들을 민주당 지지로 끌어들이는 길이 될 것이다. 또한 범 민주진영 연대와 통합의 길이 될 것이며, 민주당 집권의 문을 활짝 여는 길이 될 것이다.

민주당의 국가발전 비전과 2012년에 민주당이 집권하면 어떤 사람들이, 국가기구들을 어떻게 운영할 것인지, 4대 권력 기관이라는 검찰 · 감사원 · 국정원 · 국세청 혁신 방안은 무엇인지, 국정 운영 경험을 어떻게 집적하고, 자료화해서 재활용할 것인지, 민주 세력을 국가운영에 어떻게 참여시킬 것인지, 국민참여 시스템을 어떻게 구축하여 제도화할 것인지(거버넌스 방안), 정책 집행 과정이 자연스럽게 민주역량의 강화로 이어질 수 있는 방안은 무엇인지, 복지사회로 가기 위한 조세제도 혁신 등 경제정책은 무엇인지, 일본의 하토야마 민주당의 주요 슬로건이었던 관료제 혁파 방안은 무엇인지, 공기업 혁신의 방향은 무엇인지, 국책 연구기관이 국가발전에 기여할 수 있는 운영방안, 지방정치 활성화 방안(예를 들자면 '4대강 문제'로 어떤 싸움이 전개되건 말건, 민주당 어느 한 귀퉁이에서는 이러한 과제들을 가지고 일상적으로 치열하게 씨름하고 있어야 하지 않겠는가?) 등 논의하고 준비할 것이 많다.

8. 연대와 통합에 대한 정세균의 견해는 정당한 것처럼 판단된다. 보수 · 수구 세력은 아직도 강하다. 두 번의 민주정부 수립 과정에서도 알 수 있고, 언론시장이 어떻게 작동되고 있는지를 보아도 금새 알 수 있는 일이다.

구태여 말하자면, 진보파의 선택 폭은 좁다. 진보파의 목소리에 너무 애닳아 하지 말기를 민주당과 정세균에게 권한다.

문제는 민주당과 정세균이다. 민주당과 정세균이 잘해야,

이 나라가 산다.

"우리는 과감하게 변할 것이다. 그간 지적받은 문제들에 대해 전향적으로 수용할 것이다."
민주당과 정세균이 정세균의 말대로 하는지 지켜볼 것이다.

유시민은
대구시장 출마가 맞다

국민참여당이 2010년 1월 17일 창당대회를 연다고 한다.

'참여와 주권'을 내건 국민참여당은 유료당원 중심의 당운영 방식이나, 모바일 투표 참여제 도입 등 국민들의 정치참여에 대한 패러다임을 확 바꾸어나가는 의욕적인 시도를 펼치고 있다. 국민참여당이 우리 정치사에 어떤 새로운 한 획을 긋게 될지에 대해서 세간의 관심이 높아지고 있다.

그런데, 아마도 국민참여당과 관련한 작금의 최고 관심사는 유시민의 2010 지방선거 출마 문제일 것이다. 그 파장이 만만치 않을 것으로, 각종 여론조사를 비롯한 통계지표들이 말해주고 있기 때문이다. 지난 번 오마이뉴스가 주최한 대화의 모임에서 유시민은 서울시장, 경기도지사를 언급한 바 있다.

나에게 결론부터 말하라면, 유시민은 대구시장 후보로 출마해야 한다는 것이다.

아마도 국민참여당과 당원들은 유시민을 서울시장이나 경기도지사 카드로 활용함으로써, 전국정당화에 기여하기를 희망

할지도 모르겠다. 어쩌면 이러한 구상은 당연한 것처럼 보이기도 한다.

유시민은 서울시장 역량을 충분히 가진 분이고, 아직은 상대적으로 중앙 무대만이 화려한 스포트라이트를 받는 것이 정치 현실이기 때문이다. 또한 향후 정치일정에서 발생할 정치협상을 위해서도 중앙에 일정 정도 또아리를 틀지 않으면 지역당으로 매도될 가능성이 높고, 2012 대권 경쟁에서 명함도 내밀기 어려운 상황이 올 것이라고 판단할 수도 있을 것이기 때문이다.

또한 두 분 전직 대통령님의 서거로 그 어느 때보다 더 '단결과 연대'를 주창하는 목소리가 높은 상황이다. 연대의 한 축을 수행하기 위해서도 중앙무대가 절실하다고 국민참여당 지도부와 당원들이 판단하고 있을지도 모르겠다.

그러나, 나는 주장한다.

첫째, 단결과 연대를 위해서는 (진부한 이야기지만) 양보와 희생이 따라야 할 것이다. 이명박 정권에 대한 반감이 최고조에 달하고 있는 지금이야말로, 그래서 대중들이 적극적으로 민주진영의 승리를 외치는 이 시점에서는 먼저 자신을 희생하는 세력이 정세의 주도권을 쥐게 될 것이다.

수도권에서의 정치현실을 직시해야 한다. 아마도 극히 일부 지역을 제외하고는 수도권에서 국민참여당이 대체로 5~10% 내외의 유권자가 지지하는 후보자들을 양산할 것이 눈에 빤히 보이는 현실을 부정할 수 없다. 20~30% 내외의 민주당 후보에게 몇 자리만 양보하라고 말할 수 있는 것인가? 이런 방식으로 의미

있는 연대가 가능하지 않다. 어떻게 감동을 이끌어 낼 수 있다는 것인가?

무엇보다도 노무현 정신의 계승 발전을 명분으로 내세운 국민참여당은, 노무현 대통령께서 어떤 정치적 결단과 선택을 통해서 국민적 감동과 신뢰를 축적해나갔는지 되새길 필요가 있다고 본다.

지역주의 극복이라는 어려운 과제에 온몸으로 도전하기 위해 종로를 뒤로 하고 부산을 향했던 모습을 우리는 기억한다. 유시민이 지난 총선에서 경기도의 지역구를 뒤로 하고 대구로 내려간 사실을 우리는 마찬가지로 기억한다.

한나라당의 가장 유력한 차기 대선후보인 박근혜의 텃밭에서 다시 한번 정면 승부를 펼치는 모습이 노무현다운, 아니 유시민다운 정치가 아니겠는가?

두 번째, 더 중요한 것은 참여정부에서 중요한 역할을 했던 분들은 가능하면 '하방'하는 것이 좋겠다는 것이 내 생각이다. 참여정부 초기에 인사혁신비서관을 했던 본인은 그것이 오류든 한계든 결과적으로 이명박 정부를 출범케 한 죄인이라는 심정으로 하루하루를 지내고 있다. 좀더 잘했더라면, 하는 아쉬움이 항상 있다.

우리는 그래도 뭐라도 해보고 책임을 지니 마니 하지만, 참여도 안했던 분들은 이명박 정권의 탄생에 날벼락 맞았다며, 참여정부를 원망하지 않았겠는가? 하방은 말이 아니라, 몸으로 보여주는 것이다. 노무현 대통령님의 서거야말로 진정한 '하방'이 아니었겠는가?

참여정부의 주요 인사들이 솔선 '하방' 한다면, 그것은 정치 이상의 국민적 감동을 불러일으킬 수 있을 것이다. (많은 분들이 준비 중인 것으로 알고 있다)

세 번째로, 가장 중요한 것이지만, 지방선거가 무에 그리 대단한 일이란 말인가? 지방선거가 중요하지 않다는 뜻이 아니고, 대선에 비하자면 그렇다는 말이다.

어차피 지방선거는 반이명박 기류 속에서 치루어질 것이다. 이변이 없는 한, 수도권 승리는 예상된 것이다. 누가 서울시장이면 어떻고, 경기도지사면 어떤가? 민주적인 마인드를 가지고 열심히 할만한 분이면 족하다고 보아야 하지 않을까? 2010 지방선거는 전체적으로 이명박 정권을 준엄하게 심판하면 되는 것이다.

2012년 대선이 멀리 있는 것이 아니다. 유시민은 2012년 대선을 준비해도 좋을 유력한 카드다. 국민의 정부나 참여정부나 '연합'을 통해서 집권했다. 그것이 지역연합이었건 세력연합이었건. 2012년 대선에서 범민주 진영이 승리하는 길 역시 '연합'일 수밖에 없다.

통상적으로 대선후보는 수 년 전부터 형성된 트렌드를 벗어나지 않는다. 물론, 정몽준이나 문국현은 단기간에 부상했지만, 정몽준은 월드컵이라는 국민적 이벤트를 통해서, 문국현은 이명박의 '경제' 대항마로 급부상할 수 있었던 것이다.

민주당에서 어느 신진인사가 치고 나오는 것 외에는, 기존에 거론되던 분 외에 다른 카드는 없어 보인다.

범 민주 진영을 아우르는 '2012 대통령 후보 유시민' ― 결코 허황된 이야기가 아니다. (그렇다고 물론 꼭 그렇게 될 것이라는 것도 아니다. 많은 변수가 남아 있다)

그렇다면, 지방선거에서 국민참여당과 유시민이 무엇을 해야 하는지, 답이 나오지 않겠는가? 국민참여당과 유시민이 지금 죽는 것이 모두가 사는 길이다. 노무현 대통령의 유지를 계승 발전하는 길이다.

국민참여당과
유시민의 알박기

'2010 지방선거 주요 후보 조정위원회' 구성을 거듭 촉구한다

이미 서울, 경기, 대전, 강원 등 4개 시·도당을 창당했고, 이번 주말에 부산, 광주, 경북 지역 창당을 마치면 국민참여당은 중앙당을 창당할 수 있는 단계에 이르게 된다. 따라서, 국민참여당의 역할이 무엇인지에 대한 본격적인 논쟁이 시작될 시점이다.

이에 국민참여당 준비위 집행위원회는 지난 15일 긴급회의를 통해서, 국민이 주인인 정당을 건설하는 것이 시민주권 시대에 주어진 가장 중요한 소명이라고 밝힌 바 있다.

아울러 그 자리에서 2010 지방선거에서의 필승을 결의하면서, 천호선 서울시당위원장(전 청와대 대변인)과 유시민 주권당원(전 보건복지부 장관) 등을 국민참여당의 서울시장 후보군으로 구체적으로 내놓기로 결의했다. 또 지금부터 당의 서울시장 후보 방침에 대해 모든 당원과 서울시민에게 본격적인 토론을 제안하기로 결의했다.

국민참여당은 민주주의를 부정하고, 잘못된 정책을 독선적

으로 추진하고 있는 이명박 정부를 바로잡기 위해서는 지방권력의 교체가 중요하고, 지방선거에서 승리하기 위해서는 서울시장 선거가 매우 중요하다며, 유시민과 천호선 당원이 민주개혁세력의 연대를 주도하고, 한나라당과 맞서 승리할 수 있는 유력한 후보라고 판단한다고 밝혔다. 또한 지금이 서울시장 후보를 공론화할 적기라고 주장하고 있다.

우선 지방선거에 대한 의의나 범 민주 진영의 서울시장 후보가 중요하다는 점과, 지금이 서울시장 후보를 공론화할 시기라는 점에 120% 동의한다. 이러한 논의를 국민참여당이 주도하는 것 역시 나서서 말릴 일은 아니다. 공론화하자는 주장에 대찬성이다. 누가 서울시장 후보가 되는 것이 바람직한지, 충분히 논의해서 결정하기를 기대한다.

그러나, 국민참여당 역할에 대해서 우려하는 목소리가 없지 않음을 국민참여당은 잘 알고 있을 것이라고 믿는다. 기우에 지나지 않기를 기대하지만, 일부 양식있는 인사들이 가장 크게 걱정하는 것은 유시민 서울시장 알박기다.

일부 보도에는 이미 12. 15 국민참여당 집행위의 결정을 '유시민 알박기'로 간주하는 글들이 올라오고 있다.

솔직히 전국정당을 지향한다면, 일반적으로는 최고 지도자가 가장 큰 선거에 나가야 하는 것이 맞다. 따라서, 원론적으로 유시민이 국민참여당을 대표해서 서울시장 선거에 나간다고 해서 이상한 일도 아니며, 서울시장 깜이 못 되는 것도 아니다.

그러나, 알박기로 비춰져서는 절대로 안 된다.

알박기란 부동산 투기 방법 중 하나로 개발 예정지의 일부를 구입하고 매각을 거부하고 버티는 방법을 말한다. 황금알을 박아놓고 대박으로 부화하기를 기다린다는 뜻을 가진 은어이다. 헌법재판소에 따르면 "궁박한 상태를 이용하여 현저하게 부당한 이익을 취득할 경우"에 해당되는 형법상 부당이득죄에 해당된다고도 한다.

물론 견해가 다를 수도 있겠지만, 지난 보궐선거에서의 안산 알박기나 노회찬 서울시장 알박기와는 다른 차원에서 서울시장 후보 공론화 작업을 국민참여당이 주도할 것을 기대한다.

2010 지방선거 후보자 선출 문제에 대한 박원순 희망제작소 상임이사의 '국민경선' 주장에 대해서, 나는 지금 당장 할 일은 범 민주진영이 '후보조정위원회'를 구성해서 정치지도력을 발휘하는 일이라고 언급한 바가 있다. 또한, 사견이지만, '유시민은 대구시장 출마가 맞다'고 이미 밝힌 바도 있다.

민주당이나 다른 민주 지도자들은, 국민참여당 집행위 결정의 참 뜻을 왜곡하거나 경시해서는 안 되며, 조속히 '2010 지방선거 주요 후보 조정위원회'를 구성해서 주요 후보에 대한 가닥을 잡아나가야 한다.

정치 지도력이 120% 발휘될 수 있느냐 여부가 2010 지방선거 승패를 가를 수도 있는 중차대한 시점이다. 정치 지도자들의 수준 높은 지도력을 기대한다.

박원순 상임이사에게 답한다

민주연대 창립 1주년 기념 토론회를 보고나서

민주당내 민주개혁파들의 모임인 민주연대는 지난 12월 11일, 창립 1주년을 기념하는 토론회를 개최했다. 이 자리에서는 박원순 희망제작소 상임이사가 발제하고, 천정배 의원과 전병헌 의원, 이정희 의원, 김창호 시민주권모임 전략기획위원장, 최상재 언론노조위원장의 토론이 이어졌다. 아울러 이 자리에서는 토론자 외에도 많은 참여자들이 범 민주진영의 연대와 통합, 지방선거에 대한 입장 등을 다양하게 개진하였다.

나름대로 의미 있는 토론회였다는 생각이 든다. 아울러, 고민해야 할 과제도 좀더 명확해졌다는 생각이 든다. 논지를 정리하는 차원에서, 박원순 상임이사가 제기한 문제들에 대해서 언급하고 답하는 형식으로 토론회의 성과와 과제를 되새겨 보고자 한다.

우선, 민주당에 대해서 박원순 상임이사는 아주 정곡을 찌르는 지적을 했다고 본다. 아니, 민주연대 참여인사들이 더 새겨들어야 할 고언인지도 모르겠다.

'미래지향적인 비전과 컨텐츠가 있느냐'는 것이다.

솔직히 말하자면, '이명박 쓰나미'를 막아내는 싸움에 대해서는 많은 국민들이 민주당의 존재가치를 인정하고 있는 것으로 판단되지만, 지방선거가 중요하다고 말하면서도 미래 비전은 커녕 제대로 된 지자체 모범사례(안) 같은 것이라도 준비하고 있는지 잘 모르겠다.

지역현안에 대한 해결 방책은 물론이고, 공무원 인사는 어떻게 할 것인지, 지방재정 문제, 거버넌스 방안, 민주시민 교육, 풀뿌리 활동에 대한 지원방안, 유아-아동-청소년-노인-소외가정 등에 대한 복지 서비스를 어떻게 획기적으로 늘려나갈 것인지, 전통시장과 영세 상인들에 대한 문제, 교통문제, 생활체육의 진흥방안 등등.

특히, 민주시민 교육은 지자체의 역할이 아니라는 것인지, 왜 민주시민 교육을 시도하는 지자체가 단 한 곳도 없는 것인지 이해하기 어렵다. 예를 들자면, 언론의 공기로서의 역할 같은 것이 언론노조에서만 다루어야 할 문제여야 하는 것인가?

물론 지역마다 형편이 다르겠지만, 가장 모범적인 지자체 운영 사례(안)를 만들어 나가기 위한 벤치마킹이라도 민주당은 지금 당장 조직적으로 시작해야 하지 않겠는가?

연대 측면에서 보자면, 이전에 비하면 여러 정파들의 입장이 상당히 유연해졌고, 연대의 필요성에 대해서도 많은 공감대가 이루어졌다고 볼 수 있겠다. 이는 이명박 정부의 전횡이 도를 넘어선 데 대한 위기의식이 작동한 결과이기도 하고, 그 동안의 민주 제정파의 활동에 대한 성찰의 결과이기도 할 것이다. 바람직한 일이다.

특히, 2010 지방선거에서 연대를 통해서 한나라당과 1대1 구도를 만들어서 압도적으로 이겨야 한다는 공감대가 형성된 것은 토론회의 성과라고 볼 수 있겠다.

민감한 사안은 역시, 지방선거에서의 후보자 선출에 관한 문제였다. 세칭 후보단일화 문제이다. 우리 나라에서 '후보단일화' 문제는 그 논의의 뿌리가 깊다. 가장 첨예했던 논쟁은 역시 1987년 김대중-김영삼의 대통령 후보단일화 문제였는데, 그 만큼 간단치 않다는 이야기다.

박원순 상임이사는 이 문제에서 두 가지를 제안하고 있다. 하나는 민주당이 맏형이니 양보하라는 것이고, 다른 하나는 '국민경선-오픈 프라이머리-예비경선'을 하면 어떻겠는가 하는 것이다. 구태어 말하자면, 고육지책이 되겠다.

나는 두 가지 다 비현실적인 제안이라고 생각한다. 민주당-맏형-양보론은 전병헌 의원 말처럼 정치현실을 도외시한 발상이기 때문이다. 민주당이 대승적 입장을 견지해야 한다는 주장은 맞지만, 구체적으로 무엇을 해야 한다는 것인지에 대해서는 아직 불분명하다. 과제다.

국민경선-예비경선에 대해서는, 두 가지 난점을 지적하고 싶다. 하나는 대중 추수적으로 흐를 가능성이 높다는 점이고, 다른 하나는 객관적인 관리가 어렵다는 점이다.

국민경선은 어떤 경우에도 정치지도력이 발휘되는 조건에서만 그 실효성이 있다. 대표적인 실패 사례가 2004년 열린우리당이 시도한 국민경선이었다. 열린우리당 창당의 당위성에 맞추어 국민경선을 시도하면서, 대중 추수적으로 경선이 진행된 쓰라린 경험을 우리는 갖고 있다.

하나의 정당에서 시행하는 국민경선도 각종 부작용으로 득보다 실이 많은 정치현실에서, 여러 정당들이 함께하는 국민경선은 객관적인 관리가 불가능하다고 본다.

나는 시기상조라고 본다. 어쨌든 후보단일화 문제가 어렵지만 제일 중요한 문제다.

그래서 나는 제안한다.

민주 제 정파가 조속히 '지방선거 후보 조정위원회'를 구성해서 공동으로 운영해야 한다. 정치 지도력과 대중주의는 상호 보완적인 것이다. 정치 지도력이 왜곡되면 독주로 흐르는 것이며, 대중주의가 왜곡되면 대중 추수주의로 흐르는 것이다.

우선, 정치력을 발휘하려는 시도와 노력이 중요하다. 각 지역별로 정파와 상관없이 유력하고도 적절한 후보가 누구인지, 어떤 후보가 어떤 지역에 나가야 전체적으로 좋아지는 것인지, 누구누구가 출마를 준비하고 있는지 정보부터 공유해야 한다는 것이다. 가능한 정치력이 모두 발휘되어서 조정을 먼저 해야 한다는 것이다. 이후, 지난한 일이지만 대중적 검증이 따라야 함은 물론이다.

민주당과 민노당이 정책 차이가 없어서 통합해야 한다는 일부 토론 참여자의 주장에 대해서는 나는 반대다. 예상되는 부작용도 만만치 않을 뿐 아니라, 진보정당의 존재가치는 따로 있다고 생각되고 존중되어야 한다고 보기 때문이다. 민주당과 민노당이 공동 집권해야 한다는 이정희 의원의 말을 민주당은 의미심장하게 받아들여야 한다고 생각한다. 민노당에 참여한 많은 분들은 진정으로 일하는 사람들이 대접받는 세상, 소외된 사람이 없는 평등세상을 염원하고 있다고 보아야 하고, 이러한 바램이 '적격 후보자'를 민주당에 요구하는 동력이라고 보아야 할 것이기 때문이다. 민주당은 이러한 민노당의 요구에 제대로 응답해야 할 것이다.

마지막으로, 박원순 상임이사가 제기하고 김창호 위원장과 최상재 위원장이 강조한 '풀뿌리 강화론'에 절대적으로 동감한다. 그 방안을 꾸준히 찾아야 한다고 말하고 싶다.

특히, 앞에서 언급한 것처럼, 지방자치단체가 가장 중요한 활동 목표의 하나로 '풀뿌리 강화'와 '민주시민 교육'을 설정해야 하고, 구체적인 실행안들을 준비해야 할 것이라고 믿는다.

김광수 소장에게 권한다

제발 정치인들과 대화하시오! - 김광수 지음, 〈경제학 3.0〉을 읽고

2000년 5월 설립된 김광수경제연구소는 지속가능한 경제를 추구해온 민간연구소다. 김광수경제연구소는 다른 연구소와는 차원이 다르다.

몇 가지 짚어보자.

첫째는, 대부분의 경제연구소들이 기존의 패러다임 속에서 여러 가지 대안을 모색하고 있다면, 김광수경제연구소는 한국경제의 새로운 패러다임을 열기 위해서 노력해왔다. 재벌 중심의 지배구조에서 기술 벤처 중심의 산업구조로 환골탈태해야 한다고 주장하고 있다.

두 번째는, 그래서 끊임없이 국민들과 소통하고 있다. 다른 연구소들이 특정한 발주자(오너)의 입맛에 맞는 연구 과제들을 연구하고 그 결과를 내놓는 데 반해, 김광수경제연구소는 국민들의 요구를 중심으로, 국민들과 끊임없이 소통하고 있다.

세 번째는, 김광수경제연구소는 정치세력화를 꾀하고 있다. 여타 연구소들은 연구 결과물들을 일방적으로 제공하는 데 그치지만, 김광수경제연구소는 기존의 정치방식으로는 연구 결과물

들이 제대로 추진되기 어렵다는 인식 아래 정치 세력화를 하겠다고 한다.

참여정부 인사혁신비서관을 지낸 나는 참여정부에 대한 제대로 된 '평가'가 필요하다고 주장해왔다. 2012년에 새로운 범민주 정부가 구성되면 어떻게 국가를 운영해야 하는지, 참여정부의 공과를 타산지석으로 삼아야 한다는 절박한 심정에서였다.

참여정부가 성공했느냐 실패했느냐의 차원이 아니라, 참여정부가 무엇을 하려고 했는데 잘된 것은 무엇이고, 안 된 것은 무엇이었는지, 그 원인은 무엇인지 국가운영에 대한 노하우가 공개되고, 공유되어야 한다는 뜻에서였다.

참여정부 말기에 참여정부 주요 인사들이 조직했다가 바로 해체된 '참여정부 평가포럼'이나, 김대중-노무현 두 전 대통령의 서거 이후 민주당이 만든 '민주정부 10년 평가작업' 같은 방식으로는 소기의 결과물들을 얻을 수 없다.

왜 그런지, 길게 말할 필요도 없다고 본다.

여러 가지 어려움이 있겠지만, 진솔한 평가 작업이 이루어지기 위해서 가장 긴요한 일은 참여정부 국정운영 참여자들이 성찰하는 자세에서 자기 고백을 해야 하는 일이다.

그러나, 여러 가지 현실적인 이해관계들 때문에 결코 쉬운 일이 아니다. 사람이 다치는 수가 생길 수도 있겠다.

〈진보의 미래〉에서 노무현 전 대통령이 '정책적인' 성찰에 집중하고 있는 것만 보아도, '운영'을 말한다는 것이 얼마나 어려운 일인지를 알 수 있을 것이다.

대안으로 생각할 수 있는 것은, 국정 참여자들의 인터뷰 자료를 축적하는 일이다. '진보의 미래' 못지 않게 오마이뉴스 오연호 기자의 인터뷰 자료 같은 것이 중요하다는 것이다. 그런데 이를 제대로 수행하려면 권위와 조직이 필요하고, 활용에 대한 정치적 판단과 공감대가 형성되어야 한다. 아무나 나설 일이 아니다.

그러나, 시간이 결코 많지 않다.

두 전직 대통령의 민주적 가치를 지켜내고 추모하는 일은 물론 필요하다. 하지만, 여기서 머무르고 있는 것이 두 분의 바람은 아닐 것이라고 생각한다.

주요 민주정파 지도자들이 '국정참여자 인터뷰 자료'를 만드는 작업에 나설 것을 제안한다. 아울러, 국가인재에 대한 D/B 자료집인 플럼북 작업이 필요하다. 검찰-감사원-국세청-국정원 혁신을 비롯한 국가기구 혁신안과 운영(안)이 필요하고, 관료제 혁신에 대한 확고한 공감대 형성과 대안 마련이 필요하다.

무엇보다도 경제가 중요하다. 국가경제 운용팀을 범 민주진영은 지금부터 가동해야 한다. 국가경제 운용팀장감으로 경제 문외한인 나는 일단 유종일, 채수찬, 장하준, 김광수 등을 주목해왔다.

나는 참여정부 초기에 이헌재가 경제부총리로 임명된 현실에 절망했던 적이 있다. 내가 경제를 잘 모르지만, 이헌재를 통해서 어떻게 양극화가 극복될 수 있는지, 답답했다.

또한 참여정부 초기에 고건이 국무총리로 임명된 현실에 절망했던 적이 있다. 관료 사회 또한 잘 모르지만, 고건을 통해서 거버넌스가 어떻게 가능하다는 것인지, 답답했다.

김광수경제연구소의 주장들을 단편적으로 들어오던 나에게, 김광수 소장이 서술한 〈경제학 3.0〉은 이러한 갈증을 단박에 해소할 수 있는 단비와 같은 것이었다. 〈경제학 3.0〉을 읽으면서 희망을 읽을 수 있었다. 그래, 바로 이거야!

그러나, 정치세력화 부분에 대해서는 그 주장에는 동의하면서도, 현실적인 추진방안이 무엇인지 의구심이 있다.

정치세력화와 관련된 김광수 주장의 요지는 다음과 같다.

1. 정치개혁이 필요하다. 한국경제를 살리고, 21세기 지식정보화 중심의 패러다임에 적극 대응하려면, 현재의 여야 정치권과 기성세대의 물갈이를 통한 세대교체가 정치개혁의 핵심이 되어야 한다.

2. 정치개혁은 정책정당 정치를 활성화할 수 있는 선거제도 개혁에 초점이 맞춰져야 한다. 구체적으로는, (1) 신인들의 입문이 쉽도록 출마 요건이나 정당 설립 등에 관한 진입 장벽을 낮추어야 한다. (2) 원내교섭단체 기준을 5석 이하로 낮추어야 한다. (3) 대통령-국회의원 임기를 일치시켜야 한다. (4) 완전비례대표제 또는 중대선거구제의 도입 등이 필요하다.

3. 기존 정치세력의 개별적인 러브콜 방식은 안 된다. 정치세력이어야 한다. 아울러, 기존 정치권과 똑같은 방식으로 하는 게임은 절대로 이길 수 없다. 완전히 새롭고 공정한 게임의 룰에 의해 20~40대 자식 세대가 주도하는 게임을 할 수 있어야 한다.

문득 문국현이 생각난다.

2007년 대선에서 하나의 돌풍이었던 문국현과 우리 몇 사람은 '문국현 대통령'을 염두에 두고, 문국현 등장 초기에 정기적인 모임을 한 적이 있다. 4, 5회 정도의 짧은 모임으로 쫑나고 말았지만, 어쨌든 그 후 '문함대 바람'을 몰고 오기도 했다. 그러나 역시 기대에는 못 미쳤다.

문국현은 좋은 기업인이었지만, 정치를 너무 몰랐던 것인지, 새로운 정치를 해야 한다는 열정이 강했기에 기존 정치를 너무 가볍게 보았던 것은 아닌지, 아니 정치적 지도력이 부족했던 것은 아닌지, 문국현은 정치인과는 대화를 하려고 하지 않았다.

딱 짤라서 말하겠다.

김광수 소장이 2012년을 겨냥하고 있다면, 2012년 김광수가 성공하기를 진심으로 바란다. 그러나, 이대로 가면 2012년 김광수는 정확하게 2007년의 문국현이 될 것이다.

정치를 종합예술이라고 한다. 김광수가 진단하는 정도의 정치개혁 카드로는 절대로 먹히지 않는다. 단언한다.

김광수경제연구소포럼의 회원이 65,000여 명이라고 한다. 활발한 토론이 지금도 벌어지고 있다. 고무적이다. 희망이다. 그러나, 정치지도력은 별개의 문제다.

김광수의 책 〈경제학 3.0〉에는 다음과 같은 문구들이 자주 등장한다.

'기존 정치권의 연장선상에… 여당이든 야당이든… 색깔 중심의 정치구조에서 벗어나…. 그 동안 우리정치권은 왼쪽, 오른쪽 색깔 위주의 대립적 정당 구조로 되어 있었다' 등등.

많이 듣던 말도 있고, 무슨 말인지 잘 모르는 말도 있다.

다른 계산을 하거나 치열하지 않으면, 균형을 잃게 되는 것이 정치다. '정직한' 연구소 소장이니 다른 계산은 없을 터이고, 그렇다면 정치에 대한 치열함이 부족한 것인지 아직은 잘 모르겠다.

물론, 정치개혁 의지를 피력하는 선언적인 측면이 강하다고 볼 수도 있고, 문구 몇 개로 속단할 일은 아니지만, 현실정치를 보는 시각이 치열하지 못하다는 인상을 지울 수 없다.

김광수 소장에게 권한다.

정치, 간단치 않다.

제발 정치인들과 대화하시오.

강준만 교수님께 드리는 글

'끼리끼리 뜯어먹자판'을 인정하라 / "권력을 놓았다"라고 말하지만, 노무현 정권에서 힘에 대한 두려움은 더 커져. / 정권의 최대 비극은 무능보다는 탐욕, 코드 인사들의 호화판에는 눈물이 없어라. (강준만의 세상읽기 / 2006. 10. 31자, 한겨레 21)

강준만 교수님. '타개 방안을 찾아야 하는데….' 하는 생각에 편지를 올리게 되었습니다.

저는 노무현 정부 출범 당시인 2003년 2월부터 시민사회비서관, 인사혁신비서관으로 일했던 사람입니다. 그리고, 2004년 총선 출마를 위한 열린우리당 경선에서 실패했었고, 2005년 1월 철도공사 출범과 더불어 '감사' 직으로 일하다가, 지난 2006년 10월 18일자로 사직한 사람입니다.

먼저, 강 교수님의 심정을 헤아려 봅니다. 답답한 일이 한두 가지가 아닐 것입니다. 저도 사실 그렇습니다. 그래서, 강 교수님의 글에 공감하는 부분이 많다는 점을 우선 밝힙니다. 참여정부에서 일했고, 공기업 임원을 지낸 사람으로서, 참여정부에 대한 국민의 동의와 지지가 낮게 된 점에 대해서 우선 죄송하다는 사과의 말씀도 드립니다.

특히 개혁인사들의 '도덕적 이완'에 대해서는 안타깝기도 하고, 스스로 좌절하기도 하는 그런 심정을 갖고 있다고 말씀드립니다. 우리가 서민들의 어려움에 얼마나 공감하고 있는지, 부끄럽습니다. 반성해야 합니다. 언제부터 골프들을 그렇게 쳐대기 시작했는지, '견문'을 핑계 삼아 웬 해외여행들을 그렇게 집착하는지, '노블레스 오블리주'를 알고는 있는 것인지 저도 화를 많이 내는 편이고, 욕도 많이 해대는 편입니다. 일하기 위해서가 아니라, 고액 연봉을 노리고 공기업에 취직하려는 분위기가 있어왔던 점도 인정합니다.

그러나, 강 교수님이 잘 모르고 하는 이야기도 많이 있다는 생각이 들었습니다. 참여정부에서 일했던 한 사람으로서 물론 그러한 점까지도 엄중한 책임감을 느낍니다. 그러나, 참여정부의 속칭 개혁세력들에게서 그러한 부정적인 분위기가 있다고 해서, '끼리끼리 뜯어먹고 있다'(속칭, 코드 인사) '청와대 인사가 외압이다' '노대통령의 초지일관이다'라는 식의 비난에는 동조하기 어렵습니다.

제가 노무현 정부를 통째로 대변해서 말할 위치에 있지도 않고, 그럴 생각도 없지만, 무엇이 중요한 것이고 사실이 어떠했는지는 냉철하게 가려야 할 필요가 있다고 생각하고, 아울러 구체적인 타개책을 모색하기 위해서 이렇게 글을 씁니다.

저는 구체적인 원인 분석과 해결책을 찾는 일이 중요하다고 생각합니다.

저는 민주화운동과 노동운동, 국민운동, 정치운동, 정권참여, 공기업 임원 등을 두루 경험했습니다. 1987년 6월항쟁을 통해서 민주화운동에 더하여 새로운 정치운동, 시민사회운동이 시작되었고, 1997년 김대중 정권에서부터는 국가운영에 대한 참여가 시작되었고, 노무현 정권에서 참여는 확대되었다고 저는 봅니다.

민주화운동 시기의 단출했던 전선이 점차적으로 확대되었고, 새로운 영역들에서 일하게 되었습니다. 특히, 국가운영의 영역은 그 특수성으로 인해서 민주 진영의 어려움이 가중되었다고 생각합니다.

오늘의 여러 가지 문제들을 이러한 역사 과정에서 이해하고 분석하는 노력이 필요하고, 해법이 무엇인지를 찾는 노력이 기울여져야 한다고 저는 생각합니다.

조금 구체적으로 설명해 보겠습니다.

제가 청와대 인사비서관으로 일하기 시작하면서 제일 먼저 부딪쳤던 문제는 '기관'에 대한 조사 자료도 없었고, '사람'에 대한 자료도 없었다는 점이었습니다. '인사'라는 것은 쉽게 말하자면 어떤 '사람'을 어떤 '자리'에 보내는 것인데, '기관과 사람' 모두 준비가 전혀 없었지요.

국가를 운영할 준비가 전혀 없었습니다. 왜냐구요? 다 아시는 것처럼 소수파로서 정권잡기에 정신 없었고, 처음 해보는 일이었으니까요. 이것이 현실이었습니다.

강 교수님이라면 어떻게 했겠습니까?

대통령은 행정 수반이고, 청와대 비서진은 대통령을 보좌하는 것이 주된 일입니다. 행정은 이미 오래 전부터 해오던 일이어서, 그들의 컴퓨터에는 '기관과 사람'이 당연히 준비되어 있었습니다. 그러나, 행정의 정보대로 인사를 한다 치면 무엇하러 정권을 잡나요?

"빨리 '우리 쪽' 사람들을 찾자!" 저는 함께 일하던 직원들에게 "밖에 나가서 전문 분야마다 이쪽과 대화가 되는 사람을 찾아라." 그리고 공무원 조직에서 올라오는 정보와 소위 '크로스 체크'하는 방식으로, 좀더 나은 인사를 찾아가는 방식으로, 활동 폭을 넓혀나갔던 것이지요.

이런 방식을 통해서 진출한 인사들이 잘못 일한 부분에 대해서는 반성해야 하고, 인사가 너무나 협애하게 운영되었다면 시정하여야 하지만, 현실적으로는 '코드 인사'가 아닌 다른 더 좋은 인사방안을 강 교수님은 갖고 있다는 것인지 알 수 없습니다. 가르쳐 주시기 바랍니다.

'코드 인사'를 반대한다면, 예를 들어 '선거캠프에 참여한 사람은 쓰지 않는다' '대화가 되는 사람은 쓰지 않는다' '특정 지역 인사는 배제한다' 등등을 제정파가 국민에게 공약하게 만든다든지, 무슨 좋은 방도를 일러주시기 바랍니다. 현실적으로, 어떻게 인사문제를 다루어야 하는지 가르쳐주시기 바랍니다.

'민주화 덕분에 누리게 된 자유가 어찌해서 노정권의 업적이란 말인가?'라는 식으로 민주화 운동과 권력을 구태여 구분하는 것도 탁상에서나 가능한 설득력이 떨어지는 논리라고 생각합니다. 예를 들어, 선거에서 자기가 찍은 후보가 당선되면 통상적으로 '내가 당선시켰다'라고 말하는 것 아닌가요?

그런데, 더 중요한 부분은 강 교수님이 '탈권위가 업적이 될수가 있나'라며 '탈권위'를 비난한 부분인데, 솔직히 말하자면 동의하기 어렵습니다. '탈권위' 문제는 중요한 문제입니다. 솔직하게 말합시다. '노무현'이기 때문에 가능했습니다. 물론, 업적과 연관지어 설명하려는 것은 사실 여부를 떠나서 지엽말단적인 부분입니다만, 저는 '탈권위'에 대해서 이렇게 생각합니다.

'탈권위'는 참여정부의 핵심적인 키워드 중의 하나였습니다. 실제로 '탈권위'가 많이 이루어졌습니다. 그러나, 이 부분에 관한 노 정권의 잘못은 '탈권위'의 대상과 단계 등을 치밀하게 조직하지 못한 점에 있다고 생각합니다. '탈권위'라는 원칙과 방향은 대단히 중요한 것이었지만, '탈권위'를 구체화할 전략적 사고와 판단이 부족했다는 점이라는 것이지요.

예를 들어보겠습니다. 노무현 대통령은 집권 초기에 검사들과 대화의 시간을 가졌습니다. 충격이었습니다. 어떤 결과를 나았습니까? 대화를 통해서, 대통령의 '탈권위'는 선언되었지만, '통치'는 사라졌습니다. 검찰에게 면죄부를 주는 결과를 나았습니다.

어떻게 하는 것이 정답이었을까요? '검찰은 지난 시절, 국민들의 지지를 못 받았다. 검찰의 과거사를 반성하라. 혁신하라. 국민과 대화하라. 환골탈태하라'라며 긴장 관계를 끌고 나갔어야 옳았다고 저는 생각합니다. 검찰을 한편으로는 혁신토록 옥죄면서, 검찰 혁신의 주체를 세워나가고 혁신 정도에 따라 대접을 해주는 것이 저는 옳았다고 생각합니다.

이 부분이 '대북송금 특검'과도 연결되는 중요한 부분이라고 생각합니다. 대북송금의 투명성은 투명성대로 확보하면서도, 검찰이 힘을 갖는 것은 차단하는 전략적 판단에서 조치가 이루어졌어야 옳았다고 생각합니다. '대북송금' 문제를 그 당시 상황에서 반성이 요구되었던 검찰에게 맡긴 것은 잘못된 것이었다고 생각합니다. '박지원 무죄'를 어떻게 설명할 수 있겠습니까?

그러나 다른 한편으로는 솔직히 저도, 검찰에 맡기지 않고 국민들에게 대북송금의 '투명성'을 보여줄 구체적인 방법이 무엇이냐고 묻는다면 답하기가 어렵습니다. 이렇듯, 국정을 운영한다는 것이 간단치가 않습니다. 구체적인 대안을 내야 하고 선택을 해야 하는 것이기 때문에, 너무 쉽게 일방적으로 평가하는 것은 책임 있는 태도가 아니라고 생각합니다.

강 교수님이 '코드 기준의 파격적 인사가 노정권 지지자들을 감격하게 만든 동력'이라고 분석하는 것은, 누구를 염두에 두고 하는 말씀인지는 잘 모르겠지만, 저로서는 참으로 어처구니 없는 '인신모욕적' 발언이라고 생각합니다. 현실과도 다른 주장입니다.

그런데 이보다 더 중요한 것은, 파격적으로 인사를 하지 말라면, 서열대로 하라는 것인지, 내부 승진으로 하라는 것인지, 아니면 정치권은 무조건 배제하라는 것인지 알 수 없습니다. 나아가, 참여정부에서 진출한 공기업 임원들이 과거 운동하던 시절에 비해 도덕적으로 해이된 측면이 있다는 점에는 동의하지만, 과거의 공기업 임원들에 비해 엄청나게 다른 성실한 자세로 일하고 있고 성과도 많이 내고 있다는 것도 분명한 사실이라는 점을 그냥 지나쳐서는 안 된다고 생각합니다.

또한 우리가 코드 인사를 했으니, 보수파의 코드 인사도 옹호할 것이라는 식의 논리 전개도 표피적이고 감정적인 언사라고 생각합니다.

어느 세력이 정권을 잡아도 특정한 자리에 대한 '코드 인사'는 불가피합니다. '코드 인사'를 하기 위해서 정권을 잡는 것입니다. 중요한 것은, '코드 인사냐, 아니냐?'가 아니라 '적임자냐, 아니냐?'인 것입니다. 비슷한 말 같지만 전혀 다른 말이고, 이러한 구분을 잘 짓는 것이 대단히 중요합니다. 한 단계 높아진, 좀더 성숙한 논쟁이 요구되는 부분입니다.

미국의 경우, 정권이 바뀌면 정무직 수 천 명이 교체된다고 합니다. 각 대선 캠프는 주요 정무직에 대한 '플럼 북'을 국민에게 제시하고, 국민의 동의 아래 코드 인사를 한다고 합니다. 그리고 평가 받고, 책임지는 것이겠지요.

어떤 경우에도 '적임자' 여부는 토론되고 검증하는 과정이 필요하지만, '코드 인사' 그 자체를 비난하는 일은 '정략적' 행위라고 생각합니다. 한나라당과 보수언론의 정치공세의 성격이 강합니다. 코드 인사가 안된다면서 다른 구체적인 대안도 제시하지 못하고 있고, 한나라당이 잡고 있는 주요 지자체 인사는 더 심하지 않습니까? 왜, 강 교수님이 그들의 장단에 놀아나는 것인지, 저는 알 수 없습니다.

강 교수님은 노 정권이 코드 인사를 했으니 보수파의 코드 인사도 옹호할 것인지를 묻지 마시고, 2007년 대선을 앞두고 각 대선후보 캠프가 '플럼 북'을 제시하도록 요구하십시오. 저는 그러한 작업을 '국가운영전략연구센터'를 통해서 추진할 것입니다. 제가 철도공사를 떠난 이유 중의 하나인 것입니다.

증권거래소 상임감사의 연봉이 4억이라는 사실을 적시하면서, 이런 자리가 수백 개나 된다고 지적한 부분도 전혀 사실과 다릅니다.

사실은 이렇습니다. 정부 각 부처 중에서 경제 관련 부처 등의 기관 임원 연봉이 대단히 높습니다. 금융기관 쪽이 특히 연봉이 높습니다. 전체적인 공기업 임원의 평균 연봉은 아마도 1억 내외가 될 것인데, 그것이 타당하다고 주장하는 것은 아닙니다. 사실은 '연봉이 높은지 낮은지'에 대해서는 여러 가지 판단이 필요한 부분인데, 다른 자리에서 논하도록 하겠습니다.

제가 인사혁신비서관으로 일하면서, 연봉이 불균형한 원인을 살펴보았는데, 각 부처의 산하기관 실적에 따라서 연봉이 책정되어서 그런 것이라는 설명을 들었습니다. 당연히 경제 관련 기관의 경영 실적이 높은 것으로 되어서, 연봉이 높다는 것이었습니다. 그래서, 이를 시정하는 방안을 찾은 적이 있는데, 실무적으로는 대단히 어려운 문제였습니다.

밖에서는 모두 한가지로 산하기관 - 공기업이라고 부르지만, 우선 기관의 법적 성격이 다 다릅니다. 탄생(설립) 과정이 다

다릅니다. 임원인사 방식도 100여 가지가 넘었던 것으로 기억됩니다. '이사회가 추천하고 사장이 임명한다' '사장이 제청하고 장관이 임명한다' 등등 공기업이 한 날 한 시에 만들어진 것이 아니기 때문에 다 다르다고 해서, 유형별로 정리하는 것을 시도한 적이 있습니다.

공기업의 임원 연봉을 책정하는 문제는 공공기관 운영의 틀을 전체적으로 바꾸는 정도의 엄청난 일이 될 것으로 판단되어서 어디에서부터 손을 대야 하는지 엄두가 나지 않았습니다. 제 재임기간도 짧았었구요. 최근 기획예산처 주도로 2년여의 작업 끝에 '공기업 운영위원회'를 두는 것 등을 골자로 한 '법안'이 국회에 제출되어서 심의중인 것으로 알고 있습니다.

그런데, 연봉보다 더 중요한 것은 공기업의 역할에 관한 부분입니다. 저는 사실은 국회에 제출되어 있는 이러한 '법안' 정도로는 공기업의 실질적인 혁신이 어렵다는 생각을 갖고 있고, 2007년 대선에 즈음해서 '공기업 혁신'에 대한 대안을 제출하는 것을 목표로 고민하고 있다는 점을 밝혀둡니다. 이 또한 제가 철도공사를 떠난 이유 중의 하나입니다만.

일하는 공기업이 되게 하려면 어떻게 해야 하는지? 의사결정을 빠르고 책임 있게 가져가려면 어떻게 해야 하는지? 제도의 문제냐? 운영의 문제냐? 사람의 문제냐? 기획예산처가 공기업에 대한 '경영평가'를 하는 것이 타당한지? 이론적으로만 말하자면 '국가시책 평가'가 맞다고 생각하는데, 어떻게 가능한지? 행정은 제1총리가, 공기업은 제2총리가 총괄하고, 제1총리가 제2총리를 '지원'하는 방식이 가능한지? 감사원 산하 '평가연구원'은 지금 무엇을 하고 있는지? 정부조직의 틀을 완전히 바꾸는 것이 타당한지? 어떻게 가능한지? 누구와 논의해야 하는지? 고민하고 있다는 점을 말씀드립니다.

"여야는 정권이라는 전리품을 획득하기 위해 '공포 상업주의'를 구사하고 있다. 여당은 수구꼴통이 지배하는 세상에 대한 공포를 부추기고 있다"는 표현은 너무나 단선적이어서 민망할 정도입니다.

그러나, 강 교수님이 말하고자 하는 취지에 대해서는 저는 충분히 공감합니다. 저 역시 집권 여당이나 개혁적인 인사들이 지금도 '정권을 잡는 일'에 대해서만 너무나 집착하는 것은 아닌지, 생각하고 있기 때문입니다.

'집권이 최선의 개혁'이라는 여당의 어느 의원님의 말씀을 들으면서, 저는 '집권하면, 잘 할 수 있냐?' 라고 속으로 반문했던 적도 있습니다. 지금도 '합치자, 어쩌자' '어디에 줄을 대자, 말자' 등등 정치공학에만 매달린 듯한 처세에 대해서는 저도 분노하고 안타깝게 생각하고 있습니다.

정치인들에게 '정치공학적 접근을 하지 말라'고 하는 것도 조금 이상하기는 하지만, 특히 집권당인 경우에는 국가운영에 대한 책임이 수반되는 것이어서 국정을 조금 더 살피는 노력을 경주하는 것이 필요하다고 생각하기 때문입니다.

강준만 교수님.
강 교수님의 글을 몇 차례나 읽고, 용기를 내서 편지를 보냅니다. 제가 잘 모르고 기술한 부분이 있다면, 너그럽게 보아주시기 바랍니다.

강 교수님이 잘못알고 있다고 제가 생각하는 부분에 대해서는 나름대로 반박도 하였지만, 소위 개혁적이라는 인사들이 정체성을 되찾고, 국민에게 봉사하려는 정신무장을 다시 하고, 진정성을 갖고 달려들지 않으면 위기를 극복하기 어렵다는 글의 전반적인 취지에는 전적으로 공감합니다.

그러나, 이러한 정신적인 측면이나 자세를 바꾸는 것만으로 위기를 돌파하기는 어렵다고 생각합니다. 어떤 방안이 모색되고 추진되어야 합니다.

저는, 민주세력의 위기 돌파를 위한 '비상시국회의'를 제안하고 싶습니다.

이미, 참여정부나 열린우리당은 신뢰와 혁신동력을 상실했습니다. 대중들에게 직접 호소하고 돌파하는 형식이 요구되고 있습니다. '비상시국회의'를 통해서, 통회(고백)의 자리가 마련되어야 합니다. '비상시국회의'를 통해서 국가운영 비전과 구상이 제시되어야 합니다. '비상시국회의'를 통해서, 새로운 지도자를 만들어내야 합니다.

김영훈 민주노총 새 위원장님께

김영훈 위원장님, 당선을 진심으로 축하드립니다.

김영훈님은 아마도 당선의 기쁨보다는, 이명박 정부의 민주주의 역주행과 노동탄압을 막아내고, 최악의 상황으로 내몰리고 있는 노동자들의 처지를 개선해야 한다는 중압감으로 마음이 답답하고 어깨가 무거운 상태일 것이라고 짐작해 봅니다. 건강을 잘 챙기시기 바랍니다.

김영훈 위원장님을 제가 처음 만난 것은 2005년 1월이었지요. 당시 철도공사가 출범하면서, 참여정부 인사비서관으로 일했던 제가 철도공사 초대 상임 감사직으로 2005년 1월부터 근무를 시작했으니까요.

저는 철도공사 감사로 일을 시작하면서, 김금수 선생님을 찾아뵙고 철도공사 노사관계에 대한 현황을 들었고, 김금수 선생님이 김영훈 당시 철도노조 위원장님께 저를 소개하는 전화를 드렸었지요.

저는 일을 시작하면서, 용산의 철도노조 사무실을 방문했는데, 출입구에는 '형사와 철도공사 직원은 출입을 금한다' 는 팻말이 붙어 있었던 것이 기억납니다. 무작정 사무실에 들어가서, 노조 위원장님을 만나러 왔다고 하고 제 신분을 밝혔는데, 여직원이 다소 놀라는 눈치였지요. 그렇게 우리는 첫 만남을 가졌습니다.

김영훈 위원장님, 기억 나십니까? 제가 드린 말씀이.

"저는 노동운동을 해서 노동자 편이기도 하고, 회사 임원이니 회사편이기도 하다. 그러나 구태여 건방지게 말씀드리자면, 저는 국민편이다. 회사든 노조든, 국민들이 좋아하는 일을 하면 지지하고, 싫어하는 일을 하면 반대한다."

제 생각은 지금도 변함이 없습니다.

우리는 물밑에서 참 많은 대화를 했지요? 그래서, 제가 김영훈 님을 지금도 좋아하지 않습니까? 지금도 저와 김영훈 님은 블로그를 통해서 대화를 나누고 있지요.

돌이켜 보면, 3.1 파업을 앞두고 파업 선언 직전까지도 얼마나 많이 고민하고 따져보고, 해법을 모색하고 했습니까? 우리 역량이 부족해서 좋은 결과를 내지는 못했지만, 무언가 최선을 다해서 타협점을 찾아보려고 노력했던 것만은 사실 아닙니까?

강퍅한 노동현실을 타개하는 일이 어찌 쉬운 일이겠습니까?

세상은 또 얼마나 복잡하고, 사람들 생각을 모으는 일은 또 얼마나 어렵습니까?

저는 김영훈 님을 믿습니다. 제가 겪은 김영훈 님은 친화력도 있지만, 무엇보다도 대화를 많이 하려는 사람이기 때문입니다. 많이 듣고, 토론하고, 함께 모색하는 일이 제일 중요하지요. 우리가 이명박 정부를 비판하는 가장 큰 이유는 '대화의 문을 닫은 점' 아니겠습니까?

여러 가지로 정신이 없을 터인데, 딱 한 가지만 부탁드리겠습니다.

'누가 우군인지를 잘 헤아려서 일하시기를 바랍니다. 어려운 일이지만, 우군을 많이 만드는 일이 민주노총이 이기는 길이라고 저는 확신하고 있으니까요.' 김영훈 신임 민주노총 위원장 님. 건승을 빕니다.

내가 아는 김용석

제가 선배님을 만난 것은 20년이 넘는데, 다른 분야에서 일할 때에도 주거환경
개선에 대한 열정만큼은 변함없던 분입니다. 선배님이 불러주시면, 언제라도
재개발-재건축 현장으로 달려가겠습니다.

김 진 수 (주거환경연합 사무총장)

김용석 선배는 가슴이 따뜻한 사람입니다. 가슴이 뜨겁기에 불의를 보면 분노하
고, 힘들어하는 서민들을 보면 안타까워합니다. 김용석 선배의 삶 전체가 이러
한 애정을 바탕으로 고뇌하고 모색하는 일로 일관되어 왔습니다. 변방이 새로
운 중심으로 될 수 있도록 모든 사람들이 힘을 모았으면 좋겠습니다.

이 동 섭 (따뜻한 한반도 사랑의 연탄나눔운동 상임이사)

제 3 장

거버넌스의
성공을 위하여

민주개혁 세력의 과제와 전망

　　국민의 정부와 참여정부 시대를 '빼앗긴 10년'으로 규정한 보수 세력의 정부가 들어선지 6개월여 지나가고 있다. 현 정부에 대해서는 '선진한국을 준비한 6개월'이라는 청와대측의 자평에 서부터 '역사를 거꾸로 돌리고 있다'는 야당의 혹평에 이르기까지, 그 평가의 스펙트럼은 매우 넓은 것 같다.

　　보수적인 정부가 탄생한 배경은 다양한 설명과 지적이 가능할 것이다. 이를테면, '경제를 잘 풀어 달라'는 국민들의 욕구가 강했는데 이명박 'CEO 출신'이 어필했다는 점, 이명박 한나라당 후보가 시행한 청계천이나 서울시 교통체계의 성공적인 정착 등 실천하는 이미지가 국민들에게 통했다는 점, 보수세력의 단결력이 강했다는 점, 민주화 운동가들이 초심을 상실했다는 지적, 민주당을 비롯한 야당 후보들이 강력한 지도력을 발휘하지 못했다는 점 외에도 다양한 원인분석이 가능할 것이다.

　　그런데, 어느 누구도 보수 세력의 정부가 탄생한 가장 중요한 요인으로 '참여정부'에 대한 국민들의 비판적 여론을 민주진영이 제대로 극복하지 못한 점을 부인하지는 못할 것 같다.

참여정부 초기에 인사혁신비서관으로 일했던 필자는 이런 점에서 국민들께 죄송한 마음을 갖고 있음을 우선 밝혀둔다. 이것은 이명박 정부와 비교해서 국민의 정부나 참여정부가 국정운영을 더 못했다는 식의 말이 아님은 물론이다. 국민들이 민주개혁 세력에게 맡겨준 국정운영에 대해 결과적으로 충분히 국민들의 지지를 받지 못했음을 자성하는 의미에서이다.

민주개혁 세력이 왜 국민들의 전폭적인 지지를 얻는데 실패했는지, 그 역사 과정과 내용을 조금 살펴보기로 하자.

1987년 6월항쟁은 민주개혁 세력이 위대한 전진을 이룬 일대 사변이었다.

민주 지향적인 세력의 '대통령 직선' 주창은 전두환 정권의 장기집권 음모를 분쇄했고, 선거를 통한 권력의 선출을 제도화시켰으며, 노동계를 비롯한 사회 각계가 민주화의 장정을 시작하는 첫 걸음의 계기가 되었던 것이다.

87년 7~9월, 독재정권의 일방적인 억압 통치 하에서 숨죽였던 노동자들이 처우개선과 민주노조 활동을 대대적으로 요구하는 양상으로 전개된 것이 그 사례이다. 70, 80년대의 민주노동운동이 노동운동가 중심의 선도투쟁적 성격이 불가피했다면, 87년 이후의 넓어진 활동공간에서의 노동운동은 좀더 대중투쟁적인 성격을 띠는 쪽으로 발전해갔던 것이다.

1960년의 4.19 민주혁명의 성과가 5.16 군사 쿠데타로 짓밟혀진 사례를 경험한 6월항쟁의 주력이었던 학생운동 세력이 6월항쟁의 정신을 계승해서 정치세력화를 시도한 것도 이러한 흐름을 반영한 것이었다.

정치운동과 시민운동이 87년 6월 이후 가장 중요한 활동영역이었던 것으로 보여진다. 사회 모든 분야에서의 민주적 가치를 확장해나간 가장 큰 흐름이 이루어졌던 시기였다. 이 시기에 민주개혁 세력은 정치권에서는 야당으로서, 시민사회에서는 시민운동으로서, 노동계를 포함한 사회 각계에서는 민주적인 사회운동으로서 발전해 나갔던 것이다.

1987년 이후 1997년까지 10년여 간은 문제 제기와 대안 제시 성격을 갖는 운동이 활발했던 시기였다고 볼 수 있겠다.

1987년 6월 이전에 비교적 단순했던 반독재 운동과 투쟁들은 이제는 좀더 다양해지고 상호관계가 더 중요해지는 국면으로 전개되었던 것이다. 2000년 총선에서의 낙천-낙선운동은 시민운동과 정치운동의 관계를 보여주는 사례이다.

1987~97년에 걸친 이 시기에, 시민사회 세력과 야당이었던 민주정치 세력이 꾸준히 문제를 제기하고 대안을 제시하는 수준에서 운동이 진행되었다.

그러나, 1997년 김대중 국민의 정부의 등장과 2002년 노무현 참여정부가 등장하면서, 민주개혁 세력은 단순한 문제제기나 대안제시를 통해서가 아니라, 국정운영에 대한 책임을 통해서 평가받는 상황으로 바뀌게 되었고, 이러한 인식을 정확하게 하는 일이 대단히 중요하다고 본다.

1997년 이후, 민주개혁 세력의 가장 중요한 과제의 하나로 시민운동과 더불어 국정운영을 잘해야 하는 문제가 제기되었던 것이다. 이것은 특정인이 특정 정부에 참여했느냐, 안했느냐는 정도의 문제는 물론 아니며, 전체 운동의 과제라고 해서 참여정부에 참여한 분들의 책임이 면제된다는 뜻도 물론 아니다. 나아가 시민운동이 (국민+참여)정부의 '실정'과 관계없다고 강변해 그 책임에서 벗어나지는 것도 아니다.

필자가 강조하고자 하는 초점은, 민주세력 전체적으로 시민운동이나 대안 제시도 중요하지만, 국가운영의 중요성에 대한 인식이 높아졌어야 했고, 수구집단이 집권하면 그나마 민주개혁 세력이 노력해서 넓혀왔던 민주적 가치는 위협에 직면하게 될 것이고, 국민들의 민주적인 권리는 위축되게 될 것이라는 점이 명백했다는 점이다. 이는 예를 들면, 현 정부에서 나타나고 있는 '언론' 분야에서의 치열한 대치가 극명하게 보여주고 있다고 생각한다.

보수정권의 탄생과 민주개혁 세력의 위기가 '민주개혁 세력의 국정운영에 대한 책임을 국민들이 묻는데'서 비롯된 것이라면, 그래서 '정권을 맡겨도 잘못한다고 국민들이 질타하는 것'이 위기의 본질이라는 판단이 옳다고 하면, 해법은 당연히 지금도 국가운영 능력을 향상시키는 방향에서 찾아야 할 것이다.

국정운영의 어떤 점들이 잘못되어서 비난을 받는 것인가? 해법은 무엇인가?

국민의 정부나 참여정부 모두 국정운영의 경험이 없었다는 점, 국가운영에 대한 광범위한 동의와 참여를 이끌어 내는 방안을 제대로 찾지 못했다는 점에서, 민주개혁 세력의 '위기'(?)는 이미 예견된 것이라고 보아야 할 것이다.

국민의 정부는 두 가지 한계를 근본적으로 가지고 있었던 것 같다. 하나는 소위 'DJP 연합'이었다는 점이고, 다른 하나는 '가신 풍토'가 작동했다는 점이다. JP측이 가진 권력은 밖에서 알고 있는 것 이상이었다. 경제 부처 중심으로 수구적 성격의 지배체제를 확대하고 강화한 측면이 강했다. 40년 이상 동거동락하면서 형성된 동교동 '가신' 중심의 불가피한 정치풍토는 국정운영을 폭넓게 가져가지 못한 핵심 요인이었던 것 같다.

참여정부는 '수평으로' 패러다임을 전환하고 확장한 데서 그 역사적 평가가 있을 것이지만, 국민참여 시스템을 제대로 구축하지 못한 것이 가장 아쉬운 점이다. 대통령의 생각과 국민들 생각의 차이가 현저하게 드러났던 '부동산 폭등' '바다이야기 파동' 등에서 그 사례를 발견할 수 있다. 이 사례들은 감사원 혁신의 필요성을 원천적으로 제기한 사례이기도 한데, 이에 대한 개선책을 찾으려는 노력과 흔적은 보이지 않는다.

다른 한편에서, '당정분리' '대연정 제안' 파동은 집권당과의 소통을 결정적으로 악화시킨 사례다. 아니 '소통'을 무시한 결과이기도 하다. 열린우리당 위기의 본질은 이런 점에서 '노무현 대통령'으로부터 기인한 점이 많다. 국민들은 열린우리당의 국회에서의 개혁입법 실패에 대한 비판과 더불어 집권여당으로서의 책무를 이행하지 못한 책임을 추궁했다고 생각한다. 후자가 더 본질적인 문제로 보여 진다.

이런 맥락에서 보자면, 지금 현재까지도, 즉 현 정부에 대한 국민적 지지가 현저하게 이탈하고 있음에도 불구하고, 민주개혁세력의 위기상황이 계속되고 있는 현상을 주목하지 않을 수 없다. 물론, 야당은 원칙적으로는 집권정부와 여당을 견제하고 집권세력의 실정을 비판하는 것이 주된 임무라고 말할 수 있겠다. 그러나, 지금 설혹 집권세력이 퇴진한다고 하더라도 민주당이 국민들의 지지로 집권할 수 있을지도 의문이고, 집권한다고 해서 국민적 지지를 높일 수 있는 국가운영 역량을 갖고 있는지도 의문이다.

전체적으로 보자면, 국가발전에 대한 비전 제시와 국가운영에 대한 담론조차 지금도 미미한 점을 인정하는 데서 위기(?) 극복의 대안을 찾아야 한다고 나는 거듭 주장한다.

시민운동이나 민주노동당 역시 국가운영에 대한 높은 관심에 기초해서 활동하고 있는지, 국가운영 비전을 가지고 있는지 묻고 싶다. 비전 없는 비판은 부분적인 성격을 갖게 되어서 국민들 입장에서 보자면 설득력이 떨어진다.

노무현 대통령이 억울해했던 부분이 있다면, 이런 부분들일 것이다. 진보의 당위를 말하고, 참여정부의 실정을 비판하면서 과연 그들이 국가발전에 대한 비전을 가지고 있는지, 국가운영의 메카니즘을 이해하고 있는지, 의아스러운 경우가 많았다고 본다. 예를 들면, 장기를 두면서 판에 놓여 있는 주요 요소들인 '말'이나 '상'을 고려하지 않고 어떻게 전략을 세울 수가 있는 것인가?

정치 활동도 필요하고, 시민운동도 필요하다. 문제 제기도 필요하고, 대안 제시도 필요하다. 그러나, 이런 점들 못지 않게 중요한 것은 국가운영에 대한 비전과 실행력을 확보하는 일이다.

국가운영을 잘 할 수 있는 방안을 찾아야 하고, 설득력 있게 국민들에게 제시해야 한다. 어떤 민주적 정파도 이러한 과제로

부터 자유로울 수 없다.

국가운영 역량을 확장하는 것, 다양한 분야의 민주개혁적인 활동을 통합하는 지도력을 만들어 나가는 것, 이 두 가지가 민주 개혁 세력의 주요 과제라고 본다.

그 방안을 나름대로 제시해 본다.

우선, 국가운영에 대한 담론을 활성화하는 일이 중요하다. 국 가운영의 중요성을 제대로 인식하고, 국가를 운영하는 입장에서 구체적인 실행방안을 준비해 나가는 일이 중요하다.

예를 들어보자.

현 정부의 대통령 '인사'가 잘못되었다고 여야-시민사회-언 론 등이 모두 비판하고는 있지만, 구체적인 '인사 개선안'을 마 련하려는 노력은 어디에서도 보이지 않고 있다.

한번 물어보고 싶다. 민주당이나 시민사회가 정권을 잡으 면, 그 중요한 대통령 '인사'를 어떻게 할 것인지?

흔히 회자되는 '낙하산 인사'의 본질은 무엇이고, 이를 극 복할 대안은 있는지, 일단 정권을 잡고 나서 생각해보자고 말할 수 있는 것인지, 방책을 국민들께 제시해야 할 것이다.

다른 예를 들어보자.

지금 '언론의 공영성' 문제를 둘러싸고 치열한 대립이 진행 되고 있다. 그런데, 이에 못지않을 정도로 중요하다고 판단되는 '감사원장 강제(?) 퇴임' 문제에 대해서는, 별다른 문제제기가 없었던 것 같다. 감사원의 독립성이 언론의 공영성보다 덜 중요 하다고 생각하는 민주인사는 물론 없을 터이지만 이슈로 크게 부각시키지 못한 배경에는 국가운영과 국가기구에 대해서 제3자적인 태도를 취하고 있었기 때문은 아니었는지, 혼자서 반문해 본다.

감사원의 움직임에 따라서 국가운영의 실행 주축인 공직집단이 움직인다는 점에서, 감사원 문제를 제대로 짚고 넘어가지 못한 민주개혁 진영에 대해서 '잘했다'고 말하기는 어려울 것이다.

민주개혁 세력이 국가운영 담론을 활성화 하려면 국가기구와 국가인재에 대해서 먼저 관심을 가져야 한다.

민주당은 당연히 이러한 분야를 다룰 기구를 상설적으로 설치하고 운영해야 한다. 집권 후에 검토할 일이 절대로 아니다.

시민사회 역시 정권에 참여하느냐 안 하느냐 하는 논점에서가 아니라, 국가인재를 어떻게 자료화하고 육성할 것인지에 대해서 구체적으로 연구하고 준비해 나가야 할 것이다.

아울러 국가기구의 바람직한 역할이 무엇인지, 현실적인 운영 실태는 어떠한지에 대해서도 전문적인 연구와 대안을 제시하는 노력이 이루어져야 할 것이다.

정책과 국가운영 프로세스는 다르다. 주요 정책이 어떤 메커니즘으로 집행되는지, 그 프로세스를 꾸준히 점검하고 개선책을 내는 노력도 민주개혁 세력이 해야 할 과제다.

이 문제는 소통의 문제와도 관련이 있고, 관료 시스템과도 연관되어 있다. 국정 수행 과정을 제대로 읽어내고, 문제점을 찾아내고, 그 개선책을 만들어 낸다는 것이 결코 만만한 일이 아니다.

그러나, 이러한 일들을 평시에 제대로 하면서 '민주개혁 세력에게 국가운영을 맡겨달라'고 국민들에게 호소해야 설득력을 갖게 될 것이다.

국가기구 중에서 지방자치 단체가 또한 중요하다.

2010년 6월로 예정되어 있는 지방선거에서는, 그 동안 집권해왔던 범여권의 어느 정도 패퇴가 예상되는 상황에서, 어떻게 지방 권력을 주민들과 함께 운영해나갈 것인지를 천착하는 노력도 민주개혁 세력에게는 대단히 중요한 과제다. 시간이 많지 않다.

차제에 민주개혁 세력 내부에서 회자되었던 두 가지 잘못된 명제에 대해서 거론하고 싶다.

그 하나는, '절차적 민주주의는 완성되었는데 사회경제적 접근이 부족했다'는 식의 명제다. 이는 강단 학자들, 일부 지식인들의 잘못된 현실인식에서 비롯된 것이다. 전체적으로 보면, 비민주적인 사회적 관행과 조직 운영의 사례는 아직도 엄청나게 많이 남아있기 때문이다. 이들을 기반으로 합법적으로 집권한 정부가 반드시 민주정부일 수 없음은 작금의 여러 가지 상황이 실증적으로 보여주고 있지 않은가?

다른 하나는, 이제 '민주 대 반민주 구도는 끝났다'는 식의 주장이다. 그래서 진보의 깃발을 중심으로 해야 한다는 것인데, 이 역시 분단 이데올로기의 영향력이나 미국을 비롯한 강대국들의 영향 하에 있는 한반도의 지정학적 요인들을 무시한 비현실적인 주장임이 분명하다.

민주개혁 세력은 무엇을 할 것인가?

집권세력의 반민주적인 행태들에 대해서 제동을 걸고, 국민 편에서 민주주의를 확장시켜나가야 한다. 아울러, 국가기구들에 대한 연구와 국가인재들에 대한 구체적인 준비 작업을 해나가야 한다. 국정 수행 과정에 대한 점검과 대안제시 노력도 필요하다. 다양한 분야에서의 민주 개혁적인 노력들을 한데 모으는 지도력을 키워나가야 한다.

이것이 동학농민들의 자주적이며 민주적인 정신을 계승하는 일이고, 3.1 독립운동의 국권회복 정신과 4.19 민주정신을 계승하는 일이며, 분단된 한반도에서 평화를 정착시키고 민족통일로 나가는 길인 것이며, 1987년 위대한 6월의 민주항쟁 정신을 이어받는 길이다.

나아가, 미래의 지식정보 사회와 복지공동체 사회를 건설하는 초석을 닦는 길이다.

국가운영과 지방정치

'지방선거'를 앞두고, 왜 지금 '국가운영'을 말하는가?

지방선거를 얼마 앞둔 시점임에도 불구하고, 범민주개혁 세력의 '지방정치'에 대한 시각이 통일적이지 못하다는 점은 안타까운 일이다.

2010 지방선거에서 민주개혁 세력의 의미있는 진전을 이루어내기 위해서는 '지방정치'에 대한 다양한 견해들이 진지한 내부토론을 통해서 바르게 정리되는 일이 긴요한 과제가 되고 있다.

민주개혁 세력은 해방 이후, 1987년 6월항쟁 이전의 사회운동 중심에서, 사회운동의 기조 속에서도 시민운동과 정치개혁 운동으로 분화되어서 진행되어 왔다. 그러나, 1997년 국민의 정부의 탄생과 2002년 참여정부의 탄생은 지금까지의 야당이나 시민운동으로서의 비판기능 및 대안제시 활동에 덧붙여서 '국가운영'이라는 새로운 과제가 민주개혁 세력에게 주어졌던 것이다.

2007년 이명박 정부의 등장은, 크게 보면 국민의 정부나 참여정부가 (다양한 민주적 진전을 이루어 냈고, 보수 언론의 일방적인 정치공작에 밀린 측면도 강하지만) 전체적으로 보자면 '국가운영' 측면에서 국민이 맡겨준 소임을 제대로 다하지 못했다는 국민적 평가로 받아들여야 마땅하다고 본다.

따라서, 민주개혁 세력이 거듭나기 위해서는 국민의 정부와 참여정부의 '국가운영'에 대한 가혹할 정도의 성찰과 분석과 평가 그리고 대안 제시가 국가운영 담당자들 내부로부터 제기되는 것으로부터 시작되어야 한다고 믿는다.

그러나, 이런 일들이 지금 제대로 이루어지고 있는지 의문을 제기하지 않을 수 없다.

참여정부 말기에 만들었다가 해체한 '참여정부 평가 포럼'이 단적인 예다. 그런 식으로는 내부 성찰이 이루어지기 어렵고, 국민적 동의를 구하기도 어렵다고 본다. 민주당이 최근 '국민의 정부와 참여정부'를 평가하는 기구를 만들었다고 하지만, 똑같은 전철을 밟을 개연성이 매우 높다고 생각한다.

'국가운영'을 책임진다고 하면서, 광범위한 국가기구들을 어떻게 국민친화적으로 바꾸어나가고 운영할 것인가? 검찰은? 국가정보원은? 감사원은? 국세청은? 청와대와 여당 관계는? 27개 정부 부처는? 거버넌스는? 소통은? 지방자치 단체들은?

누구나 중요하다고 입을 모으면서도 손 놓고 있는 인사정책은? 민주개혁 세력의 국정참여 방안은? 집권을 통해서, 민주개혁 진영의 역량을 강화할 수 있는 방안은? '국가운영'에 대한 전반적인 '전략'은?

이러한 과제들이 민주개혁 세력 내부에서 진지하게 논의되고, 방침으로 나타나서 집행되지 않았다. 예를 들어 보자. 노무현 전 대통령과의 최후의 인터뷰 기사(시사 인, 2009. 8. 15자)를 보면, '대연정 제안'에 대해서는 '헛발질'이라고 답하고 있으며, '당정분리'를 '공천권, 당직임명' 수준으로 축소해서 이해하고 있고, 검찰에 대한 대응도 '장악 대 자율-방치' 수준에서 이해하고 있음이 명백하게 드러나 있다.

민주개혁 세력이 전체적으로 '국가운영'에 대한 담론이 부재했음을 보여주는 사례라고 이해해야 할 것이다. 적어도 국민들에게는 그렇게 비춰졌을 것임을 부인해서는 안 된다고 본다. '인사문제'의 경우도, 마찬가지였다고 생각한다. 참여정부 집권 초기에 '총리-경제 수장'이 어떻게 임명되었는지, 냉철하게 재검토하여야 할 사항이다.

인사문제는 여러 가지로 부족하지만 본인의 전공(?)이므로 별도로 논하기로 하자.

'국가운영'이라고 하는, 국민들이 민주개혁 세력에게 던져준 과제를 담론화하기가 쉬운 일은 아니라는 정황을 이해하지 못하는 것은 아니지만, 전체적으로 이러한 과제를 담론화하지 못하는 한, 2012년에 어느 정권이, 설사 민주개혁 지향의 정권이 탄생한다고 하더라도(정치와 선거는 돌발변수가 많다, 손님 실수로 한 건 하는 수도 있다고 본다) 국민적 지지와 동력으로 민주개혁 작업을 진전시켜 나가기는 어려울 것이라고 확신한다.

'국가운영'을 담론화하지 못한 결과, 반MB정서가 만연함에도 불구하고 민주당 지지로 폭넓게 이어지지 않는 어려움으로 나타나고 있을 뿐만 아니라, 3가지 부정적인 기류를 낳고 있다.

하나는, 민주개혁 세력 내에서 국정운영의 참여자와 비참여자 사이의 괴리다. 비참여자는 아무래도 일방적으로 책임지는 것이 억울하다고 생각하는 경향성이 강해진 것이다.

두 번째는, 정치 참여자와 비참여자 사이의 괴리다. 비참여자는 독자적인 활동 영역을 구축하고 싶어 하는 경향성을 나타낼 개연성이 높아진 것이다.

세 번째는, 중앙정치와 지방정치의 괴리다. '국가운영'이라는 전체적인 관점에서 '지방정치'와의 상호작용이 이루어져야 하는데, '중앙예속'으로 간주하는 경향성이 높아진 것이다.

민주당이 왜 '국가운영'에 대해서 일반적이면서도 전체적으로 분석하고 대안을 제시하는 기구를 아직까지도 운영하지 않는지 이해하기 어렵다. 집권할 생각이 없다는 것인지…

예를 들자면, 참여정부에서 임명된 감사원장이 이명박 집권 후에 사임하는 과정에서, 민주당이 무엇을 했는지 묻고 싶다. 감사원장을 이명박 대통령 마음대로 좌지우지하는 정부 하에서라면, 이미 공무원 층은 복지부동으로 가는 것이다. 표적 감사를 하겠다는 데, 어느 공무원이 공정하게 국정을 집행하겠다고 나서겠는가? 정권의 똘마니들이 설치는 그러한 정부로 갈 수밖에 없지 않겠는가?

진보정당(?)들은 아직 집권이 당면한 목표가 아니니까 '그런가 보다'라고 생각할 수도 있겠지만, 시민사회 단체 역시 마찬가지라고 본다. 시민사회 인사들이 제기하는 문제들이 '국가운영' 담론을 염두에 두지 않고 추진된다면, 협애한 시각에 갇힐 수밖에 없게 될 것이고, 국민적 설득력을 잃게 될 것이며, 오판

하는 일들이 벌어지게 될 것이다.

국민의 정부와 참여정부는 어떻게 탄생하였는가? 국민의 정부는 'DJP 지역연합'으로, 참여정부는 '정몽준 단일화 쇼'로 탄생하게 되었던 것이다. 민주개혁 세력의 독자적인 집권은 애초에 불가능했다는 말이다.

이는 두 가지를 시사하고 있다. 하나는 정상적인 힘의 관계에서는 아직도 민주개혁 세력이 소수파라는 점이고, 2012 대선에서도 이러한 '연대' 없이는 집권이 불가능하다고 보아야 한다는 점이다. (물론, 손님 실수는 항상 있을 수 있겠다)

2010년 지방 선거는, MB정권의 역주행으로 광범위하게 형성되어 있는 '반MB 기류' 속에서 치루어질 것이 분명하다. 그래서 민주당 역할이 중요하다. 선거는 정당이 중심이 되어서 치루는 것이고, 아무래도 큰 쪽으로 몰아주려는 심리가 일반화할 것이기 때문이다.

2010년 지방선거는 민주개혁 세력이 민주공화국 대한민국의 하부 토대를 대대적으로 혁신하는 기회가 될 것이다. 그러나, 이를 잘 살려나갈 수 있을 것인지는 걱정된다.

무엇을 할 것인가?

민주당은 시민사회, 진보정당들과의 통큰 연대를 통해서 '국민들의 반MB 정서' 효과를 극대화시키는 노력을 해야 한다. 중앙정치의 지도력이 요구되는 대목이다. 다른 측면에서 보자면, 통큰 정치 지도자가 탄생할 찬스이기도 하다.

공천제도를 대의에 맞게 정비하고 진행하여야 한다. 계파

공천(사적 공천)은 망하는 길이다. 공천헌금 등 잡음도 없어야 한다. 선거비용 등 자금 관계가 쉽지는 않겠지만, 투명한 대안을 마련해서 추진해야 한다.

또 시민사회는 지방선거에 대대적으로 참여해야 한다. 민주당이 중심일 수밖에 없다는 현실을 직시하고, 함께 성공하는 길을 찾아야 할 것이다.

'기초 지방선거, 정당공천 배제' 같은 무책임하고도 비현실적인 주장으로 시민사회 입지를 마련하려는 잘못된 방침은 즉각 철회하기를 바란다. 시민운동이나 시민사회가 강화되어야 한다는 생각은 옳지만, 정치참여나 정치개혁 역시 중요한 과제라는 점을 도외시해서는 안 된다.

특별히, 국민의 정부와 참여정부에 참여했던 인사들에게 말한다. 스스로 가혹할 정도의 '성찰'이 필요하고 '하방'이 필요하다. 국정에 참여했던 인사들이 국가적으로도 훌륭한 자산임에는 틀림없다. 그러나, 뼈를 깎는 '성찰'을 국민의 정부와 참여정부를 지지했던 국민들이 요구하고 있다고 생각한다. '하방'을 요구하는 것은 국정 참여자들이 '자리'와 '권세'가 아니라, '봉사자'들이었음을 온몸으로 보여주는 유일한 길이라고 판단하기 때문이다.

2010 지방선거를 준비하고 계신 많은 분들께 호소하고자 한다. 노무현 전 대통령의 서거가 우리에게 남겨준 교훈은 무엇인가?

하나는, 우리가 가는 이 길이 (다소 잘못과 사욕이 있을 수는 있었겠지만) 역사적으로 보나, 동북아 평화체제 정착을 위해서나, 국가의 미래를 위해서나, 국민적 삶의 질 개선 차원에서나, 옳았다는 점이다. 노무현이 옳았고, 이명박이 틀렸다는 점이다. MB정권은 노무현 전 대통령님에 대해서 표적 수사, 표적 감사, 표적 세무조사를 총동원하였던 것이고, 이것은 명백한 정치보복인 것이다. MB정권이 어디로 가고 있는지를 온몸으로 보여준 것이다.

두 번째는, 진정한 지도자의 길을 보여주었다는 점이다.

노 전대통령의 서거 앞에서 우리 모두는 왜 부끄러워졌던 것일까? 왜, 지켜주지 못해서 미안하다고 말했던 것일까? 말로는 민주주의를 외치고, 국민의 흐르는 눈물을 닦아 주겠다면서, 지도자로 나서겠다면서, 어느 누구도 책임질 준비는 안 되어 있었던 것 아니었을까? '희생'할 각오는 없었던 것 아닌가?

지도자의 자리가 '권세'와 '영광'의 자리가 아니라, '책임지는 자리, 희생하는 자리'라는 점을 온몸으로 보여준 것이었다.

지방선거를 준비한다는 것은 힘들고 고독한 결단이다. 결단을 내리신 분들께 진심으로 존경의 찬사를 보내고, 감사의 마음을 표한다.

그러나, 혹여라도 지도자의 길을 제대로 갈 생각이 없는 사람들이, '권세'와 '이권'을 염두에 두고 무작정 나서는 일이 없기를 진심으로 바란다. 역사와 국민에게, 감당할 수 없는 '죄'를 짓는 일이 될 수도 있기 때문이다.

우리 모두 역사와 국민 앞에서 당당한 길, 영원히 이기는 길을 함께 가야 한다.

지방선거, 왜 정당공천이어야 하는가

지방자치 발전은, 참여민주주의의 확장 여부에 있다. 주민 참여 확대를 통해 지방행정에서 의사결정 수준을 높이는 일이 주민들 삶의 질 향상에 결정적인 요소가 되기 때문이다.

지방자치제가 전면 실시된 지 어느덧 14년이 지났고, 4번의 선거를 치렀지만, 지금 이 시점에서 보자면 '주민 자치'라는 말이 무색할 정도로 많은 문제점이 드러나고 있다.

중앙정치에 일방적으로 휘둘리는 일이나 줄서기 현상, 공천 헌금을 둘러싼 잡음, 지방정치에 대한 지역 유지들의 독식 현상, 일방적인 행정 집행, 비리 문제 등등. 지방자치제 도입을 통해서 풀뿌리 민주주의를 신장하고, 주민 참여를 확대하고, 중앙정치의 과도한 예속에서 벗어나려던 시도는 일단 실패한 것처럼 보이는 것도 사실이다.

7월 9일치 〈한겨레〉에 실린 최동규 한국사회여론연구소 수석연구위원의 '풀뿌리 선거, 정당공천제 유지해야'라는 글에 대한 반론으로, '중앙정치 예속'의 폐해를 주된 이유로 '정당공천 배제'를 주장한 허영미 고양 YWCA 회장의 '정당공천 굴레 벗어나야 지방자치 미래 있다'라는 7월 16일치 글은 위와 같은 이유로 의미 있게 검토해야 하겠지만, 아무리 생각해 보아도 '정당공천 배제' 주장에는 동의하기 어렵다.

해법은 좀더 폭넓게 찾아가야 한다고 생각하기 때문이다. '지방자치' 문제는 원론적으로는 '중앙' '분권' '정치' '민주주의 역사' 등과 같은 단위와 관련해서 폭넓게 이해해야 할 것이다.

다른 단위들과 충돌한다고 해서, 단위들 사이의 관계를 끊어버리려는 것은 현실적으로 가능하지도 않고, 옳은 방법도 아니기 때문이다. 단위 사이의 올바른 관계를 세워나가는 것이 해법이지, '단절'이 해법이 될 수는 없다고 보기 때문이다.

'중앙정치 예속'의 문제는 기본적으로는 지구당 부활과 자율성 강화, 지역정당 활동 등을 통해서 지역의 정치력을 키워나가야 극복할 수 있다. 아울러 정치개혁 방안(공천제도나 선거제도—비례대표제 확대, 중대선거구제 도입 등)을 찾아나가면서 같이 풀어나갈 문제이다.

토호 세력의 지방행정 독식 현상 역시, 주민 대표성이 강화된 정당-시민단체의 연대와 협력, 정치력 제고 등으로 풀어나가야 할 숙제이다. 시간이 걸리는 일이다.

특히, 지역의 일부 활동가들 사이에서 주창되고 있는 '정치 배제' 기류는 '정치 불신'과 '정치 무용론'에 기초한 것이고, 결과적으로 주민들을 정치로부터 분리시키는 반민주적인 행태라는 사실을 직시해야 한다. 이러한 기류는 시민운동과 정치운동의 올바른 관계 수립 노력을 저해할 가능성이 높고, 지역의 민주역량을 분산시키는 결과를 낳을 것이며, 참여민주주의를 확대하려는 정치개혁 노력에 찬물을 뿌리는 결과를 낳게 될 것이 분명하다.

지구당은 부활해야 한다

2004년 정치개혁의 걸림돌로 간주되어 폐지되었던 '지구당' 제도는 부활되어야 한다.

우리 현대 정치사를 보자면, 1987년 이전에는 '통치'만 있었고 '정치'는 부재한 상황이었으며, 1987년 6월항쟁 이후 2002년 무렵까지는 소위 '3김정치(보스정치)'의 시대였다고 할 수 있다. 사당화 경향과 금권선거가 주류를 이루고 있던 정치풍토에서 정당정치는 발육조차 기대할 수 없었던 상황이었다.

정치개혁은 국민적 요구였고, 시대적 과제였다. 국회운영의 개혁, 선거제도의 개혁 등과 더불어 정당개혁의 일환으로 '지구당—고비용저효율' 문제가 도마에 올랐던 것이고, 지구당 제도가 폐지되었던 것이다.

그러나, 지구당 폐지가 '사당화'나 '고비용 저효율' 정치를 극복할 적절한 처방이 아니었음은 분명해졌다. 무엇보다도 정치개혁이 '민주정치-정당정치' 발전을 위한 것인데, 문제가 있다고 해서 개선 노력을 포기한 채 없애버린 것은 방향착오가 분명하다.

지구당 폐지는 정치개혁에 대한 대중적 욕구를 포퓰리즘화한 측면이 강하다. 정치개혁에 대한 임기응변적(단견적) 처방의 성격이 강했다고 본다. 사당화-보스정치를 혁신하기 위해서도 오히려 제대로 된 '정당—지구당'의 민주적인 운영과 정치훈련이 필요했던 것이다.

또한, '고비용 저효율' 정치가 금권선거 풍토에서 비롯된 것임을 감안하면, 정치제도 개혁과 정치문화 개선으로 최근에는 상당 수준에서 금권정치가 불식되어가고 있는 것도 사실이기 때문이다.

정치비용을 낭비로 몰아가거나 고통과 훈련 없이 정치발전을 이루려는 발상, 그 자체가 정치개혁의 최대의 걸림돌이라는 점을 지적하고 싶다.

지구당 활동 부재는 '좋은 정치—민주 정치'를 가로막는 폐해를 분명하게 드러내고 있다. 무엇보다도, 정치의제에 대한 지역 단위의 소통이 파편화되었다. 아울러, 민주시민으로서의 정치 훈련의 기회가 봉쇄되었다.

두 번째, 지방자치 확대(지자체, 교육자치, 경찰자치 등등) 등 지역정치의 영역이 넓어지고 세분화되는 흐름에 대처할 단위가 실종되었다. 이에 따라 유망한 지역정치 인력의 육성 및 세력 형성이 어려워졌다.

'조직' 측면에서 보자면, 기존의 전통적인 지방 토호들에게 무장해제당한 결과를 빚고 있다. 지역정치는 기존의 지방 토호들의 놀이터로 방기되고 있다.

'정당정치-책임정치' 본연의 입장에서 볼 때, 지역정치 활동과 지구당은 당연히 부활되어야 하지만, 지구당 부활이라는 제도 개선만으로 지역정치가 활성화될 수는 없다고 본다. 지구당을 제대로 운영하는 일이 중요하기 때문이고, 정치개혁을 추진하고 지역정치를 활성화하려는 '주체세력'의 형성, 민주개혁 세력의 형성 없이 정치발전은 불가능하기 때문이다.

'지구당 규약'의 제정과 운영을 제안하는 주된 이유이다.

'지구당 규약'이 지역정치 활동에 대한 구성원(지역정치 지도자, 당원)들의 최소한의 약속(활동방침)을 담은 것이라고 보아야 한다면, 지구당 규약 운영 성패의 핵심은 지역정치인들의 자율적인 제정과 운영을 기본으로 하여야 한다는 점일 것이다.

아울러, 중앙당의 전략적-조직적 지도와 지원체계가 관철되어야 할 것이고, 운영의 초기단계라는 점과 당세의 지역적 편차를 고려하여 다양한 모델을 도입해서 유연하게 운용할 필요가 있다고 하겠다. 특히, 국민의 세금으로 조성된 정치자금이 지역정치 활성화를 위해서 공개적이며 경쟁적으로 투입되는 시스템으로 작동할 수 있도록 설계되어야 할 것이다.

거칠게 '지구당 규약' 제정과정과 운영 추진방안을 짚어보자면, 아마도 지역정치 활성화를 추진하는 세력들의 네트워크 형성이 그 출발점이 되어야 할 것이다. 이들이 주도해서 지역정치 활성화의 필요성 등이 '정치개혁특위'에 전달되어, '지구당 부활' 등이 포함된 정당법 등의 개정이 신속하게 이루어져야 할 것이다. 이어서, 당헌·당규를 손보고, 중앙당에 '지구당 규약을 관리하는 부서를 만들던지, 아니면 사무처가 이 업무를 관장해야 할 것이다.

중앙당은 '지구당 규약'의 몇 가지 모델을 지구당(지역정치인)에 제시하고, 지구당 스스로 성안해서 보고토록 요청한다. 중앙당은 지구당에서 올라온 '지구당 규약'(안)이 중앙당 노선에 배치되는지 등등을 검토해서, 상호협의 하에 수정작업을 한다. 지역정치인들은 '지구당 규약'을 최종적으로 확정한다. 확정된 '지구당 규약'은 최대한 지키는 노력을 해야 한다.

또한, '지구당 규약' 개정 작업은 6개월 또는 1년 단위로 이루어진다. 중앙당은 지구당 활동을 객관적으로 평가하는 프로그램을 운영하고, 우수사례 발굴과 포상 등을 실시하고, 지원체계를 강화한다.

'지구당 규약'은 좀 더 치밀한 논의가 뒷받침되어야 하겠지만, 대체로 다음과 같은 기본적인 지역정치 활동에 대한 내용들을 규정하여야 할 것이다.

조직운영에 관한 사항(당원 규정, 대의원 규정, 회의 규정 등), 공직후보자 선출에 관한 사항, 당원 및 시민교육 프로그램의 운영, 정책개발 활동(세미나, 토론회, 간담회, 프로젝트 수행 등등), 중앙정치 의제에 대한 지역적 활동방안, 지역 현안에 대한 활동방안, 재정 문제, 지역 여론 동향 조사 및 처방방안, '지구당 규약' 개정계획안, 기타 등등. 지구당 차원에서 할 일이 너무나 많다.

무엇보다도 지역정치를 활성화하려는 정치개혁 추진세력의

형성이 시급하다. 지역정치를 활성화하는 문제는 지금 시점에서 가장 중요한 정치개혁 과제가 되고 있다고 보여지기 때문이다. 지역정치 활성화의 필요성을 공감하는 사람들이 먼저 네트워크 되어서 여론 형성이나 관련 법 개정 등의 동력으로 작동해야 하며, 모범적인 지역정치활동 성공 사례들을 만들어 나가야 할 것이다.

특히, '지구당 부활'이나 '지구당 규약'이 다양한 여론 수렴이나 유망한 신인의 등장을 어렵게 하는 기득권으로 작동하지 않도록 정치적 지도력을 발휘해야 할 것이고, 당원들이나 주민들의 정치참여의 장으로 순기능 하도록 지속적으로 노력하고 지혜를 짜내어야 할 것이다.

2010 지방선거와
진보 진영의 과제

2010년 6월 2일, 전국적으로 지방선거가 실시된다. 1995년, 지방자치제가 전면 실시 된지 어느 덧 15년이 지났다.

2010 지방선거 역시 겉으로는 이전의 지방선거와 마찬가지로 광역 단체장과 광역의원, 기초단체장과 기초의원을 뽑는 선거다. 교육감과 교육위원을 같이 뽑는다는 것이 추가된 정도다.

지금 이 시점에서 보자면, 민주주의 발전을 위한 '풀뿌리 자치' '주민 자치'라는 말이 무색할 정도로 많은 문제점들이 드러나고 있는 것이 지방자치의 현주소다.

주민참여는 차단되고 있고, 부패와 비리가 난무하고 있어서 구속되거나 자살한 단체장이 수두룩할 정도다. 지방자치 참여자들의 수준이 낮다고 하는 것이 일반인들의 평가이고, 지역 토호들의 놀이터가 되고 있다는 것이 세간의 혹평이다.

2010 지방선거는, 진보 진영에게 어떤 과제를 던지고 있나?

우선, 이번 지방선거는 이명박 정권이 등장한지 꼭 절반이 지나간 시점에서 치루어진다. 흔히 말하듯, 이명박 정부에 대한 중간평가라는 의미가 아무래도 가장 중요하다. 지방선거를 압도적으로 이겨서, 이명박 정권의 역주행을 막아내야 할 것이다.

만약에 2010 지방선거에서 진보 진영이 패하기라도 하는 날이면, 이명박 정권의 역주행은 가속화될 것이고, 이미 반쯤 절단난 이 나라의 장래가 심히 걱정된다고 할 수 있겠다.

이에 못지않게 중요하다고 생각되는 의미는, 김대중·노무현 10년의 민주정부에 대해서는 다양한 평가가 있겠지만, 어쨌든 보수에 비해 진보의 세가 현저하게 열악하다는 사실이 드러난 만큼, 2010 지방선거를 통해서 민주세력의 하부토대를 전면적으로 강화해야 한다는 점이다.

2010 지방선거 승리를 디딤돌로 해서, 2012년 국회의원 선거와 대통령 선거를 승리로 이끌어가야 할 것이다.

정치개혁 특위에서 '지구당 부활'이 유보된 것은 아쉬운 점이지만, 2010 지방선거를 통해서 지방 정치를 활성화하는 계기로 삼아야 한다. 지역정치가 실종된 상태에서 주민들의 정치교육·민주주의 교육은 물론 중앙 의제의 지역단위 활성화도 실종되어 왔다.

사전적으로는 지방자치는 단체 자치와 주민 자치로 나눌 수 있다. 단체 자치란 중앙행정에 예속된 것이 아니라는 뜻이고, 주민 자치란 주민들이 스스로 지방자치 단체에 참여하고, 주민들이 주인이라는 말이다. 주민 자치란 지방 정치를 말한다.

2010 지방선거 승리와 더불어, 진보 진영의 모범적인 지방자치단체 운영사례를 만들어 나가야 한다. 모범적인 지방자치

운영사례들을 만들어 나가려면 양질의 진보 역량들이 지방선거에 적극적으로 나서야 한다.

지자체에 좋은 인력들이 투입되어서, 주민들의 절대적인 신임을 받는 활동을 통해서, 지역 발전은 물론이고 중앙과 지방의 균형 있는 동반성장을 꾀하는 계기로 삼아야 한다. 1930년대, 프랑코 파쇼에 맞섰던 것과 같은 대대적인 지식인 하방 운동이 필요하다고 본다.

진보 진영의 지방자치 단체 진출자들은 적어도 다음과 같은 기본적인 역할에 동의하는 것이 좋겠다고 생각한다.

첫째는 거버넌스에 대한 약속이다. 의사결정과 집행과정은 물론, 사후 평가에 이르기까지 주민들과 함께 일해야 할 것이다.

두 번째는 관료제 혁신이다. 이 문제는 RM · CSA라는 방식을 도입해서 추진해야 한다. 주민 중심의 행정 서비스, 찾아가는 봉사행정을 적극적으로 펼쳐야 할 것이다.

세 번째는 철저한 인사 관리다. 참여정부에서 추진했던 바, 이지원 프로그램 등의 도입과 고위 공무원단의 운영, 고위직 인터넷 관리 시스템의 도입 등이 그것이다.

네 번째는 영유아 지원, 탁아지원, 청소년 안전 및 여가선용 · 방과후 프로그램 강화, 노인 · 부녀 · 장애우 · 실직인 등 사회적 약자에게 실질적으로 혜택이 돌아가는 복지 정책을 확충 실시하는 일이다. 생활체육을 강화하고, 자원봉사 활동의 활성화에 노력해야 할 것이다.

다섯 번째는, 지속가능한 발전을 추구해야 할 것이다. 쾌적한 주거 · 교통 환경이 조성되도록 노력해야 할 것이다. 난개발을 막아야 할 것이다.

여섯 번째는, 지역경제 활성화를 위해서 노력해야 할 것이다. SSM에 대한 규제강화와 전통시장 살리기, 중소기업의 지원 등에 만전을 기해야 할 것이다. 일자리 마련에 적극적으로 나서야 할 것이다.

일곱 번째는, 풀뿌리 자생 조직들을 지원하는 정책을 펴야 할 것이다. 아울러, 민주주의 교육의 장으로 자치단체들이 기능하도록 프로그램을 개발 운영해야 할 것이다.

마지막으로, 사적 이해관계를 염두에 두고 자치단체를 운영해서는 안 된다. 부패에 연루되지 않도록 철저하게 주변 관리를 해야 할 것이다.

2010년 지방선거는 진보 진영의 진퇴가 걸린 한 판 승부다.

국가운영전략협의회

민주정당 및 사회단체의 대표님들께 '국가운영전략협의회'를 구성하고 공동 운영할 것을 권고합니다.

권고 배경은 다음과 같습니다.

4대강 문제, 세종시 문제, 언론 장악 문제들 뿐 아니라, 민생 문제, 미래를 담보로 한 재정악화 문제, 반통일 문제, 민주탄압 문제 등 이명박 정권의 시대착오적인 반민주적 통치가 극에 달하고 있습니다.

이명박 정부의 이러한 역주행은, 결국 광범위한 국민적 저항이 불가피한 상황으로까지 치닫게 될 것입니다. 2012년 대선에서 범 민주세력은 다시 집권할 기회를 갖게 될 개연성이 높아지고 있습니다.

따라서, 반이명박 대치 투쟁과 더불어 범 민주진영의 국가운영 능력에 대한 국민들의 신뢰를 높이는 일이 병행되어야 한다고 생각합니다.

이를 위해서는 두 가지 작업이 필요합니다.

하나는, 국민의 정부 - 참여정부에 대한 진솔한 성찰과 평가 작업이고, 다른 하나는 국가운영에 대한 준비 작업입니다.

'참여정부 평가포럼'이나 민주당의 자체 평가작업 같은 방식으로는 국민적 감동을 불러일으키는 것은 불가능하다고 봅니다. 국가운영을 준비하는 과정이야말로, 실질적인 평가 작업이 될 것입니다.

또한, 국가운영은 방대하고 준비할 것이 너무나 많이 있습니다. 2012년까지 앞으로 3년 남짓, 집권 준비에 결코 충분한 시간이 아닙니다.

정치 운동도 필요하고, 시민 운동도 필요합니다. 문제 제기도 필요하고, 대안 제시도 필요합니다. 그러나, 지금 더 중요한 것은 실행력을 확보하는 일입니다.

국가운영을 잘 할 수 있는 방안을 찾아야 하고, 설득력 있게 국민들에게 제시해야 합니다. 어떤 민주적 정파도 이러한 과제로부터 자유로울 수 없습니다.

이에 우리는 다음과 같이 제안합니다.

어느 한편에 서서 칭찬하거나 비방하기 위해서가 아니라, 국가운영의 실질적인 개선책을 찾아 나서기 위해서, 참여정부에 대한 진지한 평가와 국가운영에 대한 탐색을 시작해야 합니다.

국가운영전략협의회는 이러한 측면에서 민주 제정파 모두의 자산입니다.

민주적인 여러 정파에 속한 다양한 인사들이 자기 일을 하면서도 2중 멤버쉽을 가지고 국가운영전략연구센터에 참여하기를 기대합니다.

우리는 먼저 깃발을 들었을 뿐입니다.

우리는 활동 마당을 펼쳤을 뿐입니다.

나라의 독립과 번영을 위해서 먼저 가신 애국영령들 앞에서 겸허하게 맡은 바 소임을 다하자고 우리는 다짐하고 맹서합니다.

일을 중심에 놓고, 온라인 중심으로 활동하자.

오프라인 모임을 다양하게 펼치자.

제2의 6월항쟁을 만들어 나가자.

조직 및 활동(안)

1. 국가인재 정보위원회
- 국가인재 분야별 추천작업 - 분야별 인재 정리 작업, 인터뷰 대상자 선정 및 정리
- 국가인재 심의회의 - 7인 내외로 구성 - 평가 및 검증작업 (월 1회 내외)
- 자문위원단 구성 - 각계 300인 내외로 구성. 정치권, 정치단체, 시민사회, 언론계, 학계, 연구단체, 자치단체, 관료, 기타 주요인사
- 타 연구기관 및 활동단체들 (정치세력 포함)과의 협력사업 추진
- '플럼 북' 제작 - 2012년 8월까지 완료
  (주요직 450개 포함, 2천여 곳 내외)

2. 국가기구 쇄신위원회

- 자료 수집 · 정부기구표, 공기업 현황, 국책연구기관 현황
- 쇄신위원회 구성(4천여 명 내외) 및 국가기구 쇄신활동 방향의 수립
- 국정운영 경험 사례 수집 (국정운영 경험자 리스트 작성 +개선안 수집)

3. 국가비전 추진위원회
- 국가의 역할 기능 정립 / 역대 정부 정책 및 비전 분석
- 국가발전 비전 제시 · 미래선도 국가론
- 정책결정 과정 연구 / 거버넌스 강화 방안 모색

4. 지방정치 발전위원회 (2009. 11 ~ 2010. 5 / 활동을 집중할 시기임)
- 지방자치 모범사례 수집
- 지방자치 발전(안) 추진
- 지방선거 주요 출마자 파악 및 활동(방안) 수집 및 대안 제시
- 시범활동 추진 (전통시장 살리기+자전거 도로 만들기+생활체육 활성화 외)

국가인재정보위원회

지난 10년의 '국민의 정부' '참여 정부' 국가운영은 부분적인 실정과 과오가 없지는 않았지만, '탈권위' '자율과 분권' '남북의 평화 증진' '거버넌스' 등 민주주의를 기반으로 하고 미래지향적인 기조를 견지한 국정 철학을 바탕으로 한 것이었다.

반면에, '빼앗긴(?) 10년을 되찾자' '경제를 살리자(?)' 컨셉으로 집권한 이명박 정부의 국가운영 기조는 70, 80년대적 낡은 패러다임을 벗어나지 못하고 있는 것으로 명백하게 드러났다. 집권 100일도 되지 않은 시점에서 성난 '촛불 민심'과 부딪치고 있다.

낡은 패러다임을 온몸으로 거부하고 있는 '촛불 국민'들은 '좋은 정치' '제대로 된 국가운영'을 바라고 있는 것이다.

'촛불 정국'이 어떤 식으로 발전해 나갈지 예측한다는 것은 어려운 일이나, 이명박 정부의 국가운영 기조가 대대적인 변화와 수정을 요구받고 있음은 분명하다. 그렇게 하지 않으면, 앞으로 이명박 정부가 민심을 회복하는 일은 점점 더 어려워질 것 같다.

집권 여당은 그렇다고 치더라도, 그러면 민주당은 이러한 기대에 부응할 수 있을 것인가? 국민들은 이명박 정부와 한나라당에 반대하지만, 민주당을 '대안 세력'으로 적극적으로 인정하고 있는 것은 아닌 것 같다. '민주당 위기'의 본질은 무엇인가?

몇 가지 민주당의 현주소를 짚어보면,

첫째, 공공적 활동에 대한 헌신성이 현저하게 떨어져 있는 것 같다. 과거 '손가락' 빨고 지내던 시절에 충만했던 '위국보민'의 정신은 보이지 않는다. 권력과 계파정치의 단맛을 본 탓인지는 모르겠으나, 대의를 향한 '동지애' 같은 것이 보이지 않는다. 당료들도 자리 지키려고 정당하는 것은 아닌지 의구심이 들 정도다. 자발성이 나올 리 없다. 정치공학만 난무한다.

둘째, 이러한 당풍을 대대적으로 쇄신해야 한다. '촛불 국민'들은 새로운 리더십과 정치세력을 요구하고 있다. 정치하기가 더 어려워진 것은 이명박 정부와 한나라당에게만 적용되는 것이 아니다. 전당대회가 끝나서, 새로운 지도부가 탄생한다고 해서 해결될 문제가 아니다. 계파의 이해관계를 떠나서 대대적인 정풍운동이 전개되어야 한다.

셋째, '당헌 당규'에 대한 대대적인 재정립 작업이 추진되어야 한다. '촛불 정국' 이후 터져나올 것으로 예상되는 '개헌'에 대한 부분도 당헌 당규 개정의 주요한 내용이 될 개연성이 높지만, '당헌 당규 개정 운동'은 본질적으로는 '촛불 민심'을 적극적으로 담아낼 수 있는 정당으로 거듭나기 위해 필요한 것이다.

두 가지 방향에서 토론과 모색이 이루어질 것을 기대한다.

하나는 지구당 문제를 포함한 '당 조직 체계' 재정립에 관한 문제이고, 다른 하나는 인터넷을 포괄한 시민사회와의 협력에 기반한 '당 운영'에 관한 문제이다.

넷째, 민주당은 이명박 정부와 한나라당에 대한 건전한 견제세력으로서의 기능을 요구받고 있다. 의석수로 보나 역사적 전통으로 보나 민주당은 한나라당과 대립각을 세울 수 있는 유일한 정당이기 때문이다. 정체성 확립 등을 통한 견제야당으로서의 민주당 활동에 대한 전반적인 운영 기조를 빨리 잡아나가야 한다.

마지막으로, 민주당은 야당으로서 뿐 아니라, 새로운 집권정당으로 발전하려는 노력을 기울여야 한다. 정당은 집권해서 국가운영을 잘하는 것을 그 목표로 하고 있기 때문이다. 흔한 말로 수권능력을 키워야 한다는 것이다.

'정권을 잡으면 잘 하겠다'가 아니라, '정권을 잡으면 이렇게 하겠다'는 비전을 국민들에게 제시하고 평상시 추진하는 모습을 분명하게 보여주어야 한다.

이 부분은 두 가지로 가닥을 잡을 수 있다.

우선 민주당 정체성 확립을 통한 '정책' 기조를 분명하게 제시해야 한다.아울러 미래 사회를 선도하는 '국가운영 전략' 등을 세밀하게 제시해야 한다.

이상의 내용 중에서, 5항인 '국가운영' 부분을 중심으로 언급하려고 한다.

이는 대체로, (1)국가운영 전략의 수립, (2)국가인재 육성 및 관리, (3)국가기구 분석 · 국책연구기관 포함, (4)국정수행 과정에 대한 연구, (5)거버넌스 확대 (소통의 문제), (6)지방 분권 분야로 나눌 수 있겠다

국가운영 전략의 체계적인 수립을 위해서는 다음과 같은 요소들을 검토하여야 한다

첫째, 미래사회에서의 국가의 성격과 역할에 대한 규정 제시

둘째, 21세기 '창의성 중시'의 미래사회에 대한 이해와 전망을 바탕으로 국가운영 비전 제시

셋째, 한반도 평화와 번영, 민족의 통일, 한반도 주변정세와 관련된 국가운영 방향의 제시

넷째, 미국을 중심으로 한 신자유주의, 세계경제 흐름에 대한 국가운영 방향의 제시

다섯째, 민족경제의 성장과 서민경제의 활성화를 위한 국가운영 방향의 제시

여섯째, 창의적인 교육·문화 창달을 위한 국가운영 방향의 제시

일곱째, 기타 민족의 삶의 질 개선을 위한 국가운영 방향 제시 등등

국가기구, 국정수행, 거버넌스, 지방분권 부분 서술은 생략키로 한다.

국가인재 육성 및 관리에 관한 부분을 논의해 보자.

국가운영에 있어서 중요한 요소 중의 하나가 '인사를 어떻게 할 것인가' 하는 문제다. 인사를 만사라고도 한다. 이명박 정부 '인사'는 '고소영' '강부자'라는 유행어를 만들어 냈고, 국민들의 조롱거리로 전락했다. 법치를 거스른 강압적인 일련의 인사 조치들은 이명박 정부가 '독재정부'로 불리는 빌미로 되고 있다. 다 아는 이야기다.

그런데, 민주당이 지금 당장 집권했다고 가정하자.

'인사'를 잘 할 자신이 있는가? 집권한 다음에 연구할 일인가? 어떻게 해야 '인사'를 잘 할 수 있을까?

잘 준비해야, 잘 할 수 있을 것이다. 전당대회가 끝나면, 바로 '국가인재정보위원회'(가칭)를 만들 것을 제안한다.

'국가인재 정보위원회'는 무엇인가? 무엇을 할 것인가?

'국가를 운영한다'는 것은 방대한 국가기구들을 운영하는 문제다. 당연히 정파적 마인드를 가진 인사들이 기구의 중심에 배치되어서 기구들을 운영하는 것이다.

따라서, 무엇보다도 긴요한 것은 수권을 겨냥한 정당이라면, '국가인재 풀'을 가지고 있어야 한다. 이것이 집권 이후에 '인사' 문제를 제대로 풀어나가는 첫 걸음이다. '국가인재 정보위원회'는 '국가인재 풀'을 체계적으로 만들어 나가는 것을 가장 중요한 과제로 삼는다.

국가운영의 주요한 분야별로 '국가 인재 풀'을 만들어 나가려면, 일상적인 인사정보 관리가 필요하다. 흔히 인사 판단을 위한 통상적인 수준(그레이드)은 4단계로 나눈다고 한다.

첫 단계는 아는 사람을 쓰는 것이다. 두 번째는 학력을 보는 것이고, 다음 단계는 경력을 보는 것이다. 그런데, 가장 중요하고도 높은 단계는 '지금 현재의 역량'을 보는 것이다.

아는 사람인데 어떠냐, 학력이 어떠냐, 경력이 어떠냐보다는, 지금 현재 어떤 생각을 하고 있는지, 국가와 국민을 위해서 어떤 방책이 있는지가 더 중요하다 뜻이다.

그러한 인사 자료를 관리하려면 '인터뷰 자료'가 절대적으로 필요하다. '국가인재정보위원회'는 대대적인 '인터뷰 자료' 수집을 통해서 '국가인재 풀'을 체계적으로 준비해 나가야 할 것이다. 보통 어려운 일이 아니다.

인사에 있어서는 '검증'이라는 말이 많이 등장한다. 그러나, 지금 통용되는 범죄여부, 위장 취업, 땅 투기 등의 '검증'은 실상은 그 수준이 매우 낮은 최소 요건에 해당되는 것이다. '역량' 검증이 이루어져야 한다. '역량 검증'을 어떻게 할 것인가? 준비하면 가능한 일이다.

예를 들면, '국가인재정보위원회'에서 분야별 '베스트 10'을 오픈시키면, 자연스럽게 일상적으로 '검증작업'이 진행될 것이고, 나아가 국민을 위한 선의의 경쟁구도로 발전할 것이며, 대중들로부터 일정 정도 평가작업도 진행될 것이다. 평가작업을 의도적으로 조직하는 방안도 가능하다.

'국가인재정보위원회'가 민주당과 시민사회를 포괄하는 주요 인사들로부터 인재를 추천받고, '인터뷰 자료'를 만들어 나가는 과정은, 자연스럽게 민주당의 정체성을 확립하는 과정인 것이며, 민주당의 외연을 확대해나가는 과정이기도 한 것이다.

아울러, 민주당의 여러 가지 정책 사항들에 대한 트렌드가 확립되어가는 과정이기도 한 것이다.

민주당이 집권정당으로 발전하고 '국가운영'을 잘하려면 다양한 준비와 활동들이 필요하겠지만, '국가인재정보위원회' 구성과 운영을 우선적으로 제안하는 이유가 여기에도 있다.

구체적인 '국가인재정보위원회' 구성과 운영(안)에 대해서는, 민주당 내외에 광범위한 필요성 인식과 공감대가 형성된 이후 제안키로 한다.

진지한 검토와 토론, 신속한 결정을 기대한다.

20만 컨설턴트를 육성하자

　　대선을 불과 한 달여 앞둔 요즘, 보수 지향의 후보가 압도적인 지지율 1, 2위로 각축을 벌이고 있다. 2007 대선 결과가 어떻게 나오건 대한민국의 미래가 걱정이 된다. 대통령 선거 결과, 보수적인 후보가 탄생하건 진보적인 후보가 탄생하건, 어느 정도의 견제 세력이 존재하는 상태라면 나름대로 국가운영의 균형을 잡아갈 수가 있겠지만, 지금과 같은 추세라면 너무 한쪽으로 기울어져 버리게 되는 것은 아닌지, 하는 측면에서 걱정이 된다는 말이다.

　　보수 경쟁 속에서 '보수 후보'가 탄생되면, 자칫 그러한 대통령은 국가운영에서의 균형감각을 상실할 가능성이 높다. 거꾸로, 설사 다소 진보적인 인사가 어부지리로 대통령에 당선된다고 하더라도 (그 가능성은 현재로서는 물론 매우 낮다), 압도적인 반대집단 속에서 제대로 된 국가운영이 가능한 것인지 알 수 없다.

　　배기찬은 〈코리아, 다시 생존의 기로에 서다〉라는 책에서, 우리 민족과 한반도의 문제가 '번영'이라는 측면보다는 '생존'

이라는 측면에서 더 절박하다는 주장을 펼치고 있다. 의미심장하다. 우리가 평화로운 일상에 젖어 쉽게 '번영'을 노래하지만, 냉정하게 따져보면 '생존'의 문제가 간단치 않음을 알 수 있다.

모든 대통령 후보들은 '번영'을 위한 대책들을 이야기한다. 각계각층의 삶의 개선 욕구에 부응하는 각종 '번영' 정책들을 쏟아내고 있다. 후보들의 말대로라면, 누가 대통령에 당선되어도 우리 민족의 '번영'은 어려워 보이지 않는다.

그러나, '번영' 이전에 '생존'은 가능한 것일까?

배기찬은 대륙 세력과 해양 세력의 각축 속에 한반도가 놓여 있음을 직시하라고 말하고 있다. 세계 제2차대전의 희생국이면서도 유일하게 민족이 분단된 현실, 세계적인 강대국들이 한반도를 둘러싸고 있다는 현실, 1990대부터 시작된 동구 공산권의 붕괴와 동서냉전의 해체 바람 속에서도 남과 북이 적대적으로 대치해 있다는 현실, 이런 냉혹한 현실을 극복하겠다는 신념을 바탕으로 보수세력이건 진보세력이건 민족의 미래를 설계하고 있는지 알 수 없다.

대통령 후보들이 현재적 차원에서, 이런 저런 공약을 말하는 것은 득표를 위해서 아마도 불가피한 일일 것이다. 국민을 위한 경제정책을 발표하고, 성장 동력을 말하고, 일자리 창출을 말하고, 양극화 극복을 말하고, 교육혁신을 말한다. 그러나, 좀더 근본적인 차원에서 민족의 '생존'을 걱정하고, 이를 대비하려는 움직임은 찾아보기 어렵다.

율곡(栗谷) 이이(李珥) 선생은 남왜북호(南倭北胡)의 침입에 대처하기 위하여 십만양병책(十萬養兵策)을 주장하였고 한다. 임진왜란 발발 10년 전이었다. 물론, 강성한 군대를 가지려면, 여러 가지로 뒷받침할 수 있는 역량이 갖춰져야만 가능할 것이다. 그러나, 10만 양병책은 그 자체로서도 당시 국내외 정세를 걱정하는 마음과 이를 극복하려는 의지가 담겨져 있는 것으로 평가된다.

21세기는 지식정보 사회다.

우리 민족이 '생존'하려면 빨리 지식정보 강국으로 가야 한다. 우리 미래를 담보할 최고의 가치는 무엇인가? '사람'과 '지식'이다. 그 핵심 키워드는 '커뮤니케이션'이다. '소통'의 문제다. 앨빈 토플러는 〈부의 미래〉라는 책에서, 소통의 '속도'의 문제가 '혁신'의 요체임을 설파하고 있다. 의사결정이 빠르고 그 수준이 높은 사회가 선진사회이고, 경쟁력을 갖는 미래 사회라는 점을 실감나게 파헤치고 있다.

그래서 거듭 주장한다. 커뮤니케이션 속도를 빠르게 하는 것이 컨설팅의 본령이다. 감사원은 우선 '컨설팅'과 '리스크 메니지먼트'를 축으로 하는 정책감사와 예방감사 체제로 바뀌어야 한다. 아울러, 20만 컨설턴트를 육성할 것을, 모든 대통령 후보들에게 제안한다. 모든 대학에는 '컨설팅 학과'를 필수적으로 신설토록 하고, 최재천 교수가 주장하는 것처럼 40대 중반 이후의 '2모작 대학'을 제도적으로 도입할 것을 주장한다.

20만 컨설턴트를 육성하자!

모든 대선 후보들과 진영에 거듭 제안한다.

미래 가치 – 지적 자본
Intellectual Capital

미래사회는 지식정보 사회다. 미래가치는 사람가치이고 지식가치이다. 그래서, 미래는 사람이 자본이고, 지식이 돈이다. 모든 미래학자들의 주장이고, 이제는 상식이다. 기업이나 조직의 가치도 '사람 역량'이 중요해진다. 그래서 세상의 변화를 읽는 학습과 문제해결 능력을 키우는 교육에 많은 비중을 두고 있다. 이미, 선진 교육기관들은 '문제해결 능력의 향상(Problem Solving Center)'이라는 컨셉으로 운영되고 있다.

세계적인 컨설팅 회사인 매킨지의 마인드도 핵심적 지향을 '문제 해결'에 두고 있고, 지식과 사람에 대한 투자와 관리 그리고 육성을 강조한다. 마커스 에반스라는 세계적인 컨퍼런스 캄페니가 주도한 토론회에서는 주요 선진 기업들이 미래 준비와 예방 개념의 '리스크 메니지먼트'를 얼마나 중시하는지를 잘 보여주고 있다. 미래 가치는 지식 가치다.

핀란드를 비롯한 북유럽권에서는 이러한 지식과 사람의 가치를 뭉뚱그려 '지적자본'(Intellectual Capital)이라고 표현하는

데, 많은 실증적 연구와 성과가 이루어져 왔다. 기존의 토지나 현금과 같은 유형적 가치가 아니라, 비금전적이고 비재무적이며 비가시적인 부(Wealth)를 키워나가면 궁극적으로는 금전적이고 재무적이며 유형적인 '부'로 연결된다는 것이다.

무형자산인 지적자본은 세 가지로 구성된다.

첫째는, 개별 구성원이 보유하고 있는 지식, 숙련기술, 경험, 태도, 가치판단, 사회적 네트워크가 있다. 둘째는, 조직과 구성원이 외부 이해관계자와 상호작용을 하면서 만들어내는 면성, 브랜드, 신뢰, 만족, 관계항, 학습 등이 있다. 셋째는, 시장가치를 창출하게 만들어 주는 조직 시스템, 관리, 문화, 프로세스, 도구 등이 있다.

이러한 지적자본은 미래에 성과를 창출할 수 있게 하는 가치를 지닌 잠재적 지식이며, 설비, 현금 등 유형자산과 대비되는 보이지 않는 자산으로서 미래경쟁의 원천이 된다.

미래 지식정보 지식사회로 갈수록 기업이나 조직의 가치는 무형자산을 얼마나 가지고 있느냐 하는 것으로 결정된다.

지식상품은 몇 가지 특징을 가진다. 가장 중요한 특징은, 지식과 정보에 기반한 경제는 무한한 자원을 가지고 있는 것이어서, 산출량을 늘려나가도 생산원가가 증가되지 않는다는 것이다.

지식정보 사회가 선발주자 중심으로 부의 집중을 가져올 것임을 예고하는 대목이다. 또한 지식과 정보는 나눌수록 커진다. 재화나 용역과는 달리 지식은 판매해도 사라지지 않는다는 것이다.

지식경영은 이미 선진기업의 화두로 자리 잡았다. 무형자산인 지적자본이 무엇이며, 어떻게 관리하고 키워나갈 것인가 하는 문제는 선진기업 CEO들의 공통의 과제인 것이다.

우리도 이러한 미래경영의 길로 성큼 나가야 한다.

미래사회로 가기 위해서는 사람에 투자해야 하고, 학습과 교육이 중요하다. 지적자본 경영은 이제 피할 수 없는 시대적 요구다. 인적자본, 내부구조자본, 관계자본으로 구성된 지적자본을 관리하고 발전시키는 것은 기업의 미래 성공을 담보하는 가장 확실한 길이며, 궁극적으로는 시장가치를 높이는 지름길이다.

우리나라에서도 2006년 9월 국제 지적자본 학술대회가 열린바 있다. 전자통신연구원(ETRI) 창립 30주년을 기념하는 이 대회에는, 세계적인 지식경영 전문가들인 Sveiby 박사, Edvinsson 교수, Verna Allee 선생 등이 초대되어 지식경영의 미래에 대해서 열띤 토론이 이루어졌다. 우리나라는 미래경영개발연구원의 김용구 원장이 이 분야의 선두주자다.

지적자본은 기업은 물론이고, 국가나 지자체, 공공기관에도 두루 적용되어야 할 선진적인 컨셉이다. 이러한 컨셉이 일반화되어서, 우리도 빨리 선진 미래사회로 성큼 진입할 수 있게 되기를 기대한다.

대한민국 검찰에게 묻는다

이명박과 김경준은 도대체 어떤 관계였는가?

　　한나라당 대통령 후보 이명박의 BBK 사건 연루 의혹을 수사해온 검찰은, 2007년 12월 5일 다음과 같은 요지로 수사결과를 발표했다.

1. 주가조작 공모 부분 - 무혐의
2. BBK 실소유 부분 - 이명박 후보 것 아니다
3. 이면계약서 - 김경준 측의 '위조'
4. 다스의 (이명박 후보) 실소유 흔적 - 발견 못함

　　결론적으로, 검찰은 이명박 후보가 '혐의 없다'며 불기소처분했다. 그러나, 검찰의 발표를 못 믿겠다는 사람들이 더 많다. (2007. 12. 6. 뉴시스 조사, 신뢰 : 45.5%, 신뢰안함 : 48.4%)

　　법리적인 공방은 물론 검찰 주장대로 법정에서 이루어질 것이겠지만, 대한민국 일반 시민의 상식 수준에서는 납득할 수 없다는 민심을 검찰은 심각하게 보아야 할 것이다.

　　우선 일반 시민들이 문제제기를 하고 의혹을 제기하는 것에

대해서 검찰이 '증거를 제시하라'고 한다든지, '검찰을 왜 못 믿느냐'라는 식으로 생각한다면 이는 잘못이다.

원래 검찰은 '증거' 위주로 수사를 하는 '기관'이고, 일반 시민들은 '정황' 중심으로 문제를 제기하는 사람들이기 때문이다. 김용철의 '삼성 비자금' 폭로 사건만 보아도, 일반인이 '내부의 증거'를 대는 일은 불가능하다는 것이 드러나지 않았는가? 정보 접근이 불가능하고 수사권이 없는 일반 시민들이 어떻게 '증거'를 댈 수 있겠는가?

또한 검찰의 발표를 못 믿는다고 탓할 일이 아니다. '삼성 떡값을 받은 검사가 있다'는 주장이 근거가 있는 것으로 드러나고 있다는 점 등을 보더라도, '무조건 믿으라'고 검찰이 말할 정황이 아니기 때문이다. 문제의 본질은, 일반 시민들의 상식선상의 문제제기를 말끔하게 잠재우는 수사를 할 의무가 검찰에게 있다는 것 아니겠는가?

쉽게 말하자면, 검찰은 이명박 후보와 김경준이 '관계 없는' 부분만 수사하고 '관계 없다'고 결론을 내린 셈이다. 이것이 검찰 발표 '불신'의 핵심이다.

검찰 발표가 최소한의 설득력을 가지려면, 이명박 후보와 김경준이 '관계 있는' 부분에 대한 수사결과도 '관계 없는' 부분과 같이 발표했어야 옳다. 이명박 후보가 김경준을 왜 만났고, 어떤 관계였는지, 무슨 일을 함께 해왔는지에 대한 설명이 '정황'에 의존하는 일반 시민들 입장에서는 대단히 중요하다.

"이명박 후보와 김경준은 이러저러한 관계가 있는데, 이런 점, 예를 들자면 주가조작에 관해서는 관계가 없다"라는 식으로 논리 전개가 되었어야 일반 상식에 맞다고 보는 것이다. 김경준의 말을 믿고 안 믿고의 문제가 아닌 것이다.

이명박 후보와 김경준은 왜 만났는가? '비즈니스' 때문에 만난 것이다. 그래서, 처음 만난 시점과 만남의 과정이 중요하다는 것이고, 그들 사이의 대화가 대단히 중요했다는 것이다. 이 부분에 대해서는 한나라당의 발표 자체도 혼선을 빚었지 않았던가? 언제, 어디서, 몇 차례나 만났는지, 무슨 이야기가 오고 갔는지, 검찰은 이 부분에 대해서 무슨 조사를 했는지 밝혀야 할 것이다.

건설업자였던 이명박 후보가 이 무렵 국제금융 쪽에서 일을 해보려고 했던 '정황'은 이미 많이 드러나 있다. 언론과의 인터뷰 사례가 그것이다. 이명박 후보와 김경준은 동업을 한 것이다. 동업 과정도 대단히 중요하다고 일반 시민들은 보고 있다는 것이고, 검찰이 이 부분에 관해서 무슨 수사를 했는지 밝혀야 할 대목이다.

비즈니스로 만났다면, 이명박 후보와 김경준의 역할은 각각 무엇이었을까? 아마도, 이명박 후보의 자금과 인맥, 영향력 등이 김경준의 국제금융 업무 능력과 만난 비즈니스였을 것이다. 통상적인 비즈니스에서는 '돈 · 자금'의 역할이 절대적일 뿐 아니라, 나이로 보나 사회적 지위로 보나 (동업이지만) 이명박 후보가 사업을 주도했다고 보는 것이 상식 아니겠는가? 검찰이 밝혔어야 할 일이다.

이명박 후보가 '주가를 조작했는지'에 대한 부분을 '정황'

으로 미루어 판단해 보자면 이렇다, 김경준이 "이렇게 이렇게 하면 돈이 된다"고 사업방향을 제시했을 것이고, 국제금융을 잘 모른다는 이명박 후보는 "알아서 해라"는 정도로 진행했을 것이다. 이 대목에 대해서, 김경준은 이명박 회장이 '승인'한 것으로 간주하고 일을 추진했을 것이다.

결과가 주가조작(?)으로 잘못 나오자, 이명박 후보는 '김경준이 한 것' '나는 모르는 일'이라고 주장하고, 김경준은 이명박 후보가 '승인한 것'이라고 주장하는 '정황'일 터인데, 이 점에서는 이명박 후보 입장에서 보자면 억울해 할 근거가 있는 것은 사실이겠지만, 면책할 수 있는 부분은 아니라는 것이 유사한 경우의 비즈니스 상식일 것이다. 이 부분에서 검찰이 무슨 수사를 어떻게 했는지 답해주기 바란다.

실소유주냐 하는 부분에 대한 발표 역시, 일반 시민들은 이명박 후보가 '공직'에서 성공하려는 사람이기에 '돈 관리'를 다양하게 했을 것이라는 '정황'에 비추어 납득이 가지 않는다는 것이다.

그래서, 이명박 후보의 '돈 관리'에 대한 검찰의 수사가 있어야 한다는 것이다. 그러려면, 이명박 후보의 주변 인물들(김백준, 김재정, 부인 기타 등등)에 대한 철저한 조사가 필요한데, 이 부분에 대한 수사를 어떻게 했는지, 검찰은 답해야 할 것이다.

투자자 유치도 마찬가지다. 아마도 일반적으로 투자자들은 이명박 후보의 명성과 김경준의 기술력(?)을 보고 투자했을 것이다. 정확하게 말하자면, '김경준의 기술력에 대한 이명박 후보의 소개(안내, 보증)' 과정을 통해서 투자했을 것이다.

6살 때 미국으로 갔다는 김경준은 국내 인맥이 없었지 않겠는가? 게다가 당시 30대였다. 김경준이 아무리 탁월한 국제금융 전문가였다고 할지라도, '김경준'만 보고 투자할 사람이 세상 어디에 있겠는가? 이 점에 대해서도, 검찰이 투자자들과 투자과정에 대한 광범위한 수사를 했는지, 답해야 할 것이다.

이면계약서 '위조' 부분이나 김경준에 대한 강압수사 여부도 그 '정황'을 둘러싼 공방이 치열할 것으로 예측된다. 수사 '정황'이 솔직하고 투명하게 공개되어야 할 일이다.

일반 시민 수준에서 상식적으로 제기할 수 있는 이와 같은 문제들에 대해서, 검찰은 국민들 편에 서서 성실하게 답해야 할 것이다.

국민들이 지켜보고 있다.

감사원 · 감사 · 혁신

감사원 혁신, '정책 감사'의 도입이 핵심 과제다

새로운 정부는 국가적 과제와 국민적 요구를 집행한다는 관점에서 정부를 운영해야 할 것이다. 따라서, 이러한 관점에서 먼저 정부 기구의 기능과 역할에 대한 분석이 이루어져야 하고, 이에 걸맞는 인사가 준비되어야 하며, 필요한 제도개선이 추진되고, 커뮤니케이션을 강화하고 거버넌스를 확대할 수 있는 방안들이 마련되어야 한다. 말하자면 국가 '기구'의 분석과 '제도'의 정비, 그리고 이에 따른 '사람'의 준비가 긴요하다고 할 수 있겠다.

이러한 점에서는 발제자가 지적한대로, 과도한 중앙집권적인 정부조직의 문제, 제왕적 대통령제와 청와대 중심의 권력구조의 문제 등을 개선해야 한다는 주장에 동의한다.

아울러, 참여정부가 추진했던 행정, 인사, 재정 - 세제, 지방분권, 전자정부, 기록관리, 혁신관리 등 정부부문의 경쟁력을 선진국 수준으로 끌어 올리려는 방향 설정은 물론이고 참여정부의 가장 대표적인 혁신적 제도 개선책들인 국가평가 인프라 구축, 감사원 시스템 감사, 정부조직의 재설계, 총액인건비 제도, 분권

형 조직설계, 고위공무원단 제도 등에 대해서도 문제점은 고쳐나가되 큰 틀에서는 계승 발전해야 한다는 발제자의 주장에 동의한다.

그러나, 참여정부 국가운영의 문제점은 대부분 집행력이 뒷받침되지 않았거나, 천편일률적으로 기계적으로 적용하려는 데서 비롯된 것처럼 보인다. 예를 들자면, '팀제'는 정부조직 중에서 '효율성'을 보다 중시하고 필요로 하는 부서부터 우선 적용하면서, 그 추이를 분석하고 단계적으로 확장해가는 방식이 바람직한데도, '형평성'과 '민주성' '합법성'이 중요한 중앙행정기관에 기계적으로 적용한 것 같다는 것이다. 정책추진의 전략적 고려가 아쉬운 대목이다.

그러나, 창의적인 행정 서비스가 획기적으로 제고되기 위한 본질적인 과제는 공조직의 '문화'를 어떻게 '창의적'인 조직 '문화'로 바꿀 수 있겠는가 하는 데 있다고 본다. 발제자가 지적한대로, 형식주의 · 무사안일주의 · 냉소주의 · 복지부동 · 부문할거주의 · 레드테이프 등등 권위주의적 관료제적 병폐가 정부조직의 '창의성'을 근본적으로 좀 먹고 있어서, 적절한 인사나 제도적 개선, 합리적인 운영만으로는 정부혁신의 실효를 거두기 어려운 것이 현실이기 때문이다. 그래서 새로운 정부가 이 문제에 대해서 '전략적'으로 사고하고, 역량을 '집중'시킬 필요가 있다는 것이다.

'창의적'인 조직 '문화'를 뿌리내릴 수 방안은 무엇인가? 가장 중요한 것은, 정부 조직의 '문화'를 바꾸는 데 있어서 '감사' 분야가 중요한 지렛대가 될 것이라는 점이다. 일선 현장에서는

(조금 과장해서 말하자면) '감사' 대비를 하는 것이 업무 수행의 가장 중요한 판단 기준으로 작동하고 있기 때문이다.

'감사'에서 적발되지 않으려면 '규정대로만' 일하고, '다른 데서 이미 집행한 것'만 따라서 일하면 된다. '리스크 제로'가 될 때까지 기다려서 일처리를 한다고 해서 '감사'에 걸릴 일은 전혀 없다. 클라이언트(고객, 국민) 입장에서 보자면 완전 복지 부동이다.

공조직에 대한 대부분의 민원은 아마도 이러한 과정에서 발생하는 것이라고 보면 맞을 것이다. '창의성'이 끼어들 틈이 없다. 민원인들이 공조직을 불신하는 근본적인 이유다. '문화'가 바뀌어야 한다는 것이고, '정책감사'가 절실한 이유다.

참여정부에서 '정책감사' 패러다임으로 추진된 전략적 감사·성과 중심의 감사·전향적 감사 등은 그 시도는 좋았으나, 그 효과는 미미한 것으로 판단된다.

그러나, 참여정부와 감사원만의 탓이라고는 볼 수 없다. 왜냐하면, 현재 감사원이 시도하고 있는 전략적 감사·성과 중심의 감사·전향적 감사 등을 활성화시키고 그 성과를 엄격하게 평가하기 위해서는, 법률적으로 이런 감사가 주된 책무가 될 수 있도록 감사원의 책무와 관련된 법률을 개정하는 것이 우선이기 때문이다. '감사 관련' 법률 개정작업이 우선 필요하다. 몇 가지, 정리해본다.

첫째, 정책감사[예방감사·컨설팅 감사·리스크 관리(Risk Management)·내부통제 자체평가(CSA) 등등]의 방향으로 '감사 관련' 법적 개선작업을 적극적으로 추진하는 일이 긴요하다.

정책감사는 당연히 예방적 성격을 띠는 감사이고, 유능한 감사인들은 대화와 리더십을 통해서 피감기관에 대한 '컨설팅'을 하게 된다.

'리스크 관리(Risk Management)'를 하면 자연히 '고위험 요소(High Risk)'가 드러나게 되고, 당연히 '내부통제 자체평가(CSA)'가 진행된다. CSA를 통해서 문제점을 찾아내고, 시정작업을 하게 되면 예방감사가 이루어지는 것이다. 이러한 '정책감사 패키지'가 물 흐르듯 선순환 구조로 진행되어야 한다.

현재 OECD, UN 등에서는 민간과 공공부문 모두 'Risk 관리'의 중요성을 강조하고 있고, 미국의 경우 GAO와 대부분의 주정부 감사원은 상호 업무적 협조체제 하에서 어떠한 형태의 공공기관이든 CSA 등을 통한 최소한의 Risk 관리를 수행하도록 하고 있다.

참고로, Risk 중에서도 '운영 리스크'가 가장 중요한 리스크 관리 대상이 되어야 한다고 생각된다. 최근의 태안 앞바다 유조선 충돌사건이나 상수원 오염사건 및 각종 국가적 재난사건 등에서 보다시피, 그 발생 원인은 대부분 운영상의 Risk를 간과해서 발생한 사건들임을 알 수 있기 때문이다. 근자에 국가안전보장회의(NSC)가 위기관리를 시작한 것은 잘하는 일이다. 다만, NSC의 위기관리는 '국가안전' 분야에 국한하는 것이 맞다. 리스크 관리를 전면적으로 시행할 수 있는 국가기관은 감사원이기 때문이다. 감사원 '역할'에 주목하는 이유다.

둘째, 감사원 활동에 대한 법률적 개정작업과 더불어 '정책

감사 패키지'가 제대로 실행될 수 있는지에 대한 관건은, 하여간 국가 통수권자인 대통령 마인드에도 달려 있다. 최고 통수권자의 관심 정도에 따라서, 정책집행의 포인트가 바뀌는 것이 현실이기 때문이다. '변화 저항'이 만만치 않을 것이다. 따라서 이러한 제도를 시행하고 잘 운영하려면, 최고 통수권자의 적극적인 의지 하에, 적어도 10년 정도의 중기적인 계획을 세워서, 서두르지 말고 꾸준하게, 시범적 · 단계적 · 부분적으로 실행하여야 한다. 예를 들자면, 기획 · 개발 · 경영 등 '창의성' 있는 분야부터 시범적으로 시작한다든지 하는 유연한 접근방식으로 추진되어야 할 것이다.

셋째, 원론적으로는, (현재 법적 뒷받침이 없는 것은 사실이지만) 감사원에도 이러한 '정책감사' 마인드를 가진 인사들이 상당 부분 충원되어야 한다. 그러나 '사람' 문제는 쉬운 일이 아니다. 그렇기 때문에 현실적으로 가능한 것은 감사원 직원들에 대한 특단의 교육훈련 방안을 강구하는 일이다. 아울러 공무원을 비롯한 정부조직 직원들에 대한 교육훈련 체제를 이러한 방향으로 전면적으로 개선해서 병행 운영해야 한다. 공무원 교육기관이 중요하다. 정부조직의 고위 간부나 공공기관의 최고 경영진들, 그리고 공조직의 교육 부문에도 '문제해결 능력과 리스크 관리 능력'을 키워나가는 교육훈련 방안이 마련되고 추진되어야 할 것이다.

넷째, 정부조직에서 '창의적' 사고로 업무를 추진한 성공사례를 많이 만들어내는 일도 중요하다. 이에 대한 인센티브 제도를 적극적으로 도입해야 한다. 표창 · 포상 · 승진반영 · 발표회 등을 대대적으로 추진해서, 정부조직의 '창의성' 붐업을 꾸준히 추진해야 한다.

다섯째, 국민들이나 시민사회도 공조직을 '철밥통'이라고 비난만 할 것이 아니라, 이번 '인수위 심포지엄'과 같은 방식 등을 통해서 '창의성' 있는 정부조직을 어떻게 만들어나갈 것인지에 대한 방안을 모색하고, 긍정적인 여론을 조성해야 한다.

국회와 언론 기관이 이러한 문제제기의 중요성을 인식하고, '창의성' 있는 공조직을 만들어나가는 노력을 같이해야 한다. 국회에서의 국정감사 시에 지엽말단적인 '회계감사'에 근거한 적발 성격의 질타만 계속된다면, '창의성'을 발휘할 공조직은 절대로 나타나지 않을 것이라는 점은 명약관화하다. 언론도 같다. '잘못된 결과'만 적발하는 데에 초점을 맞춰서 보도를 일삼는다면, 어떻게 '창의적'인 공조직이 나올 수 있겠는가?

제 **4** 장

한국 철도,
꿈과 희망을 찾아서

한국철도 르네상스 전략

2005년 6월 28일, 코레일 아카데미 초청 강연

저는 오늘 '감사'가 왜 이런 자리에 서서 강의를 하게 되었는가 하는 점에 대해 많이 고민했습니다.

지난 2005년 1월에 감사 일을 시작하면서 기본적으로는 대화를 많이 해야 되겠다고 생각을 했는데, 사업장도 굉장히 넓고 근무처도 다양하고, 특히 다 아시지만 2월부터 유전 관련 해서 감사원에서 나와 조사를 하고, 4월부터는 검찰이 유전사업에 대해서 수사를 하는 과정 중에 많은 분들이 조사를 받으러 다니시고 해서 타이밍을 잡기가 어려웠습니다.

원래는 3개월 정도 귀동냥을 한 다음에 한번쯤 말씀 나누는 시간을 갖고, 이러한 말들이 언제나 결론은 아니기 때문에 조금 더 수정된 내용이 나오면 또 말씀을 드리고, 이렇게 하려 했으나 지금 상당히 늦어졌습니다.

늦어도 6월 초에는 해야 되겠다고 생각했는데 스케줄이 맞지 않았고, 총무이사실 실장님께서는 직원들을 모아서 별도로 하는 것이 어떻겠냐고 말씀도 하셨습니다.

그런데 그것은 저로서는 굉장히 부담이 되고, 아직은 제가 철도인이면서도 기본적으로 비철도인의 일반인 같은 생각을 하고 있기 때문에, 코레일 아카데미를 통해 한번 말씀을 드리는 것이 저로서는 적절하다고 생각되어 오늘 이 자리를 갖게 되었습니다.

제가 얘기하는 내용 중에서 솔직히 겁이 나는 부분이 있습니다. 왜냐하면, 철도역사는 100년이 넘기 때문에 제가 잘 모르는 부분이 상당히 있을 것이고, 제가 잘못 판단한 부분도 있으리라 보여집니다. 특히 전략·- Strategy 라고 하면, 폭넓은 주제이기 때문에 비현실적인 부분도 상당히 있을 것이라 생각됩니다. 그런 부분에 대해서는 언제라도 지적을 해 주시기 바랍니다.

좀 전에 말씀드렸듯이, 이것은 완결된 강의가 아니라 하나의 문제 제기입니다. 앞으로 내부 토론이 활성화되는 그런 계기가 되었으면 하는 생각에서 말씀드리고자 합니다.

제가 볼 때 전략을 얘기 할 때는 보통 정세를 많이 얘기합니다. 정세라고 하는 것은 '주객관적인 형편'인데, 일단은 객관적인 정세에서 한국철도공사를 주요하게 좌우하게 되는 것은 철도청에서 공사로 전환한 부분, 그리고 철도 100년 역사에서의 큰 사건이라고 하는 '유전사업에 대한 파장' 이러한 부분들이 중요한 정세를 좌우하는 상황이 되어 있습니다.

내부적으로 보면 기존업무, 소위 제가 '국민철도론'이라고 이름 붙이고 싶어 하는, 국민적 시각에서 볼 때 국민들이 '철도가 기본적으로 이런 업무를 하는 것이다' 라고 인식하고 있는 여객과 화물의 수송에서부터, 이제는 새로운 업무라고 보이는 경영, 개발

사업이나 기타 여러 가지 기존에 해오지 않았던 일들을 수행해야 하는 과제들을 안고 있다고 생각합니다.

철도청이 공사로 출범하는데 따른 혁신이라든지 하는 부분에 대해서는 상당히 치열하게 고민하고 방향을 잡아 가고 있는 것으로 보여집니다.

그러나, 유전사업 같은 부분에 대해서는 현재 검찰에서 조사를 하고 있고 특검도 예정되어 있는데다가, 사장님을 비롯해서 많은 분들이 연루되어 있기 때문에 이런 부분들에 대해서는 어떠한 평가나 또는 원인이 무엇인지에 대해 천착하는 것을 꺼려하는 분위기가 있다고 보입니다.

저는 검찰수사에 개입할 의사도 없고, 단순히 국민들의 시각에서 우리가 유전사업을 어떻게 받아 들여야 하는가? 즉, 유전사업이 남긴 교훈에 대해서 몇 가지 말씀을 드리고자 합니다.

제 주변에서 많은 분들이 이러한 얘기를 합니다. 유전사업이 성공했더라면 이렇게 지탄받지 않았을 것인데 실패했기 때문에 그렇다. 그래서 일정하게 논의 구조가 좀더 오픈 되지 않았다, 전문성을 더욱 강화해야 한다고 지적합니다.

저는 이 부분에 대해서 깊이 있게 생각해야 한다고 봅니다. 제 생각을 말씀드리면 그러한 사고는 굉장히 위험한 사고라고 생각합니다. 극단적으로 얘기해서 철도가 유전사업에 성공했더라면, 언젠가는 남아프리카에 가서 다이아몬드를 캔다든지, 또는 북극에서 가서 곰을 잡다가 실패 할 수도 있는 가능성이 높기 때문입니다.

이 부분은 우리가 즉흥적으로 원인분석을 할 것이 아니라 철도가 하는 새로운 사업에 대해서 국민들이 어떻게 생각하느냐를 가장 기본적인 원칙으로 놓고 사고를 해야 한다고 봅니다.

저와 가까운 분들 사이에서는 가장 많은 문제 제기가 '왜 러시아의 페트로사와 했는가? 인도의 가트로사 하고 하지… 또는 왜 선입금을 미리 줬느냐' 등등이 아니라, 상당히 많은 분들이 '왜 철도가 유전사업에 끼어들었는가? 왜 철도가 유전사업을 하고 있는가?' 하는 문제 제기였습니다.

제 생각에는 국민들이 철도의 적자를 메우기 위해 경영강화를 요구하지만, 아직은 철도가 새로운 사업으로 유전을 하는 것에 대해서는 납득을 하지 않았다고 생각합니다.

저는 이러한 점들이 굉장히 중요하다고 봅니다.

만약에 국민들이 그렇게 생각했다고 하는 것이 가장 중요한 원인이었다고 분석한다면 우리의 새로운 사업에 대한 기준은 우선 친철도적인 사업부터 손을 대어야 할 것이고, 성공 가능성이 높은 사업에서부터 착수해야 할 것이고, 새로운 사업에 대한 국민적 이해도가 낮으면 국민적 공감대를 형성하는 과정을 거쳐서 사업에 뛰어 들어야 한다고 원론적으로 말씀을 드리고 싶습니다.

국민철도 전략이라고 하는 부분은 소위 예수나 이런 분들이 얘기하듯이 쉬운 것입니다. 예수께서 "네 이웃을 사랑하라" 그랬듯이 저로서는 철도를 국민철도로 규정하기 때문에 가장 큰 원칙은 국민들이 좋아하는 일을 해야 하고, 국민들이 싫어하는 일은 하면 안 된다는 것입니다. 또 국민들이 모르면 국민들을 설득하고 국민들과 공감대를 형성할 수 있는 쪽으로 해야 한다는 것입니다.

'물론 그 방법을 어떻게 해야 하는가?'라는 부분들은 여러 가지 논란의 소지가 있겠습니다만, 그렇게 해야 합니다.

이 국민철도론적 시각, 국민을 가장 중요하게 생각한다는 시각이 왜 중요하냐하면, 단순히 새로운 사업뿐만 아니라 우리가 구매를 한다든지 용역을 한다든지, 또는 업무처리, 여객 서비스는 물론이고, 모두 국민들이 보고 있다고 생각하고 해야 하기 때문입니다.

상사의 지시가 아닌, 우리가 상사의 지시를 따라야 하고, 또 규정을 따라서 해야하지만, 가장 중요한 기준은 국민들이 좋아하느냐, 국민들이 용납하느냐, 국민들이 싫어하느냐 하는 것이 가장 중요한 기준이 되어야겠다는 것입니다.

바로 이 부분이 제가 전달하고자하는 핵심 키워드이고 다른 부분들은 이 부분들을 보충하는 설명이 되겠습니다.

김두한이라는 사람이 자신의 후배가 결혼식 주례를 서 달라고 해서 주례를 서면서 딱 한마디 했다고 합니다.

"너희들 잘 살아라."

앞으로 많은 내부토론과 여러 가지 보완이 필요하겠지만, 저는 어떤 경우에도, 심지어 철도가 민영화하는 경우에도 국민들이 어떻게 생각하고 있고, 국민들이 뭘 바라고 있는지를 우리가 가장 중요한 기준으로 삼아야 하는 것은 변함이 없지 않나 생각해봅니다.

유전사업과 관련해서는 철도공사가 무슨 죄가 있나, 누가 사장이었어도 그런 결정을 할 수밖에 없었을 것이라는 식의 문제 제기가 있다고 생각합니다. 이 점은 굉장히 어려운 부분이고, 누가 CEO나 경영진에 있더라도 상당한 고민이 많았을 부분으로 보여집니다.

원론적으로 철도공사가 건교부나, 기타 정치권이나 여러 단체와 협력해서 일을 해야 하지만, 현실적으로 일정하게 주도성을 발휘하지 못하는 경우가 많이 나타나고, 그렇다고 해도 결과적으로는 철도공사가 책임을 지는 것으로 나타나는 부분이기 때문에, 이 부분은 우리가 주도성을 회복하는 쪽으로 가야한다는 것밖에 말씀을 못 드리겠습니다.

이 부분과 관련해서 제가 곤욕스러운 부분이 20량 부분입니다.

기술적으로 불가피하다, 프랑스 알스트롬사로부터의 수입 과정에서 불가피했다, 이러한 이유 때문에 어쩔 수 없는 문제이다, 이런 말씀을 하시는데, 저는 그런 책임소재를 따지는 측면에서 말씀드리는 것이 아닙니다.

국민들이 볼 때, 철도공사에 계신 분들이 아무 책임이 없다 하더라도 우리가 승객이 350명 박에 안되는 상황이나 조건임에도 불구하고 20량씩을 달고 다니는 것은, 말하자면 철도가 유전 사업에 뛰어 든 것과 마찬가지로, 국민이 봤을 때는 이상한 일이고, 저희들이 내부에서 아무리 뼈를 깎는 노력을 해서 공사가 국민에게 사랑을 받을 수 있는 일을 많이 했다 해도, 이러한 문제가 나오면 상당히 어려워지는 문제라고 생각합니다.

관련 실무자분들과도 이 문제에 대해 많은 말씀을 나누었습니다만, 제가 만약에 이 문제를 해결하는 입장에서 말을 한다면, 공사가 면피하기 위해서라도 20량을 달도록 수요 예측을 어떻게 했는지 철저하게 원인 규명을 해서 처벌하는 쪽으로 조치를 해야 합니다. 그래야만 일반사람들이 '시도 때도 없이 사람도 없는데 왜 20량씩 달고 다니는가?'라고 했을 때 대답할 수 있는 근거가 생기는 것이 아닌가 생각해봅니다.

철도가 일반 국민들로부터 이상하게 보이는 내용 중에 중요한 것이 20량 부분이기 때문에, 이 부분에 대해서도 저희가 유전사업과 마찬가지로 일정하게 어떤 교훈을 얻어야겠는가 하는 관점에서 거론하는 겁니다.

지난번, 부산역 방문 시 역 시설이 잘 되어 있었는데, 본부장님으로부터 눈이 오면 많이 미끄러워서, 바닥에 이것저것 깔고 해서 승객들에게 불편을 줬다는 말씀을 들었습니다.

철도공사가 단기간에 여러 가지 평가나 국민들로부터 사랑받는 쪽으로 거듭나야 하는데, 억울하게 덮어 쓴 부분이 현실적으로 많이 존재합니다. 앞으로 시설공단과의 관계에서 공사가 (좋은 의미의) 주도적인 역할을 하지 않으면 20량과 같은 덤터기의 소지가 생길수도 있다, 저는 이렇게 봅니다.

철도 주도적인 관점에서 보자면, 철도공사가 어떻든 철도 전체를 대표하는 것으로 국민들에게 인식 되어 있기 때문에, 철도 전반에 관한 부분도 우리 일이라고 생각하면서, 사전에 개입하거나 합리적으로 조정하는 역할을 하는 일들이 굉장히 중요한 일이 아닌가 생각합니다.

물론 이런 부분은 긍정적인 측면도 있습니다. 카자흐스탄

대사를 만나서 얘기를 하는데, 실질적으로 시설공단 이사장님이라든지, 시설공단이 거론 되는데도 철도공사의 철도 대표성에 대해서 많은 말씀을 하셨습니다. 이런 측면으로 볼 때 철도공사가 원하든 원하지 않든, 국민들 입장에서 철도 전체를 대표한다는 시각에서 사전에 준비하지 않는다면, 언제라도 억울하게 덮어 쓸 기회가 많이 생긴다는 것을 유전사태나 20량 문제를 통해 말씀 드렸습니다.

셋째로, 유전사업과 관련해서 직원들이 무슨 죄가 있나, 이런 분위기가 있을 수 있습니다. 저도 마찬가지입니다. 저도 유전사업을 나중에 알았지만, 이미 많은 부분이 진척된 상황이라 개입하기도 어려웠습니다. 제가 취임해서 지난 6개월 동안 하루라도 마음이 편한 적이 없었으며, 대외활동의 상당 부분을 소극적으로 임하는 그런 상황이 되었습니다. 외부 사람들을 만나면 우선 '철도공사는 왜 그런가? 왜 유전 사업을 했나?' 등의 말부터 거론되니, 모두 세세히 설명 드릴 수 있는 부분도 아니기에 자연스럽게 대외활동 같은 부분들이 위축되곤 했습니다.

대체적으로 많은 분들이 그런 생각을 하셨을 겁니다. 유전사업 때문에 전체적으로 평가가 나빠져서 일정하게 괴로움과 불이익을 받는 그런 상황이 많을 것인데, 이러한 사실에 대해서 안타깝지만, 폭넓게 생각하면 관련자만 불이익을 당하는 것이 아니라, 어떻게 보면 우리 전부가 (과대하게 얘기하면) 방조 내지는 공범적 위치에 있었던 것이 아닌가 하는, (물론 과도한 해석입니다만) 생각도 해봅니다.

제가 얘기를 들어보니 상당수 직원들이 유전의 문제점에 대해 인지하고 있었다고 느껴집니다. 그러나 조직 내부에서 운영과 관련해 굉장히 중요한 사안임에도 상하 교류가 없었고 건의 같은 것은 안 하는 분위기였던 것으로 보입니다. 단순히 유전사업에만 해당되는 문제가 아닙니다. 지휘 체계를 문란하게 하자는 것이 아니라, 지금 철도공사 내부에 '어떠한 사안에 대해서 해결하기 위해 노력하고 토론하고 이런 기류가 있느냐? 소위 커뮤니케이션이 원활한가?' 저는 매우 그렇지 않다고 봅니다.

그래서, 이러한 부분도 제가 생각할 때는 본인들이 아무리 열심히 해도 다른 요인이나 이런 사건 때문에 피해를 입는 것이 현실이기도 하지만, 뒤집어서 얘기하면 내부 커뮤니케이션을 강화해서 (남들은 상관없고) 우리가 어떤 문제를 우리 스스로가 대안을 내고 길을 찾아갈 때만이 유전사업의 어떤 실패나 교훈을 극복하는 그런 일이 되지 않을까 하는 생각을 합니다.

저는 유전사업과 관련해서 새삼 철도가 보이지 않게 국민의 철도라고 하는 인식이 확인되었다고 생각하고, 이렇게 국민들로부터 사랑받을 수 있는 가장 중요한 전략은, 국민들이 좋아하는 일들을 하고 싫어하는 일은 하면 안 된다는 것을 또 거듭 말씀드리면서, 구체적으로 국민철도나 평가에 관련해서 얘기를 하고자 합니다.

보통 우리가 법체계를 얘기할 때 헌법이 최고 상위법이라고 부릅니다. 사실은 헌법보다 더 영향력을 행사하는 보이지 않는 법이 있는데, 그 법은 국민정서법입니다. 잘 아시겠지만 지난번 헌법재판소라고 하는 가장 최고의 권위적인 기구에서도 대통령 탄핵 문제라든지, 또는 수도이전 문제에 있어서 국민들의 여론이 어떤가 하는 것을 부단히 챙기는 그런 모습을 저희가 볼 수 있었습니다.

그런 차원에서 소위 by the people, for the people, of the people 이라고 하는 국민철도의 규정 측면에서, of the people 은 국민 세금으로 운영되는 국민 투자기관이기 때문에, for the people 은 국민들을 위해서 철도가 존재한다는 측면에서, by the people 이라고 하는 측면에서는 일정하게 여러 가지 규정들이 있는 걸로 보여 지는데, by the people을 대표하는 것이 평가라고 봅니다.

일부에서는 경영평가가 노동 탄압이라고 주장하는 부분도 있고, 경영평가를 반대하는 기류도 있는데, 저는 경영평가를 반대하는 분들의 주장들이 일면 타당한 점이 없지 않다고 보이지만, 그럼에도 불구하고 경영평가나 평가를 안 받겠다는 부분들은 철도가 유전사업에 국민적 동의 없이 뛰어들거나, 20량 부분에서 국민들을 설득하지 못하는 것과 마찬가지로 이상한 일이 아닌가 생각합니다. 국민들이 싫어하는 일이 아닌가, 하는 이런 부분에 대해서 조금 더 천착하고 방안들을 찾아야 되지 않겠는가 하는 생각을 합니다.

문건 상으로 보면 일정하게 일부 사람들은 공공성 강화를 위해서 경영평가를 거부하는 기류가 있어 보이는데, 실제로 내일 보고회 한다고 하는 2004년 경영평가실적 예비 보고회 보고서의 항목을 보면 노동생산성 부분은 논란의 소지가 있습니다.

노동생산성을 강조하다보면 노동 통제로 가는 그런 부분이 있을 수 있습니다.

그러나, 이를테면 정시 운행률, 이것은 수익성을 위한 것입니까? 공공성을 위한 것입니까? 또 선로 전기 고장률을 줄이자, 수익성을 위한 것입니까? 공공성을 위한 것입니까? 차량고장을 줄이자, 역시 수익성입니까? 공익성입니까?

조직인사 관리의 합리화, 이것은 경우에 따라서 노동통제적인 측면이 있을 수도 있다고 생각할 수 있습니다. 그러나, 주 40시간제 정착노력을 위해서 기존 휴가제도를 개선하자, 이것이 수익성입니까? 공공성입니까?

저는 철도공사에 근무하는 모든 분들이 막연하게 추상적으로 이론적으로 주장하지 말고, 구체적으로 경영평가의 내용에 대해서 분석하고, 또 공공성 강화를 요구한다면 공공성 강화를 위한 항목들이 어떤 항목인지, 이러한 것들을 제출하고 개선하는 노력을 병행해야, 공사 내부나 국민들로부터 행위에 대한 정당성을 인정받을 수 있지 않느냐 생각합니다.

경영평가 자료를 보면, 평가제도를 개선하겠다는 그런 부분도 나옵니다. 제 생각에는 경영평가를 반대하는 분들과도 평가제도를 개선하기 위한 위원회를 구성해서 평가자체를 거부하는 것인지, 아니면 항목에 비판점이 있다고 보는 것인지 가려서 의논해서, 정부에 대해 건의할 것은 건의하는 것이 필요하다고 봅니다. 공사가 공공성 강화를 무조건 반대하는 입장은 아니기 때문에, 항목 수정이 필요한 부분들은 수정하고 하는 이러한 것들이 가능하다고 생각합니다.

사실 국민철도 측면에서만 얘기하면 경영평가는 국민평가라는 표현이 맞을지도 모릅니다. 국민평가라고 하는 내용 중에는 경영평가 뿐만 아니라 반부패 부분, 사회공헌, 공공성, 안전성 등 여러 가지 다양한 내용의 평가가 들어갈 수 있는데, 현재 기획예산처에서 경영평가 중심으로 가는 부분은 여러 가지 정세의 요청에 따른 것이기 때문에 불가피하지만, 향후 국민 평가적 성격으로 방향을 잡아가는 것이 불가능한 것만은 아닙니다.

이런 차원에서 유전사업에 대해서 교훈을 얻고 새로운 사업에 대해서 원칙을 정해서 시행하는 일은 우리가 토론을 통해서 할 수 있는 부분입니다.

20량 부분도 국민들의 입장에서 이해가 안 되는 부분이지만, 우리가 할 수 있는 최선의 방법은 우리가 그런 것이 아니라 앞대에서부터 이미 결정되어 내려온 것으로, 현재 모든 책임을 우리가 지고 있다는 부분들을 설명하여, 물론 설득력이 있는지는 모르겠지만, 그러한 방법들로 현재 철도공사에서 일하고 있는 분들이 20량을 편성하는 그런 사고방식을 갖고 있지 않다는 점들이 드러나야 된다고 봅니다.

평가나 이런 부분에 있어서는 앞으로 우리가 평가제도를 개선하면서 충분히 평가를 잘 받도록 노력하는 쪽의 합의가 이뤄지지 않는다면, 우리가 할 수 있는 일들을 놓치는 것이고, 굉장히 심각한 일이 아닌가 하고 생각하기 때문에, 반드시 관련부서 뿐만 아니라 저를 포함해서 이런 문제를 해결하는 노력들을 해야 하지 않겠느냐 생각합니다.

지금 경영평가 중심으로 진행되는 부분에서는 여러 시사점을 얻을 수 있습니다. 과거 철도청의 경우도 그렇고 지금도 그렇지만, 사실은 행정은 행정평가를 받는 것이 맞습니다. 행정을 잘했나 평가를 받아하겠죠. 행정의 변화의 추세는 지난번 정부혁신 세계포럼 때도 보면 '거버넌스-협치'로 되어 있습니다.

어떤 분들은 이런 점들을 '행정의 침몰이다' 이렇게까지 얘기합니다. 지금 행정이 경영에 완전히 압도되어 있어서 행정학자들은 상당히 자기들 설 자리를 잃었다고도 말합니다.

주제와 직접적인 연관은 없습니다만, 전 세계적으로 사회주의 붕괴에 따라서 신자유주의 조류가 생겨가면서, 경영, 즉 돈버는 것이 가장 중요한 가치라는 인식이 확산되고 있는데, 제가볼 때는 잘못된 가치입니다. 현실적인 요구 때문에 그러한 파도가 밀려온 결과이지만, 언제나 이런 식으로 가는 것은 아니라고 생각합니다.

한편에서는 저희들이 국민들에게 가장 사랑받을 수 있는 평가가 무엇인지, 또 그것을 어떻게 하면 잘 받을 수 있는가 하는 부분들을 고민하고 노력하면서, 또 내부 설득을 통해서 현실적으로 불가피한 경영평가도 잘 받을 수 있는 노력들을 해주어야 합니다.

아주 상식적인 얘기지만 평가를 하는데 평가를 잘 받겠다고 해도 점수를 잘 줄까 말까인데, '평가를 왜 받는가?' 하면 점수를 주겠습니까? 심지어 제가 다른 공사에도 이런 사례가 있는지 확인을 해보았는데, 이러한 사례가 없다고 합니다.

경영평가 항목이 모두 타당하고 가장 객관적이어서가 아니라, 현실적으로 계량화하고 평가할 수 있는 수단이 그런 방법밖에 없기 때문에 하고 있는 것입니다. 더 좋은 항목으로 하자는 것을 거부하는 것은 아니라는 겁니다.

그런 차원에서 꼭 특정집단이 아니더라도 내부에서 경영평가를 왜 받아야 하는가 하는 부분을, 일방적으로 정부가 하니까 따라가야 한다, 이것에 따라서 돈이 얼마 나온다, 이런 것도 중요하겠지만, 원칙적인 측면에서 보자면, 세 번째 언급했던 상호간에 영향을 주는 것과도 결부시켜야 합니다. 공사 전체에 어떤 영향을 크게 주는 일에 대해서는, 우리가 상당히 심도 있게 고민하고 대책을 세워야 하지 않겠느냐 하는 생각을 합니다.

제가 지금까지 바라 본 범위 내에서 국민들이 싫어하거나 이해하지 못하는 3가지 예를 들었습니다. 유전사업, 20량, 경영평가에 대한 상여금을 균등하게 지급하겠다고 하는 이러한 조류 등을 통해서 문제제기를 했습니다.

그렇다면 우리가 그런 부정적이고 싫은 걸 떠나서 좋은 것은 무엇인가? 국민들이 좋아하는 것이 무엇인가? 저는 소위 국민평가를 높일 수 있는 전략적 아이템의 중요한 한가지와 부차적인 다섯 가지 부분에 대해 말씀드리고자 합니다.

첫 번째로 핵심적인 것은, 상식적인 것이지만 문화를 바꿔나가야 한다고 봅니다. 문화라고 하면 여러 가지 다양한 해석이 나올 수 있는데, 보통 생활양식을 문화라고 합니다. 생활양식은 사고방식과 행동방식으로 나눠집니다.

결론은 우리의 사고방식이나 행동방식을 국민들이 좋아하는 쪽으로 바꿔나가야 된다는 것입니다. 굉장히 추상적이고 막연한 얘기이지만, 우리가 하는 행위를 국민이 보고 있다고 생각 해야 됩니다.

그것이 구매업을 담당하고 있거나, 여객 서비스를 하고 있 거나, 상사에 의한 것이 아니고… 물론 조직 내에서 상사의 지휘 체제를 무시하자는 것은 아닙니다.

제가 전국철도노동조합의 김영훈 위원장을 만났습니다. 첫 마디로 저는 노조편도 아니고 회사편도 아니다, 기분 나쁘게 이 야기하자면 국민편이다 라고 했습니다.

노사간에 합의를 했다고 하더라도, 그것이 국민들이 싫어하 는 합의는 잘못된 합의이다. 대표적인 사례가 현대자동차의 인 사권 나눠먹기이고, 한국노총에서 여러 가지 인사 관련된 부분 이 아닙니까? 노사간의 합의를 기가 막히게 했지만 결과적으로 국민들이 바라는 합의가 아니기 때문에, 이것은 옳지 않은 것이 다 라고 했습니다.

지난번 특단협의 합의를 보면, 노사간의 성과급 배분에 있 어서 합의를 한 부분이 있습니다. 국민들이 볼 때 경영평가를 통 해서 경영의 평가 부분에 따라 나눠주는 돈을 노사가 합의한다 는 것은 옳지 않다고 봅니다.

보통 우리가 무엇을 바꾼다고 할 때, 사람과 제도와 문화를 얘기합니다. 사람을 바꾸자는 말도 많이 하지만, 문화를 바꾸는 부분을 굉장히 많이 얘기합니다.

막연하지만 예를 들면, 지금 김천의 한 사업장에서 진행되 는 일을 국민적 시각에서 국민들이 보고 있다는 관점에서 하나 하나 평가한다면, 굉장히 고쳐야 할 부분이 많이 있을 겁니다.

또 이러한 것들을 인정할 것입니다. 그래서 막연하고 추상적이지만, 또 원론적이지만, 조직 문화를 바꿔나가는 일들이 중요하다고 지적합니다.

그 다음, 다섯 가지 아이템 중에서 첫 번째 부분은 사회공헌 부분입니다. 사회공헌 활동 중에 핵심은 자원봉사 활동입니다. 제가 자원봉사 활동을 관리하는 일을 했었는데, 다녀온 분들의 소감문을 보면 자기가 복지기관에 가서 봉사활동을 통해 도와줬다고 말하지 않습니다. 모두가 봉사 활동하는 과정에서 '많이 배웠다'고 말합니다.

자원봉사야 말로 자기 변화를 위한 가장 전략적인 아이템입니다. 우리가 봉사활동을 한다고 하면 남을 도와주기 위한 것으로 인식하곤 하는데, 현실에서는 봉사활동을 통해서 우리 스스로가 변화하는 부분들이 많기 때문에, 본사의 시스템이 갖춰지면 저도 일정하게 앞장서서 자원봉사 활동을 활성화하도록 노력하겠습니다.

아주대학교에서 강의하는데, 어떤 학생으로부터 자원봉사 활동도 중요하지만, 자기가 맡은 일을 열심히 하는 것이 더욱 중요하지 않느냐는 질문을 받았습니다. 타당합니다. 타당하지만, 본질적으로는 맡은 일을 하는 것이 중요하다고 얘기할 수도 있지만, 사실은 봉사활동을 하는 부분들이 맡은 일 보다도 더 중요할 수가 있습니다. 예가 적절한지 모르겠습니다만, 의사들은 사람을 열심히 고치는 것이 본질이고 그것이 사회공헌일 수도 있지만, 봉사활동을 통해서 거듭나지 않는 경우, 사회인식에 어떠한

눈을 뜨지 않는 경우에는 돈벌레로 전락하는 것이 현실입니다.

미국의 경우는 기부 문화가 발달되어 있다고 합니다. 포드 재단과 록펠러 재단과 같이 사람의 이름을 딴 재단이 많이 있습니다. 우리는 어떻습니까? 전부다 자식들에게 물려주고⋯

자원봉사 활동과 사회공헌 활동을 통해서 사회변화의 내용이 확인이 되고 있기 때문에, 일정하게 사회공헌 활동을 철도공사가 중요한 전략적 과제로 삼아야 된다고 생각합니다.

다른 공사를 벤치마킹한 자료에 보면, 노조간부의 50% 이상이 사회봉사나 동호회 활동을 하고 있습니다. 이 점도 시사하는 바가 많습니다. 우리가 이러한 것들을 통해서 노조를 어떻게 하자는 것이 아니라, 실질적으로 다양하게 사회와 만날 수 있는 길을 통해서 노조가 더 올바르게 활동할 수 있는 것이 됩니다.

공사가 지향하는 국민철도적으로 가기 위해서는 자원봉사 활동이 굉장히 중요하다는 말씀을 드립니다. 제가 청와대 시민 사회비서관 재직시, 이 점에 착안해서 각종 직능단체들에게 사회봉사 활동을 많이 권유했습니다. 약사회에서도 전략적으로 청소년 약물 오남용에 관한 부분을 집중적으로 채택해서 활동했고, 조리사회에서는 음식물 줄이기 운동, 이런 부분에 활동했습니다.

이제는 철도공사 뿐만 아니라, 직능단체들도 실질적으로 국민들로부터 지지와 사랑을 받기 위해서 많은 노력을 하고 있습니다. 철도공사가 사회공헌이나 자원봉사 활동의 전략적 아이템을 무엇으로 선정해야 하는지에 대해서도 아이디어가 있지만, 관련부서에서 여론조사 등을 통해 방향을 잡을 때 저도 제 견해를 밝힐 수 있을 것으로 생각합니다.

두 번째 전략적 아이템으로 키워야 할 부분은 환경 문제라고 봅니다. 철도가 친환경적 프로그램을 추출해서 전사적으로 시행해야 한다고 생각합니다.

지난 2005년 2월 15일 이후에 교토의정서가 발효되었는데, 철도 중심의 유럽에서는 교토의정서에 따라 교통부문에서 철도가 중심이라는 것은 큰 흔들림이 없었다고 합니다. 자동차 중심의 미국은 지금도 교토의정서에 서명을 하지 않고 있습니다.

제가 만나본 환경운동이나 환경단체의 관련자들은 교통정책은 철도로 가야한다는 것을 철도에 근무하고 있는 분들보다도 더 열정적으로 부르짖고 있습니다. 가상적이지만 저희가 환경단체들과 결합해서 철도 하면 환경운동, 환경운동 단체들보다도 더 환경을 생각하는 그런 이미지를 심어준다면, 저희가 교통정책을 철도 중심으로 바꿔내는데 상당한 힘과 우군을 획득할 수 있다고 봅니다. 가능성이 얼마나 되는지, 몇 년이 걸릴지는 모르지만 이론적으로는 그렇다는 겁니다. 이런 부분에 관해서도 저희가 전략적인 판단이 필요하다고 생각합니다.

세 번째 아이템은 해외진출 부분입니다. 지난번 국회의원들에게 발표하는 기회가 있었습니다만, 작년 중반 즈음에 중남미 브라질의 룰라 대통령과 중국의 후진타오 주석이 300~400명씩 경제사절단을 이끌고 상호 방문한 적이 있습니다. 중국은 지금 원자재 확보를 위해 혈안이 되어 있고, 브라질은 콩, 철강석 등 여러 가지 원자재를 많이 가지고 있습니다.

중국이 브라질에서 원자재를 확보하는 과정에서 철도의 중요성이 대두 되어, 구간은 정확히 기억이 나지 않습니다만, 4,300km에 걸쳐 중국이 브라질에 철도를 부설하기로 합의하고, 브라질이 상당한 원자재를 중국에 공유하는 그러한 합의가 이루어졌다고 합니다.

저는 철도라면, 그것이 결과적으로 차량회사가 돈을 벌든 시설공단이 돈을 벌든 철도공사가 철도 전체의 대표성을 가지는 측면에서 해외진출에 앞장서는 방법을 찾아야 한다고 생각합니다.

룰라 대통령이나 후진타오 주석이 철도를 알고 그렇게 하지는 않았을 것입니다. 분명 철도 관련자들이 철도가 필요하다고 얘기하고 건의해서 이루어졌다고 봅니다. 말하자면 철도는 국가원수급 비즈니스이고, 해외진출에 대해서 국민 중에 반대할 어떠한 사람도 없기 때문에 철도공사는 겉으로 보이는 이익이 있나 없나가 중요한 게 아니라, 철도공사가 어떠한 방식을 통해서라도 해외진출에 관한 방안을 모색해야 한다고 생각합니다.

상당한 오피니언 그룹인 국회에 대해서도 철도공사의 해외진출 전략을 세워야 한다고 봅니다. 의원친선협회가 80여개 이상 구성되어 있고, 한 협회마다 3명 내지 5명의 국회의원들이 포괄되어 있습니다. 이분들에게 우리가 과거처럼 해외여행갈 때 경비를 주는 것이 아니라, 이제는 일을 줘야 합니다.

한 · 인도네시아친선협회 의원 분들에게는 인도네시아에 가서 교통부장관이나 철도 관계자 분들을 만나도록 하고, 한국철도공사를 설명하고 협조하는 방안의 일을 우리가 주어야 합니다. 이런 과정이 일정 정도 소기의 목표를 달성하는 쪽으로 가면, 국회나 이런 부분이 정책 결정의 중요한 기관인데, 상당 부분 일을 시켜가면서 우군을 얻을 수 있다고 생각합니다.

이러한 일들은 불가능한 일이 아닙니다.

네 번째로 제안하고 싶은 아이템은 남북관계 부분입니다.

철도정책에 관한 상당 부문을 건교부가 관할하고 있다고 하지만, 철도공사가 남북관계라든지 이러한 프로그램이나 이러한 일들에 주도권을 잡는 방법을 찾는 것은 국민들에게 사랑을 받을 수 있는 전략적 아이템이 아닌가 생각합니다.

지난 3월에 남북관계에 대해 권위가 있으신 교통개발연구원의 안병민 교수님을 뵌 적이 있습니다. 이번 남북회담 끝나고 합의 내용을 보셨겠지만, 경의선 개통에 대해 합의한 항목이 있습니다. 그러나 경의선 개통에 대해서 그 이상의 해설이 없었습니다.

경의선 개통에 대해 안 교수님께 여쭤보니 김일성 주석이 유훈통치에서 동해선을 뚫으라고 했다고 합니다. 이렇게 한 것은 심장부보다는 한적한 변방으로 개통하여 북한 내부의 동요를 막기 위해서였지 않을까 싶습니다. 이번 경의선 개통을 합의한 부분은 개성, 평양, 신의주로 가는 북한의 심장을 뚫고 지나가는 노선입니다. 이 부분의 개통에 합의했다는 것은 철도로서는 경사라 할 만큼 중대한 사안이어서, 전국의 모든 역사에 경의선 개통을 축하하는 플래카드를 붙여야 할 정도의 사안이라고 생각하는데, 이 정도로 중요한 부분을 우리가 놓치고 있는 것이 아닌가

하는 생각이 듭니다.

TCR, TSR 이라든지 지금 국제고속철포럼이라고 하는 민간 포럼과 얘기중에 있고, 물론 아직 대표성을 가지고 있는 것이 아닌 초기 단계이지만, 지금 동아제약의 박카스라든지 교보문고에서 일정하게 어디어디를 젊은이들이 배낭을 짊어지고 다니는 것을 굉장한 프로젝트로 홍보하고 있습니다. 그것은 상업용입니다. 젊다. 씩씩하다. 건강하다. 이런 이미지를 상품과 결부시켜 판매하고 있습니다. 광고로 홍보를 하는 것보다 몇 배 효과를 낼 수 있습니다.

철도공사는 TSR, TCR 프로그램을 대학 총장님들과 협의해서 일반 대학생들에게 권장할 수도 있고, 여행사나 방송국이나 환경재단과 결합해서 대대적으로 프로그램화해서 여름, 겨울 방학을 이용해서 만주로 가자, 다만 우리가 제국주의적인 침략이 아니라 동북아 평화를 정착시키기 위해서, 물류를 뚫기 위해서 우리 젊은이들이 이렇게 간다, 저는 국민들에게 엄청난 미래와 희망과 비전을 제시할 수 있는 아이템이 아닌가 생각합니다.

지금 젊은이들이 매일 인터넷에 앉아 있어서 나약하다는 등의 말을 할 것이 아니라 시베리아 노선을 일주일씩 기차만 타면서 토론을 하고, 라면을 끓여 먹으면서, 지금 우리가 한반도에 갇혀 있는데, 동북아 평화는 우리가 주도한다, 이러한 컨셉으로 젊은이들이 뛰고 약동하고 할 때, 국민들의 철도에 대한 사랑은 상상할 수 없을 정도가 될 것이고, 그때 부채를 조금 감해달라고 한다면 누구도 거부할 수 없는 그러한 분위기가 될 수 있지 않겠는가, 생각합니다.

이렇게 우리가 국민들을 기쁘게 하고, 사랑받을 수 있는 아이템들이 있음을 전략적 차원에서 말씀을 드렸습니다.

마지막으로 남은 한 가지는, 철도공사가 하기 쉬운 것은 아니지만 철도라는 아이템이 기술력을 발휘할 수도 있는 아이템입니다. 쉽게 얘기해서 볼펜 장사를 하면서 아무리 기술력을 발휘하려 해도 미치는 파급효과는 적지 않습니까?

철도는 그것이 G7이건 또는 다른 어떤 기술이건, 최근 황우석 교수의 생명공학에서의 줄기세포에 대한 사례를 보듯이, 철도도 분명히 어떤 기술적인 첨단산업 내지는 국가의 성장동력이 될 수 있는 기술적 요소를 가진 그러한 분야입니다. 철도공사가 어떠한 역할을 해야 하는지는 잘 모르겠지만, 철도 전체에 대한 기술력을 높이는 일은 국민들로부터 지지받을 수 있는 굉장히 중요한 내용이 아닌가 생각합니다. 이러한 점들에 대해서도 우리가 관심을 가졌으면 하는 생각입니다.

철도 내부에는 여러 가지 홍보매체들이 있습니다. KTX 매거진도 있고, 레일로드 등 여러 가지가 있습니다. 철도가 가진 조건 속에서 어떻게 이런 부분을 소화를 해야 하는지는 모르겠지만, 기본적으로는 철도인들이 정세 인식을 공유하는 뉴스페이퍼 이런 것이 필요한 게 아닌가 하는 생각이 듭니다. 아울러 온라인 상으로 가능한 부분도 찾아야 되고, 토론도 활성화해야 한다는 생각을 합니다. 정세인식을 함께 하는 뉴스페이퍼 등 이 부분을 저로서는 고민하는 사항입니다.

결론적으로, 내부적으로는 저희가 수평적인 대화를 확대해서 커뮤니케이션을 강화해야 하고, 외부적으로는 네트워크를 확대해서 대외활동, 이런 부분들을 강화해야 한다고 생각합니다.

2002년 6월 월드컵 때, 히딩크 바람이 불었습니다.

히딩크가 우리나라에 와서 보니까, 가장 큰 문제점이 공이 선후배 관계 사이에서 돌고 있었다는 점이었다고 합니다.

그래서, 히딩크는 선수들에게 서로 반말을 하도록 지시했다고 합니다. 어느 날, 식당에서 이천수가 홍명보에게 "명보야" 했다고 합니다. 홍명보와 이천수는 12살 차이였다고 합니다. 한 살 차이만 해도 운동선수들은 기합을 주곤 하지 않습니까? 전부다 놀랬다고 합니다. 어떤 공격수는 자기에게 공을 안주는 미들필더들을 시합이 끝나고 나면, 화장실 뒤로 불러서 기합을 주곤 했다고 합니다.

소위 축구라고 하는 것이 패스게임이라고 해서, 가장 공을 잘 찰 수 있고 가장 처리를 잘 할 수 있는 위치에, 얼마나 빨리 공을 잘 돌릴 수 있는가 하는 게임인데, 무의식중에 선배 눈치를 봐서 한다면 게임을 망치는 것이 아니겠습니까?

저는 히딩크로부터 우리 철도공사도 좀 배워야 되지 않겠느냐 하는 생각을 합니다. 히딩크가 준 교훈, 소위 우리가 결재라인을 통해서 문제를 파악하는 방식에 덧붙여, 어떤 문제나 어떤 사안에 대해서 토론하고 결론을 내고 협의하고 하는 기능들을 강화하는 부분이, 공사의 문화를 바꾸고 국민들로부터 사랑을 받는 쪽으로 갈 수 있는 첫 걸음이 아닌가 생각합니다.

아울러 어떻게 해야 하는지는 잘 모르지만, 저희가 전략적으로 VIP 관리 프로젝트를 시행해야 한다고 봅니다. 이것은 열차를 많이 타는 VIP가 아니라 철도정책에 영향력을 행사할 수 있는 그런 분들을 어떻게 선정해서 어떻게 관리할 것인가 하는 부분들로 굉장히 중요하다고 봅니다.

그 다음으로 제가 민간단체에 제안을 했지만 앞에서 말씀드린 대로 국민평가 측면에서 '철도공사 국민평가단'을 구성해서 운영하면 좋겠다고 생각합니다.

일례를 들어, 서울역에서 농성하는 것을 유심히 보면서, 저도 노동운동을 한 사람이지만 다른 측면에서 공사의 잘못이 있다고 하더라도, 말이 안 되는 것을 붙여놓고 있는 것을 보면 굉장히 답답해지는데, 제가 잘못 접근했다가는 신상의 불이익이 올 것 같아 안타까운 마음으로 보고만 있습니다.

제 생각은 '우리 제3자에게 물어보자'는 것입니다. 이것이 잘 하는 것인지 잘못하는 것인지? 노조의 주장이라고 해서 무조건 하고, 이러한 일이 참 안타깝고 답답하고 그렇습니다.

극단적으로 얘기하면, 민주노총에서 '누구누구가 동석한 가운데서 토론해보자' 하는 것이 좋다는 생각이 듭니다. 이번에 저희 감사실에서 대전지역 모 차량기지의 시간외 수당 문제로 조사를 했습니다. 그런데 항의가 들어오고, 전철노 김영훈 위원장에게서도 항의전화가 오기에, 그럼 우리가 방안을 찾아보자, 했습니다.

우선 조사한 담당자가 설명을 할 테니 잘 들어봐라, 이것이 첫 번째 방안이고, 두 번째로 여기에서 납득이 안 되면 조사한 우리 팀장과 소속 직원과 전철노 위원장님, 우리 넷이 만나서 서로 상호 점검해 보자고 했습니다. 왜 이렇게 커뮤니케이션이 안 되는 것입니까? 상식적으로 잘된 것은 잘됐다고 하고 잘못된 것은 잘못 되었다고 해야 하는데, 철도공사 내부에서는 우기는 부분이 아직도 많이 있는 것 같습니다.

그것은 부분적으로는 집단이기주의일 수도 있고, 부분적으로는 어떤 목적을 관철하기 위한 잘못된 수단일 수도 있습니다. 이를테면 그렇게 하는 부분에 대해서도 상급단체라든지 하는 곳과 이야기도 하고 해서, 국민평가단에 노사 양측이 다 합의할 수 있는 저명한 분들이 들어오셔서, 그 분들께 그런 부분들에 대한 객관적인 판단도 구하고 승복도 하고 해서 뭔가를 해결해나가지 않으면 안되겠습니다.

제가 노조를 비판하는 것이 아니라 저의 답답한 마음을 호소하는 것입니다. 이것이 노조도 중요하고 회사도 중요하고 다 중요하지만, 일단 국민들이 더 중요하기 때문에, 우리가 국민들이 싫어하는 것은 피해가면서 뭔가 어떤 타협점을 찾는 방향으로 해야 한다는 생각입니다. 마구잡이로 하는 부분에 대해서는 답답한 심정일 뿐입니다.

마지막으로, 제가 감사이기 때문에 감사운영과 관련해서 10분 가량 더 말씀을 드리고 마무리 하도록 하겠습니다.

감사는 직무규정 상에 업무와 회계를 감사하도록 되어 있습니다. 그리고 감사에는 내부감사와 외부감사가 있습니다.

외부감사는 감사원이라든지 상급기관에서 하는 것이고, 내부감사는 저희 감사실에서 하는 것인데, 이것은 저희 감사실이 독립적으로 존재하지 않기 때문입니다. 감사실 직원들은 각 부서에서 보내신 분들이기에, 감사가 객관적이냐 이런 문제 제기가 나올 수 있습니다.

제가 이러한 부분들을 반부패국민연대라든지 부패방지위원회에 얘기하면, 그래서 내부감사라고 합니다. 내부감사는 외부감사와 달리 경영의 효율성을 기하기 위해서 무조건 처벌하고 하는 것이 아니고, 약간은 추스르고 다독거리고 하는 이러한 기능이 있다고 합니다. 그것을 벗어나는 경우에는 외부감사를 하는 것이라 합니다.

그래서 감사실 자체와 또 감사실에 일하는 분이 어디 나가면 괴롭습니다. 남 뒷조사나 하고 이러니까 좋아하는 사람도 없고, 이러한 것을 해소하기 위해서 독립적으로 가야 하지 않느냐? 해서 감사 직렬로 별도로 떼어 낸다든가, 감사원 아래로 들어가는 것을 얘기 해봤는데 답이 나오지 않습니다. 이것은 내부감사이기 때문이고, 어차피 그러한 갈등 속에서 일을 진행하는 것이기 때문에, 그러한 점들에 대해서 우리 직원 여러분들께서 이해를 많이 해주시기 바랍니다.

제가 감사로 두 가지를 했습니다. 첫째는 감사기획위원회를 만들어서 반부패국민연대 김거성 사무총장님을 위원장으로 모시고 회의를 4번 했습니다. 저는 이것이 굉장한 의미를 지니는 것이고, 자신감의 표현이라고 자부합니다. 속을 다 보여주겠다, 마음대로 해라. 적어도 반부패 국민운동이라고 하는 분야에서 대한민국 반부패에 관한 최고의 운동가를 모시고 일하는 것은,

내세워 자랑할 만한 사항이라고 생각합니다.

두 번째로는 민원인 간담회를 해왔습니다. 철도공사와 관련해 7천여 업자가 계신데, 모두 만날 수는 없고, 무작위로 만나서 이야기를 듣고 잘못된 것은 해결하려고 노력하고 있습니다.

지난 2월 25일 부패방지위원회에 2005년도 감사계획을 제출하였는데, 90여개 기관 중에서 14개 정도 양호한 기관에 포함되어서 좋은 평가를 받은 바도 있습니다.

3월부터 감사실 업무를 강화하기 위해서 제가 제안을 해서, 전 감사실 직원들이 그룹웨어를 통해 감사업무 개선방안을 제출했습니다. 이 자료는 굉장히 소중한 자료로, 제가 가지고 있고 앞으로도 참고할 것입니다.

자료들 중에서 독립성에 관한 부분이라든지 정책감사를 강화한다는 부분으로 항목을 나눠 팀별로 검토하고, 지난주에는 감사실 워크숍 분담토의를 통해서 내용을 정리하고, 또 그 후에 기획위원회에서 검토하고 남은 것은 법무팀과 협의하여 시행세칙을 개정하는 쪽으로 가고 있습니다.

주된 내용 부분들은 지금까지 합법성 감사를 중심으로 하면서도 답답했던 것, 유전 관련해서 보면 사실은 이러한 일이 생기기 전에 정책적 판단이라든지 예방할 수 있는 부분들이 없었겠는가 하는 이런 점에 착안해서 정책감사나 예방 감사 기능을 강화하는 방향으로 가는 것입니다. 이것이 감사실 활동이 객관성 시비에 걸릴 수도 있고, 여러 가지 문제들이 예상은 되지만, 저로서는 개인적으로 소위 감사실이 슈퍼바이저나 컨설턴트 이런 수준으로 질적으로 향상되기 바라는 생각으로 일을 하고 있다는 점을 말씀드립니다.

앞으로는, 부족했던 부분들인 현장에서의 불합리한 문화, 국민들이 좋아하는 것, 싫어하는 것을 가려서 시정하는 그런 소위 현장방문 활동을 강화해서 일정하게 좋은 문화의 방향으로 갈 수 있도록 노력하겠다는 것을 말씀드립니다.

두 번째는 차성열, 김영훈 두 위원장님께 비공식적으로 말씀을 드린 사항인데, 소위 투명성이라고 하는 것이 감사실만의 업무냐 하는 것입니다. 저희 50명이 다니면서 뒷조사를 하고 이런 것이 중요한 것이 아닙니다. 오히려 수만 명이 현장에서 일을 하는데 (유전사업을 평가하면서 일정하게 방조 내지는 공범적 죄가 있다는 말씀을 드린 적이 있는데), 어느 사업장에서 예를 들어 열 분이 일하신다면, 투명성에 관련해서는 아주 비밀리에 특별히 어느 분하고 어느 분이 짜고 하는 것을 제외하면, 대충은 현장에서 다 아는 것 아닙니까? 노조 자체적으로 그런 것을 고치기 위한 노력을 해주는 것이 훨씬 더 효과적인데, 그것은 노조는 하면 안 되는 일입니까?

두 분 모두 노조가 그런 것을 반대할 이유가 없다고 하셨습니다. 다만 회사에서 공식적으로 제안하고 노조가 받으면 오해의 소지가 있으니까, 제 제안은 비공식적으로 노조뿐만 아니라 공사 내에 여러 동호회나 단위조직들이 자발적으로 참여해서 철도공사의 투명성 운동을 벌여나가는 것으로 하는 것이 좋겠다고 이야기가 됐습니다. 이래서 일단은 두 분이 공식 회의를 거친 것은 아니지만, 그러한 취지에 동의한 입장입니다. 앞으로 저희가 구체적으로 추진할 때, 많이 협조해 달라는 부탁 말씀을 드립니다.

다음으로, 우선 감사실부터 회사 업무를 잘 파악하기 위해서라도 가능하면 한 달에 한 번 또는 두 달에 한 번씩 정책토론회를 해야 되겠다, 이런 생각을 하고 있습니다.

1차적으로 7월중에 내부고발제도에 대해서 토론을 해보려고 합니다. 저희가 지금까지 관행적으로 상하관계 중심으로 진행된 부분이 (국민들 중심이라든지 또는 여러 가지 변화하는 과정에서) 나쁘게 얘기하면 분란을 일으키는 사람, 좋게 얘기하면 내부고발자가 많이 생길 개연성이 있다고 봅니다.

내부 고발이라는 것이 굉장히 딱딱하고, 조직 내에서 하기 어려운 것이기 때문에 다른 공사도 이러한 사례가 별로 없습니다. 그래서 운용을 잘 해야 하는데, 안에서 뭔가 고쳐보겠다고 하는 사람이 분란자로 취급되어서는 안 되지 않겠습니까?

실제로 그런 사례들이 있습니다. 현재로는 그것이 분란을 일으킨 것인지 아니면 진짜 내부고발을 통해서 개선하려고 한 것인지 알아볼 수 있는 방식이 제도적으로 규정이 안 되어 있습니다. 내부고발을 하면 내부고발자로서 보호도 받아야 되고, 또 여러 가지 판단도 해야 하는데, 그러한 절차가 없어서 제가 부패방지위원회 쪽이나 반부패국민연대 쪽에 '철도공사의 내부 고발제도를 어떻게 하는 것이 실효성이 있겠는가?'라는 문제를 던져 놓은 상태입니다.

제 생각에는 일정하게 내부고발제도를 어떻게 운영할 것인지에 대해서, 정책토론회를 해서 관심있는 분들이 모여서 시범적으로 하는 것도 좋겠습니다. 가급적이면 감사업무와 관련된 부분부터 정책토론회를 해야 하지만, '이를테면 성과평가, 경영평가 어떻게 할 것인가?' 이런 정책토론은 감사실에서 해도 된다고 봅니다.

먼저 내부고발제도를 하려고 합니다.

외부에서도 많은 분들이 감사가 공사에서 2인자가 아니다, 별도 조직이다, 라는 것을 강조합니다. 업무와 회계를 감사하기 때문입니다.

그래서 제 개인 생각입니다만, 신임 사장님이 오시면 월 1회나 또는 두 달에 한번씩이라도 경영진과 감사 쪽이 만나 저희들이 건의할 내용들을 정리해서 드리려고 합니다.

회의 때 보면 단편적으로 얘기하기가 쉽지 않고 저도 발언을 잘 못하고 하는 입장이므로, 저희들이 주도적으로 공사가 업무와 관련해서 이렇게 하면 좋겠다 하는 것을 정리해서 정례적으로 오픈 시켜, 정식으로 건의하는 식으로 일을 해볼까 생각합니다.

결론은, 사실은 무서운 얘기입니다.

저도 얘기하면서 내가 이렇게 얘기해 놓고 책임질 수 있나? 하는 생각이 듭니다만, 국민들이 보고 있다, 이렇게 생각하면… 제가 하는 행동을 국민들이 보고 있다, 국민들이 평가하고 있다… 라고 생각하면, 참 무섭습니다.

종교인들이 많습니다만, '네 이웃을 네 몸처럼 사랑하라'는 말이 있습니다. 옳은 말이지만, 실제로 이렇게 하는 사람이 몇 명이나 되겠습니까?

그래서, 국민들이 좋아하는 일을 하고 국민들이 보고 있다고 생각한다는 것이 얼마나 엄청난 일인가 생각하면 저도 중압감이 듭니다만, 이론적으로는 이렇게 말씀 드릴 수밖에 없습니다. 다음 기회에 또 이런 기회가 있으면 말씀을 드리도록 하겠습니다. 감사합니다.

머나먼 길, 공기업 혁신
– Risk Management & Control Self-Assessment

2007년 말부터 2008년 초까지 '공기업 혁신'이라는 주제로, 가스공사,
도로공사, 국민건강보험공단, 인천국제공항공사 등 11개 공기업에서
강연한 내용

오늘 아침에 일어나면서 걱정을 많이 했습니다. 아침 일찍
너무 많은 분들을 오시게 해서 죄송하다는 말씀을 드립니다. 그
래서, 인사말로, "별 것도 아닌 것으로 아침 일찍 오시게 해서 죄
송하다" 이렇게 말씀을 드리는 것이 도리인데, 양심이 허락치
않습니다. 오늘 하는 이야기가 저로서는 대단히 중요한 이야기
라고 생각하기 때문입니다.

제가 지난 2005년 1월에 철도공사 감사로 일하기 시작하면
서 1년 8개월 정도 근무하는 동안, 2005년 상반기에는 유전 파동
으로 전 차관이 구속되고, 감사원에서는 2월부터 철도공사 대전
청사에 상주하기 시작했고, 검찰에서 4월 달부터 조사하기 시작
했습니다.

그런 파동을 겪으면서 2005년도 6월 말 이철 사장이 취임하
시고, 이 과정에서 감사로서의 직분을 다하는 것도 중요하지만,

3만 2천명 넘는 많은 직원들과 내부 커뮤니케이션이 안 되는 것이 답답하고 해서, 처음부터 저는 철도공사 17개 전국지사 (지금은 12개 지사다) 3개 차량관리단 순회강연을 시작했습니다. 직원들에게 제가 생각하는 것을 설명하다 보니까, 반응도 좋았고 보람도 있었습니다.

그것이 인연이 되어서 철도공사를 그만두고 나서도 인천공항공사, 가스공사, 도로공사, 국립공원관리공단, 국민건강보험공단 등 11군데 공기업에서 강의하게 되고, 본의 아니게 전문 강사도 아닌데 강의를 하게 되는 처지가 되었습니다.

오늘 '리스크 관리'에 관한 부분은 구체적이고 실무적인 학습의 필요성도 있지만, 사실은 리스크 관리에 관해서 이야기하기 위해서는 상당히 많은 주변적 요소와 관계된 부분들을 언급해야 한다고 생각합니다.

대체로 인청공항공사나 다른 곳을 가게 되면 2시간 정도 강연하고, 질의응답은 강연 후 서면으로나 이메일로 처리합니다. 원칙적으로는 강연을 들으신 후 질문도 하고 해야 하지만, 리스크에 관해서는 초기 단계이고 여러 가지 말씀드릴 내용이 많이 있어서, 주마간산격으로 오늘은 저런 사람이 저런 이야기를 하는데, 그런 점도 있구나 하는 정도만 이해해 주셔도 되겠습니다. 아직은 구체적으로 세부적으로 설명을 하거나 논의할 상황은 아니라고 보기 때문입니다.

정부에서 리스크 관리에 대해 손을 대기 시작했는데, 이 부분도 제가 볼 때는 막말로 이야기할 때 '개판이다', 물론 시행착오를 거쳐야 하지만 '안타까운 부분이다', 이렇게 생각합니다.

그래서, 오늘 업무와 직접 관련된 구체적인 실무와 지식보다는, 왜 이런 이야기를 하는가에 초점을 맞춰서 말을 하겠습니다.

리스크 자료를 설명하기 전에, 나누어 드린 〈웰컴투 동막골〉에 대한 자료를 가지고 이야기하겠습니다.

대체로 우리나라에서 500만이 넘게 본 영화는 여러분들도 보는 것이 좋습니다. 세상의 변화를 읽는 힘을 키우는 것이 매우 중요하기 때문입니다. 삶에 관한 생각의 많은 부분이 영화나 문화 속에서 나타나기 때문입니다.

〈웰컴투 동막골〉은 2005년 하반기에 700만이 넘는 관객을 모은 영화입니다. 굉장히 잘 된 영화라고 하고, 좋은 평론도 많습니다.

어떤 평론에도 나와 있지 않지만 제가 생각하기에는, 6.25 전쟁은 그로 인해 100만 이상의 사상자가 나고, 독일이 2차 대전 가해국으로서 분단이 되었다가 통일이 된 것이 1989년도인데, 우리가 피해국이라고 본다면 아직도 통일이 안 되고 있고, 한민족이나 한반도에 지대한 영향을 주는 사안인데, 이 〈웰컴투 동막골〉에 사는 주민들은 전쟁이 일어났는지도 몰랐다는 것이 아름답게 미화되어 있습니다. 평론에도 나와 있지만 〈웰컴투 동막골〉에 나와 있는 주민들은 순수하고 인간미가 넘치는 분들이라고 묘사되어 있습니다.

거기에 지도자라고 하는 나이 드신 분들이 계신데, 그 분한테 군인이 와서 물어봅니다. 이 마을이 평화롭게 유지될 수 있는 동력이 어디서 나오냐? 노인이 답합니다. 잘 먹여 살리면 됩니다. 평화로운 지도력은 먹여 살리는 것에서 나온다는 이야기지요. 2005년도에 경제가 어렵다는 이야기가 나왔는데, 그것을 빗대어 하는 대목 같습니다.

제가 볼 때 〈웰컴투 동막골〉의 생산물들은 (쉽게 이야기하면) 농업입니다. 앨빈 토플러가 제1의 물결, 제2의 물결, 제3의 물결 이야기할 때, 농업사회, 산업사회, 지식정보사회를 이야기하는데, 〈웰컴투 동막골〉은 농업사회입니다. 영화를 보면 알겠지만 감자와 옥수수를 심어 먹고 살고, 외부와 단절되어 있습니다.

사실 여기에는 특별한 지도력이 필요없습니다. 농업사회의 지도력은 경험이 많거나 나이가 많은 분들이 영향력을 행사합니다.

우리도 어렸을 때 시골에 가면 할아버지가 "비오니까 뒷밭에 김매라" 하면 그것이 맞아 떨어집니다. 그런 사회에서 연장자가 지도자 행세하는 것을 엄청난 지도력처럼 표현하고, 영화에서도 나오지만 주민들이 거의 몰살될 뻔 하다가 국군, 인민군, 유엔군이 다른 데로 표적을 옮겨서 살아나는데, 무슨 지도력을 운운해도 되는 것인지 알 수 없습니다.

표현이 적절한지 모르겠는데, 〈웰컴투 동막골〉에 나타난 부분들은 반사회적 요소가 강한, 그런 영화입니다. 그런데 나는 그런 평론은 본 적이 없습니다.

저는 1950년생입니다. 음력으로 6월생인데, 제 아버님이 인천에서 경찰 계통 일을 하셨는데, 전쟁이 나니까 아버님 먼저 도피하시고, 어머니가 누나 하고 형을 데리고 피난을 갔는데, 저는 임신한 상태였다고 합니다.

나중에 들으니, 가족사진도 다 태워버렸다고 합니다. 낮에는 국방군, 밤이면 인민군이 점령하는 상황이니까 경찰 가족이라고 하면 위험한 상황이라, 그 흔적을 다 치워버린 것이지요.

어머니가 용인 쪽이 친정이어서 용인으로 피난을 갔다는데, 용인에 친척들이 많은데도 아무도 경찰 가족이라고 받아주지 않아서, 제가 양력으로 7,8월이 생일인데; 저를 마굿간에서 해산했다고 해서, 제가 무슨 예수냐 라는 말도 우스갯 소리로 하곤 했습니다.

6.25 전쟁이 터진 상황은, 김일성과 스탈린이 여러 차례 만나서 무슨 대화를 했고, 중국이 1949년에 소위 그 적화, 공산화가 되었고, 미국이 유럽을 대신해서 세계적인 패권국가로 등장하면서 동서냉전이 부딪힌 그런 한반도였습니다.

그런데 〈윌컴투 동막골〉에 계신 분들은 전쟁이 난 줄도 모르고, 또 거기서 총을 들고 오니까 총을 막대기라고 합디다. 순수하고 멋있는 것 같지만, 저는 〈윌컴투 동막골〉을 보면서 인디안을 생각했습니다.

인디안이 지금 무엇입니까? 막말하자면, 관광상품입니다. 그런데, 이런 상황들이 아직도 우리 주변의 실제 상황인 것 같습니다. 〈태극기 휘날리며〉도 가족들이 대구에서 사는데, 장동건이 왜 끌려가는지도 모른다? 말이 안 됩니다.

제가 말씀드리는 취지는 정세가 실질적으로 엄혹하게 다가오는데, 어떻게 이렇게 동막골이 미화되는지 답답하기만 하다는 것입니다.

'리스크 매니지먼트'라는 것이 리스크 관리라고 되어 있지만, 리스크 관리의 내용도 실질적으로는 대외관계라든지 세상의 변화를 읽는 것과 무관하지 않습니다.

리스크 관리를 통해서, 미래에 대한 준비가 가능하다고 일단 말할 수 있겠습니다.

공공기관 위기관리 시행 관련 공기업협의회는, 2007년 10월 12일에 국가안전보장회의에서 한 것인데, 왜 했을까요? 다음 부분은 추론입니다.

2007년 4월 경 당시 국가안전보장회의 의장께서 고민하신 것 같습니다.

그 당시 이란 하고 미국 하고 전쟁이 붙는다는 이야기가 있었습니다. 그러면, 가스 같은 것을 들여올 때 전쟁이 나면, 어디 다른 데로 들여올 수 있냐, 준비가 되어 있냐 체크하다가 (가스공사 같은 17개 공기업에 직원을 보냈는지는 잘 모르겠는데), 미래에 대한 준비가 되어 있는지 준비 사항을 체크해 보니까, 많이 안 되어 있는 것 같았다고 생각한 것 같습니다.

물론 재난에 관련된 부분들, 이런 것은 좀 되어 있다고 판단했겠지만, 다른 리스크에 관해서는 많이 안 되어 있었던 것 같습니다. 그래서 의장이 공문을 보내서, 각 공기업마다 관리부서를 만들어라, 매뉴얼을 만들어라, 하는 것이 이날 회의의 주된 내용으로 되어 있습니다.

아울러, 위기관리에 대한 내용을 유형별로 몇 개씩 도출해라, 위기관리 총괄부서를 만들어라, 그리고, 2007년 12월까지는 각자 이런 지침을 만들고 현장 매뉴얼은 2008년 3월까지 하자,

이렇게 되어 있습니다.

이것이 NSC가 국가 단위에서는 최초로 체계적으로 '리스크 관리'를 하는 것 같은데, 잘 하는 일이지만 개인적으로 과연 NSC가 하는 것이 타당한가 생각합니다. 왜냐하면, 리스크 관리에 자원 및 경영위험, 갈등 예방, 이런 부분들도 있기 때문이지만, 리스크 관리가 원래 시작된 것은 금융 쪽이기 때문입니다.

금융 쪽에서 리스크는 매우 중요하게 다루어집니다.

선진국에서는 금융 쪽에서 리스크 관리가 많이 되어 있는데, 철도공사 같은 곳은 노사간의 갈등이 굉장히 현안으로 되어 있었습니다. 그런 갈등에 대한 리스크를 어떻게 관리할 것인가가 매우 중요한 부분이고, 경영에 관한 리스크 관리도 중요합니다.

그래서, NSC는 원래 국가기구로서는 국가안전 보장과 관련된 부분을 담당하기 때문에, NSC가 재난이라든지 이런 리스크에 관한 부분을 관리하는 것은 국가기구로서는 적절하지만, 예를 들자면 NSC가 금융에 관한 리스크 관리를 할 수는 없는 것 아니겠습니까?

지금 농촌공사, 철도공사도 그렇게 리스크 관리에 관해 정리해서 보고하면, NSC에서 이것을 볼 사람, 판독할 사람이 없다고 봅니다. 재난은 판독하겠지만 금융에 관한 것, 철도공사에 이러한 리스크가 있다, 이렇게 보고해봐야 NSC에서 이걸 볼 수 있는 능력이 없다는 이야기입니다.

NSC를 비난하거나 할 그런 의도가 아니고, 리스크 관리에 대한 일이 지금 어느 수준에 있는지를 말하려는 것입니다. 이런 시행착오를 거쳐 얼마나 시간이 걸릴지는 모르겠지만, 국가기구에서 전체적으로 리스크를 관리하는 시스템을 갖출 것으로 보기는 합니다만, 현재는 이런 상황이라는 것입니다.

제가 청와대에서 인사비서관을 하면서 느낀 것이 있습니다. 인사비서관이 어떻게 일을 하냐 하면 예를 들어, 2008년 7월 달에 농어촌공사 사장 임기가 끝난다면, 2008년 2,3월부터는 준비에 들어갑니다. 한편에서는 농어촌공사 사장할 만한 분들을 체크하고, 다른 한쪽에서는 농어촌공사가 뭐하는지도 조사하고 해서 하는데, 매달 인사수요 기관이 나옵니다.

한번은 중앙공무원 교육연수원 원장에 대한 인사 수요가 나왔는데, 그래서 '다른 자리는 그렇지만, 지금 변화하고 바뀌어야 한다는데 교육이 중요하지 않냐? 그럼 중앙공무원 교육원장에 누구를 보내야 하느냐? 이거는 조금 생각을 해봐야겠다' 해서 홀딩시켜 놨습니다.

그리고 중앙인사위원회에 부탁을 해서 대한민국 사기업에서 교육을 제일 잘 하는 데가 어디인지 베스트 5를 올려라, 했습니다. 이게 청와대에서 일하자고 하면 일을 많이 할 수 있는 조건입니다. 개인적으로 하면 시간이 엄청 많이 걸렸을 텐데…

그랬더니 바로 올라왔습니다. 1번이 어디냐 하면 그 당시에 (2003년 당시에) CJ였습니다. PR이 아니라 필동에 있는 CJ 인재원이 1번으로 되어 있었고, 2번 LG, 삼성, 포철 뭐 그런 순서였습니다.

중앙공무원 교육연수원 원장을 민간 쪽으로 바꿔서 기업마인드도 도입하고 이런 쪽으로 추진하려는데, 산하기관이라고 하는 부분은 담당부서의 관할(나와바리) 이렇게 되어 있어서, 역대로 행정자치부에 계시는 분들이 교대로 중앙공무원 교육연수원장을 하시더군요

그분들이 실력이 떨어진다는 것이 아니라 중앙에 있는 공무원들을 교육하고, 사회적으로 접촉을 시키는데 다양한 채널을 가져야 하지 않는가 해서 제가 조사해 보니까, CJ 인재원이 제일 낫다고 보고가 올라온 것이었습니다.

LG는 이병남 부사장이 인사담당을 하셔서 그분도 만났고 했는데, CJ 인재원이 제일 잘 되어 있다고 해서, (필동에 있는데) 가서 보니까 완전히 컨셉이 교육이 아니라 '프로그램 솔빙센터'로 되어 있었습니다. 문제 해결 기관으로 되어 있었습니다.

대부분의 프로그램이 4박5일이고, 물론 일상적인 직무교육도 진행되지만, 그 인재원에서는 예를 들어서 구로 지역에 방문 판매팀을 보내야겠다고 하면, 방문 판매에 관련된 사람들이 모두 옷 갈아입고 모여서, 4박5일 동안 말하자면 어떻게 하면 매출을 올릴 것인가, 구로지역에 파고들 것인가 토론하는 것이었습니다.

CJ 인재원은 향후 모든 교육의 방향이나 모델이 될 수 있다고 봅니다. 철도공사에도 도입하려 했으나 워낙 노사 파업하고 정신이 없어서 못했습니다. 어제도 철도공사의 이철 사장님과 황정오 노조위원장님과 여러 이야기를 했는데, 직원들 교육체계를 바꾸는 일이 쉽지 않았습니다.

CJ 인재원같이 문제해결 능력을 키우는 조직이, 그런 교육

기관이 어디나 필요할 것이라고 생각합니다.

CJ 인재원은 5층짜리 건물로 되어 있는데, 2층의 라이브러리는 책 빌려주는 곳이 아니라, 많은 정보 검색자들이 컴퓨터를 놓고 앉아서, 거기서 구로에 대한 역사, 암웨이가 구로에 가서 성공했는지 실패했는지, 한국야쿠르트는 아파트 부녀조직을 어떻게 관리했는지, 이러한 정보들을 서포팅한다고 합니다.

그리고, 퍼실리테이터 같은 전문 조력자가 있어서, 전체적으로 같이 토론해서 4박5일 해서 가면 구로의 비즈니스에서 상당히 성공할 수 있도록 준비를 철저히 해서 나간다는 것입니다.

인재원의 강의실은 4면이 화이트보드로 되어 있습니다. 대부분의 강의실은 칠판식으로 되어 있지 않습니까? 왜 그러냐고 물으니, 4박5일 토론하다 보니, 처음에는 칠판에다 다 쓰고 지우다 보니 칠판을 닦는 것이 열 몇 번씩은 되니까, 3일째 되는 날 첫날 이야기한 내용을 찾으려고 해도 잘 안 찾아지는 것이지요. 노트를 뒤지게 되고.

그럼 어떻게 하면 좋을까 하다가 칠판을 여러 개 사자, 칠판을 하나 놓고 1번이라고 쓰고 강의하고 내려놓고, 다 끝나면 2번이라고 쓰고 하다가, "우리가 첫날 무슨 이야기를 했지?"하면 1번이나 2번 칠판을 찾고, "여기 우리가 이렇게 했잖아" 했는데, 어떤 사람이 그렇게 하지 말고 "벽을 모두 화이트보드로 하면 되지 않느냐?" 해서 바꾼 것이라고 합니다.

그래서, 어느 강의실에 가보니까 여기서부터 시작해서 저기까지 가있더군요. 첫 째날, 둘 째날, 해가면서… 우리에게 주어진 문제를 해결하기 위해서 토론하는데, 강의실도 이렇게 바뀔 수 있습니다. 인재원의 청소하시는 분들은 벽에 손을 못 댄다고 합니다. 그건 지워야할 대상이 아니라, 강의 자료이기 때문에 손을 못 대게 한다는 것이지요.

CJ 인재원같은 모델, 프로그램 솔빙하는 것이 가장 중요합니다.

공공서비스 분야에 계신 분들, 공기업에 계신 분들, 공무원도 그렇고 우리가 해야 할 핵심적인 과제는 무엇입니까? 국가적 과제나 국민적 요구에 답할 수 있어야 하는 것입니다.

청와대에 있을 때는 덜했지만 제가 철도공사에 있었을 때 보면, 다른 기관을 다녀 보아도 마찬가지인데 얼마나 규정을 봅니까? 규정을.

제가 심지어 악담할 때는, 딱 2가지만 한다. 규정에 있나 없나 보는 것 하고, 남이 했나 안했나만 보는 것이 공무원이다. 이것이 리스크 제로 아닌가요? 리스크 제로!

민원인이 오면 리스크 제로 때까지 버티는 것입니다. 왜냐하면 내가 리스크를 질 이유가 하나도 없기 때문이겠지요. 업무를 주어진 시간 내에 맞춰서 하면 되지, 더 빨리 한다고 해서 상 주는 것도 아니고…

제가 특정인이나 특정 집단만 이야기하는 것이 아닙니다. 우리는 원래 국민들의, 소위 클라이언트의 니즈라는 국민들의 요구를 해결하기 위해서, 문제를 해결하기 위해서 월급을 받고 일하고 있음에도 불구하고, 실질적으로는 클라이언트의 니즈보다는 규정, 내가 깨지지 않기 위해서는 남이 했나 안 했나 그걸

보기 때문에, 지금 21세기의 지식정보사회처럼 고도의 창의력을 요구하는 시대의 흐름에는 전혀 공조직이 적절치 않은 것입니다.

이런 부분들이 나중에 구체적으로 설명하겠지만, '리스크 매니지먼트'와 관련이 있습니다.

지금 여러분에게 보여드리는 이 자료는, CJ가 소위 프로그램 솔빙 센터다, 공조직의 공공 서비스가 문제 해결 능력을 키우는 쪽으로 가야 한다, 그것이 기본적인 과제다, 이렇게 말하면서 보여드리는 것입니다.

이 자료는 감사원 원장께서, 세계적인 컨설팅 회사인 맥켄지의 대표를 초청해서, 2006년도 3월 29일 2시간 동안 간부들이 토론한 자료입니다.

맥켄지의 대표를 원장이 초청해서, 감사원 간부들과 워크샵을 할 때 맥켄지의 대표가 뭘 발표했는가 궁금하지 않습니까? 이 내용을 전부 말하기는 어렵지만 핵심내용은 4가지로 되어 있습니다.

첫 번째는 맥켄지를 소개하는 것이고, 두 번째는 인재 관리하라는 것이고, 세 번째는 지식관리, 그 다음 감사원에 왔으니까 감사원이 뭘 해야 한다, 이런 이야기를 하고 있습니다.

다른 부분은 너무 양이 많아서 여기서 말하기 어렵습니다. 맥켄지에서 감사원에 와서 간부에게 무슨 이야기를 했을까요?

"선진감사원은 이렇게 되어 있다"라고 말합니다.

그렇다면, 우리나라 감사원이 후진 감사원이라는 이야기지요? 내가 이야기하는 것이 아니라 맥켄지에서 이야기하는 것입니다. 맥켄지는 우리나라 감사원이 후진 감사원 또는 중진 감사원이라고 보는 것입니다. 그 내용이 뭐냐 하면, 전부다 규정 어겼냐, 안 어겼냐 적발이나 하고, 돈 몇 십만원 받았나, 안 받았나 징계나 먹이고, 그렇게 하면 안 된다는 것입니다.

선진감사원이 되려면 컨설팅 감사, 예방감사를 해야 한다는 것이고, 감사원 간부들에게 첫 번째로 강조하는 것은 문제해결능력, 역량을 키워야 한다는 것입니다. 두 번째는 대인관계 즉 의사소통 능력을 키우라는 것이고, 세 번째는 리더 쉽, 네 번째는 일에 대한 야망과 열정이 필요하다는 이야기를 하고 있는 것입니다. 야망은 기업에게 필요한 이야기고, 열정이 필요하다는 것이지요.

감사는 규정이나 적발하는 것과는 상관이 없다, 규정을 적발하는 것은 취조를 하는 것이라는 주장입니다.

2005년 2월 감사원에서 철도공사에 상주할 때 뭐했나요? 유전 파동 날 때 누가 결정했나? 누가 회의에 참석했나? 그 회의에 참석한 사람들은 범죄 용의자가 되는 것입니다. 핑계대고 참석 안한 사람은 무혐의고, 참석해서 발언 안한 사람은 무혐의고, 발언한 사람은 범죄 용의자가 되는 것입니다. 누가 일하고 발언하겠습니까?

그리고는 사건이 터지면, 우리끼리 '그 때 말 안하길 잘했어' '안하는 게 살아남는 것이고, 잘하는 것이다' 나서서 말한 사람은 범죄자, 범죄용의자가 되어 버리는 것이지요.

철도 이야기를 하려는 것이 아니라 철도의 사정과 연관이 되어 있어서 말하는 것입니다. 김모 차관과 신모 사장은 왜, 유전에 투자했을까요? 제가 추론해 봅니다.

철도청에서 철도공사로 출범할 때, 철도공사 KTX 건설부채, 원래 노태우 정권에서 6조원 들어가려고 했던 것이 나중에 보니까 18조가 되었지요. 마이너스가 12조가 되었는데, 그게 SOC, 국가재정 아닌가요? 국가 재정에서 빚이 늘어나는데, 그건 부담이 되니까 철도공사 출범시키면서 철도공사에 안겨 버린 것입니다.

저는 재무를 잘 모르는데도, 직원들 이야기를 들어보니까 매년 원리금 상환이 1조 3천억, 5천억, 8천억…. 이건 기업도 아니지 않습니까?

그 당시 KTX가 벌어들인 매출이 년간 9천억이었습니다. 지금은 1조가 넘었지만, 다른 수입 다 합쳐서 매출이 3조가 되는, 수익구조가 낮은 장치산업에서 1조 3천 억원씩 갚아버리면 2020년도에는 20~30조 이상 적자가 나서 파산하게 되어 있었습니다.

그러니까 추론이지만, 고위직에 있는 관료가 정부와 싸우고 하기에는 부담이 되니까, 철도공사가 출범은 하는데, 얼마나 밤잠을 안자면서 고민했겠습니까? 방법이 없다고 생각한 것입니다.

여객과 화물을 통해 벌어들이는 수입은 일정합니다. 별안간 어느 분에게 로비 잘해서 부산가라면 가겠습니까? 물론 노력과 영업을 해서 손님들 끌어와야 하겠지만, 쉽지 않겠지요?

그러니까, 이 분들이 사할린 유전으로 가자, 유전은 투기지만 부가가치가 굉장히 큰 사업이다, 모 아니면 도다, 그래서 유전으로 갔다, 저는 이렇게밖에는 볼 수 없는 것입니다.

철도공사 유전파동의 핵심이 무엇입니까? 어떤 범죄행위가 있었던 것도 아니고, 하도 신문에서 이광재가 돈을 먹었네, 안 먹었네 해서 정치적으로 떠들어 버리니까, 도저히 감당이 안 돼서 철수해야 한다고 해서 철수한 것입니다.

2005년 4월 경에 신모 사장님께서 저에게 어떻게 하면 좋겠는가 물었는데, 제 말을 듣고 그렇게 했는지 안 했는지는 잘 모르지만, 저는 "지금 이 순간부터 사업을 주도한 왕모 본부장님은 범죄자고, 유전사업은 철수해야 하고, 수습해야 한다. 방법이 없다"라고 조언한 적이 있습니다. 그렇게 해서, 계약금 37억 원 떼인 것이 유전파동의 본질인 것입니다.

그럼 철도공사가 무엇을 잘못한 것입니까? 국민들이 철도공사는 여객과 화물만 수송하는 것으로 알고 있는데, 새로운 사업을 할 때는 새로운 사업을 하고 있다고 알린다든지, 또는 철도가 이런 부채가 있어서 이 부채를 해결할 방법이 없다든지, 이런 부분들을 충분히 국민들에게 고지하면서 문제를 풀어나갔어야 했는데, 그분들이 관료 계통에 계신 분들이라 그렇게 생각하기 어렵고, 그런 것을 홍보하는 것은 반정부 투쟁이 아니냐는 생각에 이 분들이 유전으로 간 것이 아닌가 하고 생각하는 것입니다.

거의 맞을 것입니다.

제가 철도공사에 2005년 1월 달에 갔는데, 문제가 심각해서 2005년 6월에 이철 사장을 모시려고 했는데, 이철 사장은 당시 철도공사 안 가려고 발버둥쳤습니다. 그 당시 목요일 오후에 청와대에서 인사위원회를 열어서 (비서실장이 주재해서 결정을 하는데) 그 전날 이철 사장이 저를 보자고 해서 가니까, 한 페이지 짜리 용지를 내놓는데, "나를 벼랑 끝으로 몰지마라. 나는 철도공사의 철자도 모르는데 왜 나를 가라고 하냐? 기자회견하고 안 가겠다"는 내용이었습니다.

내가 철도공사에 감사든 뭐든 갔는데, 쑥대밭이 되어 있는데 어떻게 수습할 것인지 보통 일이 아니라, 그래서 이철 사장을 철도공사로 끌고(?) 온 것입니다. 여기저기 전화해서 압력 넣고 해서… 그런데 신문에서는 보은인사니 낙하산이니 하더군요. 안 오려는 사람을 억지로 끌고 왔는데… 그래도 역시 이철이니까 과감하게 일을 했고, 청와대와 총리실을 방문했고, 건교부나 기획예산처에 이 사안의 본질을 알려야겠다고 하다 보니까, 압력이나 거의 협박도 많이 받았다고 보아야 합니다.

지난 번에 어느 철도공사 어느 지사에 가서 (강연에 가서) 이야기를 들어보니, 이철 퇴임 후 건교부가 철도공사에 보복할 것이다, 다 그렇게 이야기하고 있었어요. 정부 기관을 운영하는 데 보복이라는 것이 말이 됩니까? 그런데 이것이 현실입니다.

어제 이야기한 것도 이런 부분입니다. 제가 참여정부에 있었지만, 참여정부에서 잘못한 것은 잘못했다고 이야기해야 신뢰가 되지, 무조건 잘했다고 하면 안 되지 않겠습니까?

참여정부만이 문제가 아니라 근본적으로 공공서비스 부분이 규정을 중시하고 상하관계 중심으로 되어 있고, 이런 문제점이 고스란히 나타나서 국민들에게 엄청난 피해를 주고 있기 때문에 이런 부분을 어느 정도 돌파해야겠다, 철도가 가진 문제점을 해결해야겠다, 생각했던 것입니다.

그 당시 최고의 사기업 교육기관도 문제해결을 강조하고 있고, 맥켄지도 감사원에 와서 같은 이야기를 했습니다. 정책 감사하는 감사원이라면, 2005년 2월에 철도공사에 왔을 때, '왜 철도가 유전에 투자했는가? 적자 때문에 그랬구나! 대통령에게 건의해서 시정해야지' 하는 것이 맞는 것 아닙니까?

그때 누가 참석해서, 그 과정에서 누가 어떻게 해서 발언했는지 적발하려고만 하니까, 여러 가지로 그런 것은 안 된다는 것을 저는 절실하게 느꼈던 것입니다.

그러다보니, 쫓아다니면서 이런 것을 강의하게 되었습니다.

문제 해결 능력이 중요하다고 하면, 리스크와 문제는 어떤 관계가 있겠습니까?

공공서비스는 국민들이 요구하는 부분을 해결하기 위한 것입니다. 문제해결이 중요하다는 것은 맥켄지와 CJ에서도 이야기하고 있다는 것을 아까 말했는데, 문제해결과 리스크 관리하는 것 중 어떤 것이 더 중요할까요?

리스크 관리가 더 중요합니다.

왜냐하면 리스크는 아직 발생하지 않은 문제이고, 미래에 생길 수도 있는 문제입니다. 지금 우리에게 어떤 문제가 있다면, 과거에 리스크 관리를 안 해서 생긴 문제인 것입니다. 지금 우리가 리스크 관리를 안 하면, 언젠가는 문제가 나타나게 되어 있는 것입니다.

그런데 리스크를 관리하는 것은 표가 안 납니다. 예를 들어 담장 어느 쪽이 무너질 것 같아서 미리 관리하는 것은 표가 안

납니다. 적발할 것도 없고 칭찬할 것도 없습니다. 그냥 누가 했나보다 하는 것이지만, 무너진 다음에 그것을 해결하기 위해 담장을 쌓는 것은 큰 일이 되고 생색이 나는 일이 됩니다.

그래서, 이렇게 문제해결이 굉장히 중요하다고 이야기하지만, 사실은 내용적으로는 리스크 관리가 더 중요한 것입니다. 그래서 강조하지만, 국가가 리스크를 관리하려면 NSC가 나서냐, 어디가 나서느냐도 잘 따져 봐야겠지만, 대통령이 중요합니다. 지도자가 중요합니다.

대통령이 리스크 관리에 대해서 정확한 인식을 가져야 제대로 진행이 됩니다. 어떤 조직 같으면, 조직의 장이 중요하다는 말입니다.

왜 리스크 매니지먼트를 하는데 있어서, 수장이나 대통령이 중요하냐? 철도공사가 그대로 갔으면 2020년에 파산할 것이 100% 분명하게 되어 있는 것을 이철 사장과 제가 함께 리스크 관리를 해서 막았던 것이 일례입니다.

몇 조씩 정부 지원이 쉽지 않아서, 역세권 개발로 들어갔습니다. 용산 역세권 개발이라는 것이 28조 사업인데, 이게 정상적인 상황에서 진행되었으면 5년, 10년 걸려도 되지 않는 사업입니다. 지금 용산 역세권 개발주식회사를 만들어서 삼성물산, 롯데관광개발주식회사 등과 컨소시엄을 만들어서 진행하고 있습니다.

이게 빨리 추진된 것은 철도문제를 해결하기 위해서는, 부채가 정부의 책임인데 정부가 이 문제를 해결하기 위해서는 예산만으로 쉽지 않으니, 용산 역세권 개발로 가겠다 하니 서울시나 다른 유관 기관들이 손을 못 댄 것입니다.

요즘에는 뭐하면 모두 손 하나 발 하나씩 담그는데, 이것을 쉽게 정리할 수 있었던 것은 특별한 개발이 아니라 철도 문제를 해결하기 위한 것이라는 인식이 정부나 관련 기관들에게 깔려 있었기 때문에 가능했던 것입니다.

리스크 매니지먼트를 하려면, 우두머리, 고위층이 종합적인 사고나 전체적인 시대의 흐름을 알고 있어야 합니다. 왜 우두머리가 중요하냐 하면, CSA를 해야 하는데,알고 보면 원리는 간단한데 현실적으로는 매우 어렵기 때문입니다.

CSA는 스스로 내부에서 평가해서 조정하는 방식인데, 소위 퍼실리테이터를 통해서 일정하게 옛날에 TQC 하듯이 하는 것입니다.

CSA를 하면 조직의 문제가 다 드러나게 되어 있습니다. '어느 팀장 때문에, 일이 안 돼' '어느 사장 때문에 일이 안 돼' 라는 것이 다 나옵니다. 철도공사 같은 곳은 해보니까, '건교부 때문에 안 돼' '참여정부 때문에 안 돼' 이런 이야기가 나오는데, 그런 것과 싸워야 하는데 그게 쉬운 일이겠습니까? 그래서 어렵다는 것입니다. CSA라는 것은 유력한 사장 직속 기구에 있는 분들이 문제가 생겨있는 곳에 가서 그분들과 대화하는 것입니다. 그런데 다 털어놓고 이야기하는 것입니다. 다 털어놓고 이야기하지 않으면 소용이 없는 것입니다.

털어놓고 이야기해야 하기 때문에, CSA 활동을 하려면 팀장에게 먼저 이야기합니다. 팀장에게 양해를 구하고, 임시로 자격을 정지시키고, 회의를 주재할 새로운 팀장을 뽑습니다. 그리고 모든 문제를 털어놓고 이야기하게 합니다.

털어놓고 이야기하게 되면, 보복당할 것도 있고, 감당 못할 사항도 있습니다. 그래서 CEO가 중요하다는 것입니다. CEO가 그런 것에 대해서 이해를 해야 합니다. 맞아 죽을까봐 이야기를 못해서는 안 됩니다.

철도공사 유전파동의 예에서도 보았듯이, 철도공사 출범할 때 이야기를 했어야 했습니다. '2020년에 파산한다' 고 이야기를 했어야 했습니다. 제가 이런 이야기를 하면 많은 분들이, 2020년에 어떻게 될지는 내 책임이 아니라고들 합디다만.

그래서, 리스크 매니지먼트 - CSA가 어려운 것입니다. 리스크 매니지먼트가, 어떤 위험요소가 있다고 했을 때, 그것이 미래의 일이지만 CEO나 대통령이 그 가치를 인정해야 하는 것입니다. 조직이 작으면 상관없지만, 조직이 5천명, 만명 넘어가버리면, 직원들이 무슨 생각을 하는지 알 수가 없게 되어 있습니다.

이것을 털어내야 조직이 전체적으로 문제 해결을 하는 방향으로 갈 수 있는데, 문제가 뭔지도 모릅니다. 그러니까, 헤매는 것입니다. 어느 기관을 특정해서 하는 것이 아닙니다.

이렇게 CSA 활동이 리스크 매니지먼트와 매칭이 되는 것입니다.

그래서, NSC가 하는 리스크 매니지먼트는 탁상 행정이다, 라고 결론을 내릴 수 있습니다. NSC에서 와서 보고받고 처리하는 것도 여러 영역 중에서 상당 부분이 커버가 안 되지만, 실질적으로 NSC가 CSA를 할 수 있는가? 그래서 NSC가 적절한 기구가 아니라고 말할 수 있는 것입니다.

그걸 다른 국가 기구에서 운영해줘야 합니다.

노무현 대통령 때 인천에서 보면 검단 땅이 8배로 뛰고, 송도 쪽 아파트가 4배로 뛰는데, 대통령은 TV에 나와서 '부동산 반드시 잡겠다' 사람들이 웃습니다. 잡긴 뭘 잡는가? 바닥에서 막 뛰고 있는데. 그러면, 정부기관 어디선가 CSA를 하고, 거기서 뭐가 문제인지 파악하고, 대통령에게 피드백을 해줘야 뭔가 알고 나서 그런 말이라도 안 하지 않겠습니까?

이 부분도 감사원의 직무 유기라고 봅니다. 감사원도 내용을 알고 있지만 못하는 것이라고 봅니다. 매켄지 대표를 초청해서 간부들과 이야기하는 것을 보면…

리스크 매니지먼트가 이론적으로는 미래에 발생할 수 있는 위험요소를 체크하자는 간단한 것이지만, 이것이 제대로 되려면 CEO나 대통령 이런 분들이 충분히 리스크를 관리하는 분들을 평가해주고, 그 가치를 인정해줘야 합니다. 겉으로 표가 안 나기 때문이기도 합니다.

여러분들 중에도, 누가 농업 발전을 위해 훌륭한 아이디어를 가지고 리스크 관리를 했더라도 지나가 버리면, 그냥 누구나 하는 것처럼 되어 버립니다.

오히려 어떤 문제가 일어났을 때 해결해버리면, 해결사처럼 되어 버리는 것이지요.

국가단위 기관이나 5천명이 넘는 조직에서는 CEO가 아무리 열심을 일을 해도 실질적으로 직원들이 가지고 있는 문제를 모르기 때문에, 특공부대나 친위대를 통해서 일정하게 문제가 있는 부서와 문제를 들어내서 대화를 하게 되는데, 그 때 판단을 잘 해줘야 합니다. 잘못하면 보복당하거나 감당할 수 없는 일이 생기기 때문입니다. 그래서 어렵지요.

CSA를 어떻게 합니까? 전부 모여서 문제를 들어내서, 피쉬본드를 만들어서 문제를 들어내고, 앞으로 어떻게 할 것인가, 문제해결 방안을 찾는 것입니다.

모여가지고 농어촌공사가, 농업이, 농촌이, 잘 되려면 어떻게 해야 하냐? 이렇게 하면 좋겠다, 저렇게 하면 좋겠다, 토론해서 중요한 과제를 중심으로 집중해서 해결해 나가고 하는 것입니다.

체계적으로 관리해서 하려면 상당히 어려운 여러 가지 요소가 수반됩니다. 그래서 NSC가 나서서 달려든 것은 좋은 일이지만, 갈 길이 멀다고 말할 수 있겠습니다.

한 가지 실화를 소개하겠습니다.

2005년 11월에 제가 있는 부서에서 CSA 부서도 만들고, 정책부서도 만들어서 마음대로 해봤습니다. 두 달도 안 된 2006년 1월에 직원이 이메일을 들고 왔습니다.

'마커스 에반스'에서, 2006년 5월 15, 16일 강남의 임페리얼 호텔에서 국제적인 회의를 하는데, 저보고 발표하라고 이메일이 왔다는 것입니다.

저는 깜짝 놀랐습니다. 처음 들어보는 회사 이름이었습니다. 철도공사에서 리스크 관리, CSA를 그냥 해본 건데, 어떻게 알았을까?

'마커스 에반스'라는 회사는 영국계 회사라고 하는데, 전 세계의 1,000개가 넘는 회사를 컨설팅하는 컨퍼런스 컴페니로,

다음이나 네이버에서 '마커스 에반스' 라고 치면 다 나옵니다. 세계 최고의 컨퍼런스 컴퍼니라고 합니다.

세계 최고의 컨퍼런스 컴퍼니에서 내가 하는 일을 어떻게 알고 초청했을까? 이메일을 주고 받으면서 내용을 확인한 후, 가서 발표했습니다.

과거 식민지 제국주의에서는 중요한 것이 영토였습니다. 그런데 지금은 지식정보입니다. 제가 만든 보고서가 별거 아니지만, '마커스 에반스' 에 제일 먼저 보고한 셈이 되었습니다. 자료집을 만들기 위해서 발표문을 보내야 했으니까요. 영국의 어떤 분들은 대한민국에서 어떤 일들이 벌어지는지 다 알고 있는 것입니다.

제가 청와대에 이런 이야기를 해도, 무슨 말인지 못 알아듣습니다. 대체로 관련 공무원들하고 협의하라고만 합니다.

나누어 드린 발표 내용 자료보다는 이런 흐름이 중요하다는 점을 강조합니다. 리스크 매니지먼트라는 것이 간단하지만, 빨리 제도화하고 도입해야 한다고 생각합니다.

2006년 5월 15,16일에 강의를 했을 때, 모건스탠리, 유한킴벌리 등이 참여한다고 하는데, 우리 직원들도 같이 가서 듣자고 했더니, 못 간다고 하더군요.

왜, 그런가 물었더니, 일반인들이 강의를 듣는데 수강료가 180만원씩이라는 겁니다. 1박2일 하면서 180만원을 누가 내는가 물었더니, 55명이 등록을 했다는군요.

강연이 끝나고, 직원이 사각봉투와 병을 가져왔습니다. 병은 포도주고 사각봉투는 '마커스 에반스' 에서 강연했다는 M이라는 은박지 붙은 인증서 같은 거였습니다.

그래서 직원에게 강사료는 없냐고 물었더니, 직원이 하는 이야기가 자기도 받아오면서 강사료 없냐고 했더니, 그 쪽 담당자가 "선진국에서는 '마커스 에반스'에서 강의했다고 하는 증을 머리에 올려놓으면, 미국의 하버드 박사 학위보다 더 쳐준다"고 했다고 하더군요. 강연료는 결국 한 푼도 못 받았습니다.

그 당시, 행자부에 최재용이라는 사무관이 있었습니다. 딴 이야기를 하다가, 우연히 이 이야기를 하니까 '마커스 에반스'를 어떻게 아냐면서 놀라더군요. 지금까지 '마커스 에반스'를 아는 사람은 최재용 딱 한명 봤습니다.

이렇게 리스크 관리가 중요합니다.

2007년 12월 27일에는 희망제작소가 주관해서 심포지엄을 했습니다. 2007년 대통령 선거가 12월 17일에 있었고, 이 당시에는 인수위원회가 곧 꾸려질 것이라고 했습니다.

앞으로 어느 당이 정권을 잡던 간에, 우리가 어디로 가야하는지 국정방향을 제시하는 심포지엄을 하자고 해서 참석한 적이 있습니다.

이론적으로 국가는 정부와 시민사회, 시장으로 구성되어 있다고 합니다. 우리나라에서 시민사회의 대표성이 있는 희망제작소에서는 무엇을 중심으로 보느냐 하면 '종합적으로 사고하는 창조적 리더', 간단하지만 이런 표현을 썼습니다.

5개 섹션으로 나누어서, 인수위 구성, 거버넌스, 고위 인사, 정부 운영, 커뮤니케이션의 중요성 등에 관해 이야기했습니다. 향후에 어떤 방향으로 갈 것인가가 드러나 있지요? 나누어드린 관련 자료를 참고하시기 바랍니다.

마지막으로, 실질적으로 어떻게 조직하고 운영해야 할지 모르겠지만, 모든 조직과 국가가 리스크 매니지먼트하는 올바른 체계를 갖추어야 합니다.

그리고 종합적으로 사고할 수 있어야 합니다. 이것이 서로 연관되어 있습니다.

과거에 농업, 농촌 할 때도 과학 농업이라고 과학이 들어갔고, 아이티 시대에 농촌을 어떻게 접목시킬 것인가를 고민합니다. 농사짓는 분들도 동막골처럼 농사만 짓고 살면 될 것이라는 생각은 안 할 것입니다.

미국과 FTA를 한다고 하면, 당연히 미국의 농업정책을 알아야 합니다. 도시와 떨어져 농업을 생각하는 사람은 없을 것입니다. 도농을 이야기합니다. 이렇게 종합적으로 사고하고, 방향을 잡아야 합니다.

프로그램 솔빙 센터 같은 기능을 찾아서 해야 합니다. 권유를 드리자면, 종합적인 사고를 하기 위해서는 다른 분야와 네트워크 하는 것도 중요합니다.

철도에 있을 때도 간부 역량을 어떻게 볼 것인가 하는 문제는 중요한 문제였습니다. 네트워크 역량입니다. 또한 인사하면서 제일 낮은 수준이 아는 사람, 고향사람, 그 다음이 학력, 그 다음이 경력을 보고, 마지막으로 제일 중요하게 보는 것이 인터뷰 자료였습니다. 지금 그 사람이 어떻게 생각하느냐 하는 것이 가장 중요하기 때문입니다.

지금도 인사문제가 말이 많지만, 적어도 A당, B당, C당 모두 국가인재 관리를 해야 합니다. 예를 들자면, 청와대는 산자부 장관이 유고가 될 경우를 대비해서 예비 명단을 15명이든 10명이든 관리해야 합니다. 그 내용은 누구든지 산자부 장관을 원하는 사람은 인터뷰를 해서, 우리나라 산업발전 정책에 대해 안을 내라, 평가하고 업그레이드하면서 관리해야 합니다.

아직은 거리가 먼 내용이지만, 미국처럼 플럼 북을 해야 합니다.

재미있는 이야기지만, 목포에서 박물관을 짓겠다고 하면, 통상적으로는 목포시의회 의장·부의장, 상공회의소 의장… 이렇게 포함됩니다. 망하는 지름길입니다.

해양박물관이든 뭐든 지을 때, 예를 들자면 앙드레 김이 이사진에 들어갈 수 있어야 합니다. 이것이 개방형 인재 관리입니다.

대한민국의 모든 인재들을 D/B하고, 역량을 업그레이드하는 작업을 하고, 평가를 통해서, 우리 조직이 좀 더 발전할 수 있도록 다른 분야의 고수들을 어떻게 네트워크할 수 있느냐 하는 것이 향후 조직의 성공을 위한 트렌드인 것입니다.

철도공사에서의 이사진도 모두 철도 전문가로 되어 있습니다. 물론, 언론인도 있지만. 그분들은 자문위원으로 하면 되고, 다른 영역의 분들을 많이 모시는 것이 조직 발전에 중요하다고 보는 것입니다. 이것은 눈에 보이는 것입니다. 이것이 인재관리, 지식관리입니다.

현안 해결, 리스크 관리, CSA 활동, 네트워크 강화를 통해서 조직이 발전합니다. 지금 리스크 관리를 담당하는 분들은 정부와의 관계가 형식적일 수밖에 없을 것입니다. 자료 제출 등의 형식적인 관계이겠지만, 스스로 실질적으로 하는 것이 좋습니다. 금융, 조직, 내부의 갈등 등에 포인트를 많이 주고, 관련 직원들과 대화를 통해 문제를 뽑아내야 하고, 해결 방안을 찾아나가야 할 것입니다.

마커스 에반스의 추억

남들은 알고 있고, 우리는 모르는 서글픈 추억

내가 3, 4년 전에 철도공사 감사로 일하던 때의 슬픈 추억 하나를 소개하겠다.

공기업 감사라는 자리가 솔직히 무엇을 하는 자리인 줄 나는 잘 몰랐다. 그래서 직원에게 부탁해서, 감사가 무엇을 해야 하는지에 대한 관련 법규나 규정들을 구해서 자세하게 읽어보았다. 아, 이 정도라면 반나절 정도 일하면, 대충 일주일 업무를 충실하게 수행했다는 정도의 말은 들을 수 있겠구나 하는 느낌이 팍 왔다.

그런데, '정책감사'를 하는 것이 공조직 혁신의 지름길이라고 사회운동 단체들이 수 십년 동안 주장해오던 터여서, 당연히 감사인 나는 정책감사를 해야겠다는 생각이 들었던 것이다. 이리저리 귀동냥을 했는데, 정책감사의 본령은 리스크 관리(Risk Management)에 있고, 그 수단으로 CSA(Control Self-Assessment)라는 것이 있다는 것을 알게 되었다.

나는 2005년 말 무렵에 감사실에 정책감사부 및 CSA부를 설치하는 조직개편을 단행했다.

2006년 2월 무렵, 이제 정책감사랍시고 어설프게나마 조금 손 대고 있던 어느 날, 우리 직원이 한 장의 이메일 들고 나를 찾았다. 용건은 '마커스 에반스가 주최하는 국제회의에 감사님을 강사로 초청한다'는 내용의 이메일이 철도공사 감사실 앞으로 왔다는 것이었다.

나는 물었다. '마커스 에반스'가 뭐하는 데요? 직원 답, 잘 모르겠습니다. 감사 문, 거기에 아는 사람이 있소? 직원 답, 없습니다. 감사 왈, 일단 좋은 것 같으니 간다고 하고, 구체적인 내용을 알아보시오. 직원 답, 알았습니다.

2006년 5월 15, 16일간 강남의 임페리얼 호텔에서 '마커스 에반스'가 주최하는 국제회의가 개최되었다. 주제는 Strategic Risk Management였고, 호주의 브리스밴 시티 카운실, 지멘스 차이나, 홍콩의 모건 스탠리, 싱가폴의 DBS 뱅크, 말레지아의 RHB 캐피탈, 암웨이 코리아, 하이닉스, 국민은행, KT, 교보, 삼성생명, 유한 킴벌리, 그리고 대한민국 철도공사 감사 김용석이 강사로 참여하였다.

감사 왈, 우리 직원 40명이 모두 이 회의에 참석토록 하시오. 직원 답, 1인당 수강료가 180만원이어서, 예산이 없습니다. 감사 왈, 아니 2일 동안 회의 참석하는데 뭐가 그리 비싸요? 직원 답, 등록한 수강생이 50명이 넘습니다.

우리는 교육한다고 하면 어떻게 해서든 빠져나가는 것을 왕 꿋발로 알고 있는데 (인사고과에 반영한다, 출석부에 서명 받는다 는 등, 난리를 친다), 180만원씩 쳐 들여서 교육을 받으려는 사람이 50명이 넘는다? 어라, 돈도 제법 되겠는데.

　행사가 끝난 뒤, 우리 직원이 포도주 한 병과 사각 봉투에 든 유인물 한 장을 내밀었다.

　감사 왈, 이게 뭐요? 직원 답, '마커스 에반스'에서 강사님께 드리라는 것입니다. 감사 왈, 아니 수강료는 그렇게 비싸게 받으면서 강사료는 한 푼도 없다는 거요? 직원 왈, 그렇지 않아도 감사님 강의료는 없냐고 물어보았더니, "선진국에서는 '마커스 에반스'에서 강의했다는 이 징표를 하바드대학교 박사증보다도 더 쳐줍니다"라고 하던데요.

　선진국, 하바드 하는 말에 끽소리 한 마디 못하고, 강의료 한 푼도 못 받고…

　메기의 추억은 결혼한 지 1년도 못되어 세상을 떠난 아내를 그리워하는 슬픈 추억의 노래이지만, 마커스 에반스의 추억은 지식후진국 대한민국의 현주소를 안타까워 하는 어느 무능한 지식인의 서글픈 자학의 탄식이라고나 해야 할는지?

　역주행과 삽질은 지금도 쭉 계속되고 있건만.

시베리아는 우리에게 무엇인가

버려진 땅인가, 꿈과 희망의 대안인가?

2010년 1월 7일 오후 7시, 한국관광공사 3층 회의실에서는 철도 민간조직인 희망來일(가칭) 설립을 위한 제14차 준비모임이 있었다.

희망來일(가칭)은 한반도의 대외관계가 미국-일본에 치우쳐있다는 문제의식 아래, 한반도 북쪽에 대한 관심을 높이고, 한민족의 미래 대안을 한반도 북쪽에서도 모색하며, 궁극적으로는 한반도가 유럽까지 연결되어야 한다는 기본적인 취지를 가지고 그 설립이 준비되고 있다.

남북철도의 연결과 관련된 지원사업, 시베리아철도 연결사업, 나아가 유럽으로의 연결사업을 꿈꾸고 있고, 한반도의 북쪽인 만주-시베리아에 대한 관심을 높이는 일과 동북아 평화와 공동 번영을 모색하는 국민운동을 전개할 예정이다. 한완상 전부총리가 이사장으로 내정되었고, 3, 4월 경에는 사단법인으로 발족할 예정이다.

희망來일(가칭)은 첫 번째 사업으로, 이번 여름인 7, 8월에 시베리아 횡단 열차를 함께 타고 가는 프로그램을 마련 중에 있다.

이번 제14차 준비모임은 이에 앞서 시베리아에 대한 학습을 목표로 진행된 것인데, 성공회대 김창진 교수를 모시고 '시베리아의 꿈과 시베리아 횡단열차'라는 주제로 1시간 30분에 걸쳐서 강의를 들었고, 저녁식사를 겸해서 토론이 이어졌던 것이다.

이날 참석자는, 김용석(희망래일 준비위원장), 이동섭(따뜻한 한반도 사랑의 연탄나눔운동), 이상익(마산, 사회복지운동), 유희인(예비역 공군 소장), 이충렬(부동산 디벨로퍼), 정기영(충주, 사회운동), 최종기(안산시민신문 대표), 윤호영(주 호치 대표이사), 허영(춘천, 일촌나눔운동), 황광석(동북아평화연대), 신옥자(관광공사 팀장), 유영주(희망래일 사무국장), 김창진 교수 등 13명이었다.

김창진 교수의 강의를 들으면서, 참석자들은 이구동성으로 찬탄을 아끼지 않았다. 아! 우리가 시베리아에 대해서 얼마나 막연하게 생각하고 있었던가? 시베리아가 장난이 아니구나! 우리에게 너무나도 멀고 먼 시베리아가 사실은 우리 가까이에 있는 것이구나! 감탄과 탄성이 이어졌다.

김창진 교수, 참 대단하다. 어떻게 이렇게 문학과 영화와 문화, 역사와 인간과 자연과 혁명이론을 잘 버무려서 시베리아를 말할 수 있단 말인가? 인간의 고뇌와 고통, 창조를 위한 몸부림, 역사의 반전과 혁명사상, 중심과 변방의 그 기막힌 역전을 시베리아를 통해서 이렇게 멋지게 그려낼 수 있단 말인가?

시베리아는 버려진 땅인가? 아니면, 꿈과 희망의 대안인가? 짧은 지식 탓에 김창진 교수의 강의 내용 모두를 소개할 능력은 없고, 몇 가지 느낌만 간략하게 서술하고자 한다.

광활하고 독특한 땅 – 무한한 자원의 보고, 시베리아

우랄산맥으로부터 태평양 연안에 걸친 시베리아 대륙은, 최대 지구 표면의 1/12, 러시아 영토의 2/3를 차지하고 있다. 유럽쪽 러시아 대 아시아쪽 러시아라는 러시아의 이중적 정체성의 본질을 구성하고 있다.

광활한 자연과 원시적인 인간 공동체가 유지되고 있고, 18, 19세기에는 전제주의 치하에서 자유와 해방을 갈구하던 혁명가들의 유배지로, 멀고도 험한 여정의 상징이었다. 극적으로 대비되는 양면성과 모순의 집합체라고 김창진 교수는 시베리아를 규정한다.

변방의 논리

19세기 러시아는 유럽의 변방이었다. 전제정과 농노제가 있었고, 유럽에서 가장 부유한 황실과 가장 가난한 농민이 있었다. 그러나, 유럽은 러시아를 무서워한다. 나폴레옹과 히틀러의 유럽의 지배세력은 2차례에 걸쳐서 러시아를 침공했지만, 러시아와의 싸움에서 패하면서 결정적으로 유럽의 지배세력 자체가 붕괴되는 결과로 나왔기 때문이다.

러시아는 유럽의 변방이었지만, 문화예술의 중심이었다. 똘스또이, 도스또옙스끼, 라스뿌찐, 볼쇼이… 변방의 자유로움, 열

패자의 넓은 시야, 창조적 대안의 모색 등 변방은 새로운 중심을 모색할 수 있는 조건을 갖게 된다는 것이 김창진 교수의 설파다. 재미있다. 시베리아는 러시아의 또 다른 변방인가?

크로포트킨의 무정부주의

아나키즘을 무정부주의로 번역하는 것보다는 '자유 · 연대주의' 라고 하는 것이 맞다고 김창진 교수는 말한다. '만물은 서로 돕는다' 며 아나키즘의 창시자인 크로포트킨은 협동을 강조한다.

"시베리아는 나에게 인생과 인간의 본질에 관한 참된 가르침을 주었다."

크로포트킨의 말이다. 아나키즘? 한번 파고 들어가 볼 만한 것 같다. 대안을 찾아서….

우리에게는 아마도, 1937년 스탈린 치하에서 중앙아시아로 강제 이주되었던 고려인들의 귀환 문제도 중요한 관심사가 될 것이다. 최근 우스리스크에는 '고려인 이주 140주년 기념관' 이 건립되었다.

시베리아 횡단 여행의 꿈, 광활한 대지와 시간의 시험, 인간 존재의 한계. 강요된 반쪽자리 한반도를 극복하고 북방의 웅대한 기상을 찾아 나서는 일. 아! 시베리아 횡단 열차에 한번 몸을 맡겨보고 싶다….

조선일보를 고발한다

준비서면 (피고 조선일보 방상훈 – 원고 김용석)

준비서면

사 건 2006가합 75455, 반론보도

원 고 김용석

피 고 주식회사 조선일보 대표 방상훈

위 사건에 관하여 원고는 다음과 같이 변론을 준비합니다.

1. 피고는 지난 11. 9 준비서면 '서설'에서, 반론권이 '상대방의 명예나 신용과 무관한 표현에 대해서는 반론청구를 인정하지 아니하였고' '또 기사의 본질적인 핵심에 무관한 지엽말단적 표현에 대해서도 반론청구를 인정하지 아니했다'고 거듭 주장하고 있으나, 이를 본 소송에 적용하는 것은 부당합니다.

피고는 그 짧은 기사(3.13일자)에서 원고를 10여 차례나 거명하면서 '처절한 반성을 해야 옳다' '자중해야 할 경영진 중 한 명이…' '철도와는 관계없는 낙하산 인사다' '그는 아직도 노동운동가라고 착각하고 있다' '침묵했었다…' '슬그머니 자신의 글을 삭제했다' 등등 누가 보더라도 원고의 명예와 신용과 무관하지 않은 기술을 의도적으로 자행한 것이 분명하기 때문입니다.

또한 '그의 말을 요약하면 이번 파업은 정당한 것인데 일부 언론에서 왜곡시켰다는 것이 된다'라고 기술한 것은 '파업복귀 후 갈등을 줄이자'며 원고가 직원들에게 보낸 이메일의 발송취지를 완전히 왜곡한 것이기 때문입니다.

2. 피고는 '비판의 근거'라면서, '그 자리에 걸맞는 처신을 했었어야 마땅하다' '어수선한 시기에 절대로 부당한 파업이라고 생각하지 않는다' '가벼운 말과 튀는 행동이 일상화된 세태라고 하지만 적어도 감사라면 그래서는 안 된다' '노동운동가 시절의 사고에서 벗어나지 못하고 있는 것으로 보인다'라고 기술하고 있지만, 이는 부당한 주장입니다.

철도공사 감사인 원고의 '처신' 문제를 걸고 넘어지는 것은 천부당만부당합니다. 원고 스스로 말하기는 부끄럽습니다만, 원고는 온 힘을 다해서 철도공사 감사직을 수행했습니다. 남들은 적당히 노는 자리라고 말을 했지만, 원고는 철도발전을 위해서 혼신의 노력을 기울였다고 자부합니다. 철도파업과 관련해서도, 노사대화를 주도하면서, 파업을 막고, 갈등을 줄이려고 노력했습니다.

철도파업을 결사적으로 막으려고 했던 근거를 제시하겠습니다. 이런 사실을 자세하게 밝힐 생각까지는 없었지만, 피고가 거듭 원고의 '처신'을 문제 삼는 상황에서는 공개가 불가피하다고 판단했기 때문입니다.

원고는 지난 2005년 9월 20일, 사내 직원들에 대한 코레일 아카데미 강연을 통해서 '철도파산 가능성'을 경고하였습니다. (소 갑제10호 증)

원고의 이러한 주장으로 인해서, 정책실패로 비판받게 된 건교부와 기획예산처는 이철 사장과 원고에 대해서 비판적인 입장이었고('감사가 사고쳤다'는 등 불편한 소리가 들려왔음), 이에 굴하지 않고 이철 사장과 원고 등이 청와대와 국무총리실 등을 방문해서 철도정책 '수정'을 거듭 요구했으며, 이것이 받아들여져서 관계기관의 대책회의가 진행되었던 것입니다.(소 갑제11호 증)

참여정부에서 근무했던 원고지만, 참여정부의 철도정책이 잘못되었다고 판단해서 이를 시정하는 작업을 하였던 것이고, 이러한 노력을 노조 간부들에게 설명하면서 '파업을 하면, 경영 정상화는 물건너 간다' '정부도 노력하고 있지 않느냐? 단계적으로 해결하자'며 노조 간부들을 설득하고 경고하는 활동을 한 원고가 어떻게 파업을 지지할 수가 있겠습니까?

'가벼운 행동과 튀는 행동'이라고 피고가 원고를 폄하하는 일은 몰상식한 주장입니다. 노사 관계를 흔히들 부부 관계로 비유합니다. 노사 관계는 서로 다투기도 하고 화해하기도 하는 것입니다. 부부 사이의 대화를 제3자가 엿듣고 나서 문제를 제기할라치면, 얼마든지 많은 문제를 제기할 수 있다고 생각합니다. 철도공사 임원인 원고가 애정을 갖고 있는 직원들에게 다급한 비상 상황에서 거친 소리를 일부 했다고 하더라도, 이것은 철도 내부에서 보면 전혀 이상한 일이 아닙니다.

100번 양보해서 원고가 '가벼운 행동과 튀는 행동'을 했다고 해서, '원고가 파업을 지지했다'는 식으로 피고가 기사를 쓴 것이라면, 대중적 영향력이 막강한 사회적 공기인 피고의 '처신'으로서는 적절치 못한 것이라고 생각할 수밖에 없습니다.

3. 피고는 '이 사건 기사의 본지'에서, '원고는 아직도 기사의 취지를 이해하지 못하고 있다'고 주장하고 있지만, 그렇지 않습니다.

피고 멋대로 원고가 이철 사장과 입장이 다르다고 잘못 전제한 후에 '사측의 강경한 대응방침에 항의했어야 하지 않느냐'고 물은 것이 피고 기사의 취지라는 것인데, 우선 '전제' 그 자체가 작위적인 것이어서 답변할 필요를 느끼지 못한다는 것이 원고의 생각이고, 따라서 왜 그런 항의를 이철 사장에게 원고가 해야 하는지 알 수가 없다는 것입니다. 피고의 기사는 이렇듯 강변과 왜곡으로 일관되어 있는 것입니다.

이철 사장과 함께 일하면서 모든 견해가 일치한 것은 아니지만(세상사에서는 모든 견해가 일치할 수도 없는 것이지만), 여러 의견들을 조율해가면서 대책을 세웠고, 집행책임은 철도공사를 대표하는 이철 사장이 당연히 했던 것이고, 임원이 별도로 개인 견해를 표명하는 것은 적절치 않았고, 원고는 그렇게 하지도 않았던 것입니다. 다만, 파업 종료 후 복귀과정에서의 갈등을 줄이려는 노력을 원고는 한 것이고, 특히 '감사'로서는 필요했던 것이었습니다. 참고로, 감사실 직원들은 파업 주동자나 가담자들을 조사하고 징계하는 일을 담당하기 때문에, 감사실 직원들과 파업 가담자들과의 관계는 대체로 적대적이었다는 점도 밝혀 둡니다. 파업을 지지한 감사라면, 부하 직원들에게 파업 가담자 처벌을 위한 조사를 어떻게 시킬 수 있겠습니까? 상식적으로도 피고의 주장은 억지입니다. 원고는 직원들 사이의 '갈등'을 걱정했던 것입니다. (소 갑제4호 증, 참조 요망)

4. 피고는 '반론보도문의 부적법성'에서 원고가 '모택동 군대를 찬양하는 글이나 올리면서…' 운운하고 있는데, 이는 피고의 인식 수준이 어느 정도인지를 보여주는 단적인 사례입니다. 원고가 직원들에게 보낸 3.8자 이메일에서, 노조의 '자제와 질서'를 수없이 요구하면서 그 하나의 사례로 '모택동 군대'를 언급한 것에 대해서조차, '모택동 군대를 찬양하는 글이나 올리면서…' 운운하는 것은, 피고가 아직도 군사문화에 젖어있어서 '적과 동지' '흑과 백'이라는 (사회적 다양성을 인정하지 않는) 반민주적 2분법적 사고에서 벗어나지 못하고 있음을 보여주는 것입니다. 분노합니다.

피고는 원고가 '언론은 나쁜 놈'이라고 기술하고, '청와대 출신'인 점을 표적으로 삼아, 공격거리를 찾는 시각에서 보자면 파업을 두둔한 것처럼 보일 수도 있는 '언행'을 문제 삼아서, 철도현황에 대한 심도 깊은 취재도 하지 않고, 원고의 명예를 훼손할 목적으로 기사를 작성한 것이 분명합니다. 이는 노사의 대화와 화합을 주도했고, 철도발전과 파업을 막기 위해서 동분서주했던 원고의 노력을 왜곡한 것입니다. 반론보도 요청은 정당합니다.

입증방법

1. 소 갑제10호 중 2006. 9. 21. CBS 보도자료 사본 1통
2. 소 갑제11호 중 철도경영 정상화 추진보고 사본 1통

2006. 11. 14
원고 김용석

서울중앙지방법원 민사합의1과 제26민사부

소 갑제10호 증

〈뉴스의 현장〉

대전에 본사를 둔 한국철도공사가 올해 초, 흑자경영을 내걸고 출범했으나, 막대한 빚더미로 골머리를 앓고 있습니다. 여기에 위기의식을 느낀 철도공사 내부에서는 정부가 부채를 책임져줄 것을 직·간접적으로 요구하고 나섰습니다.

자세한 소식을, 조성준 기자와 함께 알아보겠습니다.

질문 1) 사실 철도공사의 부채 문제는 공사출범 이전부터 꾸준히 거론돼 왔었는데요, 내부에서 본격적으로 문제가 불거진 계기는 있었다면서요?

답변 1〉

1. 철도공사 감사가 직원들을 교육시키는 자리에서 철도 파
   산을 경고하고 나서면서부터입니다.

2. 한국철도공사 김용석 감사는 "이대로 가면 2013년 이후
   흑자경영은 불가능하고 오히려 파산 가능성이 높다"고
   주장했습니다.

3. 김 감사는 어제, 철도공사 직원들을 상대로 한 '코레일
   아카데미' 특강에서 "올 1월 철도공사 출범 시 흑자경영
   을 내걸고, 5월 건교부가 국무회의에서 경영혁신과 부대
   사업 등으로 2013년이면 흑자로 전환된다고 보고했으나
   이대로 가면 2013년 흑자경영은커녕 오히려 파산가능성
   이 높다"고 경고했습니다.

4. 김 감사는 또, "연간 1조원 이상의 적자가 발생해 결국 파
   산사태를 초래할 것이며, 이는 철도 IMF사태를 가져와
   국민의 충격과 부담만 가중될 것"이라고 강조했습니다.

5. 김 감사는 일본의 철도 구조개혁을 예로 들면서 "이제 우
   리 정부와 국회도 철도공사 재정을 위한 근본적인 해결
   책을 세워야 할 시점"이라고 지적했습니다.

질문 2〉 철도산업노조가 비슷한 사안을 가지고 오늘 기자회
         견을 가졌다는데, 어떤 내용이었습니까?

답변 2〉

1. 산별 노조인 한국철도산업노조 철도공사본부는 오늘, 정
   부 대전청사에서 기자회견을 갖고 "고속철도 관련 부채

를 정부가 책임질 것"을 촉구했습니다.

2. 철도산업노조는 "정부가 고속철도 건설·운영과 관련된 부채 10조 7천억 원을 철도공사에 전가시켜, 2013년까지 해마다 평균 1조 5천억 원을 상환해야 한다"며 "올해 KTX 매출액이 8천억 원으로 추정되나, 매출액보다 많은 부채를 어떻게 상환하라는 것이냐"고 반문했습니다.

3. 또한 "정부가 일관성 없는 정책으로 인해 불어난 부채의 책임을 철도공사에 전가하는 것은 철도공사를 파산으로 몰고 가는 것"이라며, "이는 철도가 국민의 발이라는 사명을 저버린 것으로, 이 모든 손실은 고스란히 국민에게 부담이 될 것"이라고 주장했습니다.

4. 철도산업노조는 이에 따라, 고속철 관련 부채를 정부가 책임질 것과 경영 자율성을 보장할 것, 교통약자 할인과 적자노선 운행에 따른 비용을 정부가 보상해줄 것 등을 요구했습니다.

5. 노조 관계자는 "고속철도 부채 해소를 위해 이 달 말 국회 앞 1인시위를 시작으로 국회 건교위 방문과 설명, KTX 차내 홍보·집회 등을 통해 지속적인 홍보활동에 나설 방침"이라고 밝혔습니다.

질문 3〉 "철도 IMF 사태"라는 말이 거론될 정도로 철도공사의 부채 규모가 심각한 상황인데요, 어느 정도로 추산이 되고 있습니까?

답변 3〉

1. 철도공사 내부의 분석 자료를 보면, 올해 누적적자는 5조 3천억 원, 내년에는 6조 5천억 원 정도로 추산되고 있습니다.

2. 이처럼 누적 적자가 해마다 큰 폭으로 늘면서 오는 2009년쯤이면, 누적적자 규모가 10조 5천억 원에 달할 것으로 추정되고 있습니다.

3. 이럴 경우 철도공사가 한 해 동안 갚아야 할 원금만 해도 6천 5백억 원에 가깝고, 신규 차입금 규모도 2조 천억 원에 달한다는 것입니다.

4. 철도산업노조는 이와 관련해 "정부가 고속철도 건설과 운영에 관련된 부채 10조 7천억 원을 철도공사에 전가시켰기 때문"이라고 주장하고 있습니다.

5. 이로 인해 오는 2013년까지 해마다 평균 1조 5천억 원을 상환해야 하며, 결국 철도공사를 파산으로 몰고 갈 것이라는 입장입니다.

질문 4〉 철도공사 내부에서 사례로 들고 있는 이웃나라 일본의 철도 구조개혁은 어떻게 전개됐습니까?

답변 4〉

1. 일본 철도의 구조개혁은 지금으로부터 20년 전에 이미 단행됐는데요, 우리나라와는 크게 다른 모습이었습니다.

2. 물론, 그때 당시의 경제상황 등이 다르기 때문에 우리나라의 현재 상황과 꼭 맞출 수는 없지만, 철도공사가 내세

운 사례는 이렇습니다.

3. 일본 정부는 "부채상환 능력"과 "부채상환 가능규모"를 고려해 부채를 인수시켰다는 것입니다.

4. 당시 일본 국철의 부채는 대부분 국가기관인 청산사업단에 귀속됐는데요, 구조개혁 실시 10년 뒤인 1996년에 청산사업단이 보유한 부채를 처리했다는 것입니다.

5. 철도공사 내부에서는 이같은 사례를 들어 정부와 국회가 근본적인 해결책을 강구해야 한다는 주장입니다.

질문 5〉 정부에서도 이 같은 문제점을 그냥 방관만 하지는 않을텐데요, 정부 입장은 어떻습니까?

답변 5〉

1. 그러니까 지난 5월 10일이었는데요, 건설교통부가 국무회의에 철도공사 경영개선대책을 보고하면서 오는 2013년이면 흑자 전환이 가능하다고 밝혔습니다.

2. 건설교통부는 이 자리에서 해마다 1조원 이상의 적자가 발생해 2009년에는 누적 부채가 10조 원에 달할 것이라며 문제의 심각성에 대해서는 공감하는 입장이었습니다.

3. 건교부는 그러나, 적극적인 마케팅과 경영혁신, 부대사업 등 철저한 자구노력이 진행된다면 2013년까지 모두 3조 8천억 원의 추가 수입을 달성할 수 있을 것이라고 보고했습니다.

4. 또 고속철도 부채에 대한 이자를 지원하고, 벽지노선 운행 손실 등에 대해 적정하게 보상할 경우 앞으로 5년 동안 1

조 원 규모의 정부지원이 필요하다는 입장을 밝혔습니다.

5. 정부도 나름대로 대책을 세우고 있다는 얘기인데요, 문제는 이러한 갖가지 제반 사항들이 철도청이 공사화되기 이전에 왜 마무리가 되지 않았느냐는 것입니다.

6. 결국 국민들 입장에서 볼 때는 정부 부처들 사이의 미흡한 협조와 늑장 대응으로 애꿎은 혈세만 낭비되는게 아니냐는 우려가 높아지고 있습니다.

(CBS 대전방송 조성준 기자)

소 갑제11호 증 (생략)

철도공사에 대한 웃기는 경영평가

주간한국, 2006년 7월 10일자 보도

　　기획예산처가 지난 6월 19일 발표한 '2005년도 정부투자기관 경영평가 결과' 발표에서 철도공사가 꼴찌를 기록한 데 대해 철도공사 직원들이 반발하는 등 파문이 좀체 가라앉지 않고 있다.

　　평가 결과에 노조측이 공식 반박 광고를 내는가 하면, 급기야는 철도공사의 한 임원이 '항거'의 표시로 사의를 표하는 등 진통이 계속되고 있다.

　　철도공사의 김용석 감사는 지난달 말 '기획예산처의 철도공사에 대한 조치는 부당합니다'라는 성명을 발표하고 감사직에서 사퇴하겠다는 의사를 밝혔다. 2004년 1월 임기를 시작한 지 1년 반 만으로, 잔여 임기를 1년여 남겨놓은 상태에서의 단안이다.

　　김 감사가 사퇴를 결심한 이유는 기획예산처의 철도공사에 대한 경영 평가에 대해 승복할 수 없다는 것. 정부투자기관에 몸담고 있는 조직인으로서 상위 정부 기관의 처사에 공식 항의를 할 수 없어 '야인(野人)'의 신분으로 되돌아가 할 말은 하겠다는 의지의 표시인 것이다.

　　지난해 철도청에서 정부투자기관으로 전환한 철도공사는

이번에 기획예산처가 발표한 14개 공기업 평가에서 70.46점을 얻어 최하위를 기록했다. 이 평가에서는 토지공사가 83.39점으로 가장 높은 점수를 받았고, 다음은 한국전력, 도로공사 등의 순이었다.

평가 결과에 따라 철도공사 직원들은 올해 200%의 상여금만을 지급받게 됐고, 이는 1위인 토지공사의 500%와는 300%포인트나 차이가 난다. 상여금 문제를 떠나 철도공사와 임직원들은 "앞으로 최소 1년간은 최하위 경영 성적을 기록한 공기업이라는 꼬리표를 달고 다녀야 한다는 부담을 안게 됐다"며 불편한 심정을 감추지 못하고 있다.

김용석 감사 '항거' 표시로 사의

이에 대해 철도공사 임직원들이나 사의를 결심한 김 감사는 "기획예산처의 평가 자체가 잘못됐다"거나 "전체 평가가 무의미하다"고 주장하는 것은 결코 아니라는 점을 분명히 하고 있다. 다만 "철도공사는 적어도 지난해 경영평가를 다른 13개 정부투자기관과 함께 받을 대상이 아니다"라는 논리는 절대 굽히지 않고 있다.

이미 김 감사는 지난해 9월 '한국철도공사, 무엇이 문제인가?'를 주제로 한 강연 및 이사회 대상 토론보고회에서 "철도공사는 2005 경영평가 대상에서 우선 제외되도록 조치돼야 한다'는 것을 과제로 제시했다.

알만한 사람들이나 기관 사이에서는 '2005 경영평가에서 철도공사가 꼴찌를 할 것'이라는 점이 충분히 예견된 상황이었기 때문이라는 것이다.

이에 대해 김 감사는 "지난해 공사로 갓 출범한 철도공사가 20년 이상 경영평가를 받아온 다른 정부투자기관들과 동일한 조건에서 평가를 받고, 동일한 기준으로 그 결과에 따른 조치를 적용받는 것은 부당하다"고 주장한다.

특히 "이철 사장을 비롯한 지금의 경영진은 지난해 6월에야 출범, 한 해 전체의 경영평가를 받을 대상이 되지 못한다"고 그는 강조한다.

"이 사장은 지난해 6월 30일 부임했다. 그 전 6개월은 유전 파동으로 대표이사 자리도 공석이었고 그야말로 정상 상태가 아니었다." 김 감사는 "이후에도 신임 사장이 업무 파악하는 데 2~3개월, 또 임직원 인사와 조직 개편에 많은 시간을 보냈다"며 어떻게 경영성적을 논할 수 있는 입장이 되느냐고 항변한다.

"때문에 이 사장이 이번 평가와 관련, 책임을 지겠다는 것을 내가 말렸다. 철도업무 정상화 등 공사의 앞날과 관련, 더 큰 일이 앞에 기다리고 있으니 그 문제부터 처리하는 것이 급선무이기 때문이었다." 김 감사는 "이런 일이 생길까봐 애초부터 이 사장이 부임하는 것도 개인적으로는 말리고 싶었다"고 말한다. 괜한 덤터기만 쓰는 것 아닐까 하는 염려에서였다.

또 공기업의 경영평가 방식에 대해서도 철도공사 임직원들은 이의를 제기한다. 기획예산처는 이번 평가를 상대평가로 시행 '전년 대비 해당 기관의 개선도를 평가하는 것'이라고 밝혔다.

하지만 김 감사는 "철도공사는 상대적인 개선 노력을 평가

한다는 원칙이 이미 근거를 상실했다"고 주장한다. 지난 해 이전, 즉 2004년까지는 철도공사가 아닌 철도청 시절인데 그것을 기준으로 상대평가를 한다는 것은 어불성설이라는 것이다.

"2004년은 철도청에서 경영"

"툭 터놓고 말해 2004년 철도청 경영은 누가 했나. 정부가 한 것 아닌가. 그럼 정부 책임이지 그게 왜 철도공사 임직원들이 감당해야 하는 부담이 될 수 있나?" 김 감사는 "철도공사를 출범시키면서, 자회사를 방만하게 설립하고 철도 부채 등을 부당하게 철도공사에 떠안겨 놓고 눈감고 지낸 기관이 누군데…" 라고 반문한다.

철도공사가 아니라 정부가 책임져야 할 사항이라는 암시인 셈이다. 때문에 "철도공사 경영평가를 2년간 유예하거나 예비 평가 기간을 갖는 것이 타당했다"고 그는 항변한다.

철도공사 노조 또한 기획예산처의 평가에 반발, 신문에 반박 광고를 게재하는 등 항의하고 있다. 철도청 직원으로서 드러내놓고 정부의 경영평가에 불복할 수는 없지만, 2만 2천여 현 노조원 대부분이 과감하게 사표를 내던진 김 감사와 같은 심정이라는 것이다.

이번 평가를 둘러싼 철도공사 문제는 3만여 명의 직원을 거느린 거대조직 철도공사의 정체성 확립과도 결코 동떨어져 있지 않다.

공사로 전환한 철도공사가 무려 11조원의 부채를 떠안고 있으며, 이는 결국 경영정상화에 커다란 걸림돌로 작용하는 있는 것이 사실이다. 또 정부에서 철도공사의 구조조정을 앞두고 사전 정지작업을 펴고 있다는 소문도 돌고 있는 상황.

"감사직을 사퇴하는 것은 경영평가 결과에 대한 책임을 지려는 것은 물론 아니다. 책임질 일도 없고, 부끄럽지도 않다. 우리 모두는 최선을 다했다." 김 감사는 "지금 사퇴하는 것은 조금 더 자유로운 위치에서 국가 운영을 감시하고 문제들을 해결하고, 낡은 관행에 젖어있는 일부 관료들의 잘못을 시정하기 위한 활동을 하기 위해서"라고 못박는다.

실상을 제대로 이해하지 않고, 주어진 규정만 기계적으로 준수하려는 무사안일한 정부의 행태가 근본적으로 변화되지 않고서는 국정운영은 향후에도 난맥상만을 노정하게 될 것이라고 생각하기 때문이다.

이달 말 사표가 수리되는 대로 김 감사는 평범한 시민의 입장에서 철도 문제를 다룰 계획이다. 다음달부터 '국가운영전략연구센터'를 열 계획인 김 감사는 "그 동안 철도정책을 접하면서 뼈저리게 느낀 점 등을 토대로 한국 철도의 미래와 국가 운영 방식에 대한 조언들을 쏟아내겠다"고 포부를 밝혔다.

(박원식 차장 parky@hk.co.kr)

제 5 장

살며 생각하며

인생 행로를 결정지은
'한국문제연구회'

김영준 선배로부터 원고 청탁이 들어온 것은 며칠 전이다. 한국문제연구회 창립 기념으로 그 동안의 행적에 대한 회고담을 써달라는 것이 김 선배의 주문이다. 자기가 무슨 책 출판 책임자를 맡았다나 뭐라나…

8개월 간의 청와대 생활을 청산하고 11월 5일자로 사직한 마당이었고, 부평에서 출마를 위한 경선 준비로 정신이 없는 와중에서였다.

한국문제연구회!

이름만 들어도 너무나 가슴이 져며온다. 개인적으로는, 너무나 많은 빚을 진 써클이 한국문제연구회다. 내 운명이 험로를 향하도록 바꾸어 놓은 이름이다. 거절하기 어려워서 잠시 짬을 내서 몇 글자 옛일을 적어보기로 하고 응락하였다.

'당신의 조국 한국을 알자'

연세대학교 한국문제연구회가 내건 슬로건이다.

내가 이 써클에 가입한 것은 1970년 3월이었다. 나는 원래 온순한 성격으로, 아버님은 경찰서장이었고 어머님은 교사였다. 고교 시절, 집안 형편 때문에 몇 차례 집을 나가기도 하고 그랬지만, 나는 그저 그런 평범한 학생이었다.

연세대학교 정외과에 입학해서도 뭐 별 다른 인생의 목표 같은 것도 없었던 것으로 기억된다. 그저 조용히 구멍가게나 하면서 살아가야지 하는 정도로 생각하던 시절이었다. 그런데 내 인생의 항로를 결정한 결정적인 사건이 발생했다. 1970년 4월 어느 봄날이었다.

입학하던 해 봄에 우리 과에서는 이화여자대학 영문과 학생들과 미팅을 하기로 하였고, 20쌍이 현충사 나들이를 한 것은 바로 4월 19일이었다. 정확한 기억이 나는 것은 아니지만, 그럭저럭 어울려서 하루를 보냈던 것 같다.

문제는 며칠 후 일어났다. 한국문제연구회 선배 모씨가 4.19날 무엇을 했냐고 물어서, 미팅을 했다고 했더니 "그 날이 무슨 날인지 아느냐"면서 대뜸 화를 내는 것이었다.

4.19가 이승만 독재에 맞서서 학생들이 시위를 일으킨 날이라는 것을 알게된 나는 무척이나 창피했고, 자존심이 구겨져서 며칠을 번민했다.

목숨 바쳐 민주주의 하자고 학생들이 나섰던 그 날에 미팅이나 가다니… 이 사소한 사건이 내 인생행로를 결정지어 버렸다. 그 후 나는 강의실에는 안 들어가도 한국문제연구회 주간토론에는 빠지지 않는 단골 학생이 되었다.

독서토론에서 읽은 책들 중에서, 특히 지금도 기억이 생생한 책은 E.H.Carr의 〈역사란 무엇인가?〉였다. 아마도 20회 이상을 읽었던 것 같다. 지금도 내가 가장 좋아하는 책이 되었다. 지금도 가끔 왜 이 책을 내가 그렇게 좋아하는지 생각하곤 한다.

Carr는 역시 역사를 꿰뚫는 어떤 안목이 있는 것 같다. 러시아사를 전공하고 외교관을 지낸 탓인지, Carr는 논리전개가 결코 무리하지 않고 설득력 있는 톤으로 상대적인 입장에서 논리를 구사한다. 그래서 내가 Carr를 좋아하는 것 같다.

돌이켜 보면, 얼마나 많은 이상적인 주장과 억지 논리가 운동권에 횡행했는가? 비교적 순리적으로 세상을 살아오려고 노력했고, 아직도 운동적 이상을 포기하지 않았다고 자부하는 내 힘의 원천은 한국문제연구회와 Carr에게서 비롯되었던 것 같다.

문과대학 지하4호에 한국문제연구회 사무실이 있었다. 나는 강의실보다는 이곳 지하4호와 학생회관에서 더 많은 세월을 보냈다.

그때는 '가리방' 시대였다. 여인숙에서 석필같은 것으로 스텐실을 긁어서 일일이 손으로 등사를 했다. 밤새 긁어도 4,000장이 힘들었다. 특히 석필이 강하게 작동한 부분은 잉크가 배어나와서 글자가 망가지기 일쑤였다. 500장도 못 견디는 경우도 있었고, 해서 인쇄물이 여간 지저분한 것이 아니었다. 새벽이 어슴프레 밝아오면 백양로에서 이 전단을 등교하는 학생들에게 나누어주었다.

그때는 짭새들이 학교에 상주하던 시절이었다. 짭새들에게 식사 대접을 받으면서 향후 계획 등을 취재당했던 일이며, 최충

구랑 곽화섭이랑 김판수랑 넷이서 학생회관 앞 잔디에서 소주 4홉 대자를 나누어서 '원샷'하고 그대로 취침했던 일이 생각난다. 나중에 경찰서에 끌려갔을 때 짭새들이 이 사실을 이야기해 주면서 한 대씩 쥐어박더라.

당시 여학생 처장이셨던 심치선 교수님(나중에 이화여고 교장)이 주신 용돈으로 끼니를 때우고 했던 일이 '증말로' '증말로' 아삼삼하게 생각난다. 인생은 온통 잿빛 그림자로 가득차서, 고래고래 소리를 질러대도 무언가 막힌 가슴이 여전히 허전하기만 했던 그러한 세월이었다.

1970년 11월에는 전태일 열사의 분신 소식을 접하고, 중간고사도 포기하고 '전태일을 살려내라'는 플래카드를 들고 교내를 시위했던 기억도 난다.

모란공원!

어쩌다 보니 최근에는 못 가보았는데, 시간을 내서 꼭 한 번 가보아야겠다. 아직도 싸움은 계속되고 있건만 뭔 일이 그리 바쁘다는 것인지 시간을 못 내고 있다…

1971년 여름은 진짜로 악몽이었다. 군사훈련 반대 데모로 비몽사몽하며 지내던 시절이었는데, 최충구가 소공동에서 추락사하는 사건이 일어났다. 자살은 아닌 것 같은데, 타살도 아니란다. 아 미치겠다.

10.15 위수령으로 강제 징집되어서 논산 26사단에서 ASP로 훈련을 마치고 전방에 배치되었는데, 완전히 지옥 훈련이었고, 찍어서 봐주던 세월이었다. 살아 나온 것이 다행이다.

며칠 전에 한겨레신문 논설위원인 이원섭이랑, 깡이빨 박홍석이랑, 대머리 한학자 이광호랑, 금융가의 보스 최명의랑, 백수건달 최회원이랑, 28사단 팀이 마포 횟집에 모여서 한 잔 껴었었다. 군대 이야기 엄청 하게 된다. 그것도 추억이라고…

　　스토리가 어째 요상하게 나가는 것 같다.

　　지금도 조금 답답하다. 30년 세월이 흘러갔는데도 아직도 답답한 현실이다. 웬 이라크에 군대는 보낸다는 것인지… 돈 많은 분들은 아직도 돈 주체를 못하고 있고(이재용 재산이 1조 가깝단다), 자살하는 가장은 또 왜 그리 많은지?

　　나이 60이 다 되어 가는데(약간 과장됨) 아직도 사는 맛이 영 안 난다. 그래서 도전은 쭈-욱 계속되는가 보다. 지역에 다시 도전장을 낸다. 인천시 부평구다. 지난 88년 출마했던 곳이다. 주변에서는 90%가 반대다. 어려운 선거라는 것이다.

　　그러나 뛴다.

　　뛰는 맛이 사는 맛이다.

　　결과는 중요하지 않다.

　　새로운 방식으로, 김용석이라는 브랜드로 평가받고 싶다.

긴급조치 9호를 재심하라

재심청구서

재심대상판결 서울형사지방법원 75고합654 대통령 긴급조치 제9호 위반

청 구 인
1. 이명준
2. 김용석
3. 조성우
4. 강기종
청구인들의 소송대리인 별지 명부와 같음

재심청구 취지

서울형사지방법원 75고합654 대통령 긴급조치 제9호 위반 사건에 대하여 재심을 개시한다라는 결정을 구합니다.

재심청구 이유

1. 청구인의 지위

청구인들은 대통령 긴급조치(이하 '긴급조치'라 함) 제9호 위반죄로 기소되었고, 서울형사지방법원(재판장 심훈종, 조용두, 양승태 판사)은 1975. 12. 2. 청구인들을 비롯한 공동피고인들[1]이 '현행 헌법은 무효이며, 유신헌법에 근거를 둔 비상조치는 무효이다'라는 주장에 대하여, '현행 헌법 및 이에 바탕을 둔 긴급조치 9호는 사법적 심사의 대상이 되지 아니할 뿐만 아니라 현행 헌법을 무효라고 볼 아무런 이유가 없다'면서 피고인들의 주장을 배척하고, 청구인 이명준, 청구인 김용석에 대하여 징역 8년, 자격정지 8년, 청구인 조성우에 대하여 징역 7년, 자격정지 7년, 청구인 강기종에 대하여 징역 4년, 자격정지 4년을 선고한 것을 비롯하여, 당시 20여 명의 피고인들에 대하여 실형 또는 집행유예의 형을 선고하였습니다.

청구인들 중 청구인 조성우가 다른 일부 피고인들[2]과 항소를 하였는데 항소심인 서울고등법원(한정진, 정현식, 김종배 판사)은 위 청구인의 항소를 기각하였고, 위 청구인을 비롯한 일부 피고인[3]의 상고[4]에도 불구하고 대법원(이일규, 홍순엽, 양병호, 강안희 대법관) 또한 상고를 모두 기각하여 원심판결을 확정하였습니다.

청구인들 모두 1심 내용대로 형이 확정되어, 청구인 이명준은 (   )까지, 청구인 김용석은 (   )까지, 청구인 조성우는 (   )까지, 청구인 강기종은 (   )까지 각 복역하였습니다.

2. 재판관할의 문제

재심의 관할은 원판결의 법원입니다(형사소송법 제423조).

청구인 이명준, 김용석, 강기종은 상소를 하지 않았고, 청구인 조성우는 상고까지 하였으나 대법원이 원심 그대로 확정하였으므로, 청구인들에 대한 재심 청구 사건의 관할은 서울형사지방법원[5]인데, 다만 위 법원은 1995.3.1에 서울민사지방법원과 통합되어 서울지방법원으로, 다시 2004.2.1 법원조직법 개편으로 서울중앙지방법원으로 통합, 변천되었는바, 결국 이 사건 청구인들에 대한 재심관할은 서울중앙지방법원이라 할 것입니다.

3. 재심 대상 판결이 인정한 범죄 사실의 요지 및 적용 법조

가. 재심 대상사건 범죄사실의 요지

재심 대상 판결인 서울형사지방법원의 판결(1975. 12. 2. 선고 서울형사지방법원 75고합654 대통령 긴급조치 제9호 위반사건)에서 인정된 청구인들에 대한 범죄 사실의 요지는 다음과 같습니다.

피고인들은 평소 정부의 제반시책에 대하여 불평불만을 느껴왔으며 특히 피고인 심지연, 동 조성우 등은 현행(유신헌)법은 1인의 장기집권을 위한 것이므로 진정한 민주주의를 구현하기 위하여 현 정권이 물러가고 현행헌법은 철폐되어야 한다고 오신

하고,

　1975. 5. 3. 20:00 경부터 동일 23:00경까지 서울 명동성당 구내 사제관 1층에 있는 신부 이기정의 방에서 7인 기획위원회를 조직하고 현행헌법 철폐 및 현 정권의 퇴진이 실현될 때까지 반정부 학생운동을 부단히 감행할 것을 기도하여 오던 중

　1975. 5. 13. 15:00를 기하여 국가안전과 공공질서의 수호를 위한 대통령 긴급조치 제9호가 선포, 즉시 발효되어 일체의 유신반대운동이 금지되었음에도,

　제1. 피고인 이명준, 김용석, 조성우 등 '7인 기획위원회' 위원들은,

　(1) 가. 1975. 5. 13. 20:00경부터 동일 22:00경까지 위 이기정 방에서 전원이 회합하고 긴급조치 9호 발동에 따라 헌법개폐운동을 위한 계획은 관망하면서 보류하되 비밀연락을 유지하면서 동조세력을 규합하는 활동을 계속하기로 하고, 비상시 연락장소, 연락방법, 암호명 등을 정하고, 계속하여 매주 수, 일요일 19:00에 위 이기정 방에서 회합하되 동소가 위험해지면 궁전다방에서 회합하기로 합의하고,

　나. 동년 동월 15. 19:00경부터 동월 21.경까지 위 이기정의 방에서 피고인 한경남을 제외한 전원이 회합, 차후 행동 방향을 논의하던 끝에 동 이기정으로부터, 침묵시위가 현시기 적절한 방법이라는 등의 말을 듣고 전원이 이에 동조하고,

　다. 동년 동월 18. 19:00경부터 동일 21:00경까지 위 이기정 방에서 전원이 회합하고 각 대학간의 분위기에 관한 정보교환

등을 하고, 시위를 이용하여 헌법을 부정 반대하고 그 개폐를 주장, 선동한 것을 음모 예비하고,

(2) 가. 동년 동월 22. 22:00경부터 그 다음 날인 23. 02:00까지 위 이기정 방에서 피고인 김용석을 제외한 전원이 회합하고, 심지연이 동일 13:00경 서울대 교정에서 감행된 서울대생들의 시위 상황을 목격한 대로 설명하고, 헌법을 부정, 비방하고 그 폐지를 주장 선동하는 내용으로 된 '반독재투쟁선언문' 이라는 제하의 유인물과 김상진에 대한 '조사 및 조시' 등을 각 1매씩을 소지하고, 헌법철폐를 요구하는 서울대 데모를 계승하여 "고대와 연대 등 타 대학도 조속한 시일내에 시위를 계속하도록 하자"고 제의하여 이에 전원이 찬동하고, 각 대학별 데모 일정과 시위 시 이슈를 정하고, 1975. 2. 재미교포신문 코리아 저널지에 게재된 전 서울대학교 총장 유기천 집필의 '독재는 적화의 황금교' 및 1974. 4. 28.자 미국 주간지 '타임' 에 게재된 "워싱턴으로 부터의 견해, 추악한 사태가 벌어질 것인가" 라는 제하의 헌법을 부정 반대, 비방하고 그 개폐를 주장 선동하는 각 유인물을 각 대학 시위시 살포하기로 하고, 시위일정 및 방법 등을 논의하고, '반독재 투쟁선언문' 과 '조사, 조시' 를 다량으로 복사해서 타 대학 학생들에게 배포하기로 합의하고, 피고인 강기종에게 피고인 김용석에게 위와 같은 내용을 전달하도록 종용하고 그 동의를 얻고,

나. 동년 동월 25. 19:00경부터 동일 22:00경까지 명동성당 구내 사제관 1층에 있는 이기정 사무실에서 박홍석을 제외한 전원이 회합하고 고대 시위시에는 미리 준비해둔 '독재는 적화의

황금교'라는 제하의 유인물 100매를, 연대 시위시에는 '워싱턴으로부터의 견해, 추악한 사태가 벌어질 것인가'라는 제하의 유인물 150매를 각 살포하기로 합의하고,

(3) 피고인 이명준은 동년 동월 27. 21:00경부터 그 다음 날인 28. 09:00경까지 위 이기정의 방과 명동성당 구내 교사연합회 사무실에서 심지연이 입수해 온 '반독재투쟁선언문' 제하의 유인물에다 서울대학교 시위 소식과 시위 학생들의 연행 및 제명 소식을 알리는 내용을 기재하여 헌법을 부정 반대 비방하고 그 개폐를 주장 선동하는 내용의 표현물을 제작하고 (중간 생략)

제4. 피고인 이명준은

(1) 1975. 5. 27. 21:00경 이기정의 방에서 최열과 회합하고 강원대학교 시위에 대한 동의를 얻음으로써 헌법개폐 주장을 음모하고,

(2) 동년 동월 23.경부터 동월 28.경까지 서울 종로구 원서동 86-26 소재 그의 집에서 '독재는 적화의 황금교', '격 김상진 열사의 불멸', '혈맥창간호' 등 헌법을 부정 반대, 비방하고 그 개폐를 주장하는 내용의 표현물을 보관하면서 소지하고,

제5. 피고인 김용석은

(1) 1975. 5. 23. 18:00경 서울 서대문구 신촌로타리 근처에서 이문영에게 장차 있을 연대생 시위시에 연락하면 가담하라고 권유하여 그 동의를 얻고,

(2) 동년 동월 24. 16:00경 연세대학교 상과대학 앞 벤치에

서 이창훈에게 '7인 기획위원회' 일정에 따라 유신헌법 철폐 등을 요구하는 시위를 강행할 때 사용할 유인물을 등사케 하고 학생동원 등을 책임질 김태관을 찾아 마리아상 앞으로 나오도록 연락하라고 부탁하고,

(3) 동년 동월 26. 13:00경 동 대학교 문리과대학 교사 앞에서 이상문에게 계획 중인 시위에 동인을 적극 가담하도록 포섭할 목적으로 동일 20:00에 명동성당 문화회관에서 만나기로 약속하여 연세대학교 학생들을 동원하여 시위의 수단으로써 헌법 개폐를 주장할 것을 음모하고 (중간생략)

제8. 피고인 강기종은 1975. 5. 22. 22:00경부터 23:00경까지 이기정의 방에서, 피고인 이명준, 조성우 등 '7인 기획위원회'가 서울대 데모 후속으로 고려대, 연세대, 외국어대 등에서도 순차로 유신헌법 철폐를 요구하는 시위를 전개한다는 결정 사항을 듣고 연세대 시위 계획을 피고인 김용석에게 전달하여 동인과 연세대 시위를 준비하도록 하라는 요청을 받고 이에 동의함으로써 동인들과 연세대학교 학생들의 시위로써 헌법 철폐를 주장할 것을 음모하였다는 것입니다.

나. 적용 법조

재심 대상 판결은,

피고인 이명준에 대하여는 판시 제1의 (1) 각 소위에 대하여 긴급조치 제7항, 제1항 (나)호를, 판시 제2의 (가), (나)의 각 소위에 대하여 긴급조치 제7항, 제1항 (다)호를 적용했고,

피고인 김용석 대하여는 판시 제1의 (1) 각 소위에 대하여 긴급조치 제7항, 제1항 (나)호, 판시 (2)의 (나) 소위에 대하여 긴급조치 제7항, 제2항을, 판시 제5의 각 소위에 대하여 긴급조치 제7항, 제1항 (나)호를 적용했으며,

피고인 조성우에 대하여는 판시 제1의 (1) 각 소위에 대하여 긴급조치 제7항, 제1항 (나)호, 판시 (2)의 (가), (나) 각 소위에 대하여 긴급조치 제7항, 제1항 (다)호 등을 적용하였고,

피고인 강기종에 대하여는 판시 제8의 소위에 대하여 긴급조치 제7항, 제1항 (나)호를 적용했습니다.

해당법조는 아래와 같습니다.

국가안전과공공질서의수호를위한대통령긴급조치

[제정 1975.5.13 대통령긴급조치 제9호](1975. 5. 13. 시행)

제1항 : 다음 각 호의 행위를 금한다.

나. 집회 · 시위 또는 신문, 방송, 통신 등 공중전파수단이나 문서, 도화, 음반 등 표현물에 의하여 대한민국 헌법을 부정 · 반대 · 왜곡 또는 비방하거나 그 개정 또는 폐지를 주장 · 청원 · 선동 또는 선전하는 행위.

다. 학교당국의 지도, 감독하에 행하는 수업, 연구 또는 학교장의 사전 허가를 받았거나 기타 의례적 비정치적 활동을 제외한 학생의 집회 · 시위 또는 정치 관여행위.

제7항 : 이 조치 또는 이에 의한 주무부장관의 조치에 위반한 자는 1년 이상의 유기징역에 처한다. 이 경우에는 10년 이하의 자격 정지를 병과한다. 미수에 그치거나 예비 또는 음모한 자도 또한 같다.

4. 재심 사유

가. 재심 대상 판결은 유신 헌법 제53조에 따라 제정된 긴급조치 제9호를 적용하여 청구인들에게 유죄 판결을 선고한 것입니다. 재심 대상 판결에 적용된 긴급조치 제9호 제1항, 제7항은 전술한 바와 같고, 유신헌법 제53조는 다음과 같습니다.

유신 헌법 제53조
제1항 대통령은 천재 · 지변 또는 중대한 재정 · 경제상의 위기에 처하거나, 국가의 안전보장 또는 공공의 안녕질서가 중대한 위협을 받거나 받을 우려가 있어, 신속한 조치를 할 필요가 있다고 판단할 때에는 내정 · 외교 · 국방 · 경제 · 재정 · 사법 등 국정전반에 걸쳐 필요한 긴급조치를 할 수 있다.
제2항 대통령은 제1항의 경우에 필요하다고 인정할 때에는 이 헌법에 규정되어 있는 국민의 자유와 권리를 잠정적으로 정지하는 긴급조치를 할 수 있고, 정부나 법원의 권한에 관하여 긴급조치를 할 수 있다.
제3항 제1항과 제2항의 긴급조치를 한 때에는 대통령은 지체없이 국회에 통고하여야 한다.
제4항 제1항과 제2항의 긴급조치는 사법적 심사의 대상이 되지 아니한다.
제5항 긴급조치의 원인이 소멸한 때에는 대통령은 지체없이 이를 해제하여야 한다.

제6항 국회는 재적의원 과반수의 찬성으로 긴급조치의 해
　　　제를 대통령에게 건의할 수 있으며, 대통령은 특별한
　　　사유가 없는 한 이에 응하여야 한다.

나. 그런데 유신헌법 제53조와 그에 따라 제정된 긴급조치
제9호는 모두 헌법에 어긋나는 것입니다.

다. 먼저 유신헌법 제53조는 대통령을 제외한 모든 국가 기
구 및 국민의 기본권을 본질적으로 제한하는 초헌법적 긴급조치
제정권을 대통령 1인에게 부여하고, 일단 발동된 긴급조치에 대
하여는 사법심사마저 배제하고 있습니다. 이는 민주주의의 핵심
적 원리인 권력 분립주의, 국민 주권주의, 기본권 존중주의, 사
법부의 재판권 등을 부인하는 것으로서 헌법상 용인될 수 없는
것입니다.

라. 한편 유신헌법 제53조에 따라 제정된 긴급조치 제9호는
그 근거가 되는 유신헌법 제53조가 헌법에 어긋남으로써 그 자
체로 위헌입니다. 특히 긴급조치 제9호는 유신헌법과 긴급조치
의 비판을 금지하는 등 본질적 기본권인 표현의 자유를 말살하
고, 법관의 영장없이 국민들을 체포, 구금할 수 있도록 하는 등
기본적 인권을 형해화시켰습니다. 따라서 이 조항은 위헌의 규
정임이 명백하므로, 헌법재판소법 제47조 제2항("위헌으로 결
정된 법률 또는 법률의 조항은 그 결정이 있는 날로부터 효력을
상실한다. 다만 형벌에 관한 법률 또는 법률의 조항은 소급하여
그 효력을 상실한다")과 제3항("제2항 단서의 경우에 위헌으로
결정된 법률 또는 법률의 조항에 근거한 유죄의 확정판결에 대

하여는 재심을 청구할 수 있다")에 의한 재심 사유가 있다고 할 것입니다.

5. 형사소송법 제326조 제4호(법령 개폐로 형이 폐지되었을 때 면소의 판결 선고)의 적용 여부

가. 재심 대상 판결에서 유죄 인정시 적용한 긴급조치 제9호는 1980. 10. 27. 제정된 구 헌법이 시행되면서 그 근거가 된 유신헌법 제53조와 함께 자동 폐지되었습니다. 이에 따라 "범죄 후의 법령 개폐로 형이 폐지되었을 때" 판결로써 '면소의 선고'를 하도록 규정하고 있는 형사소송법 제326조 제4호가 재심 대상 판결의 재심 절차에서 적용되는지 검토해 봅니다.

나. 형사소송법 제326조 제4호는 공소 제기후 유죄 또는 무죄의 종국 판결 이전에 법령의 개폐로 형이 폐지되어 피고인의 이익을 위해 또는 소송 경제상 실체 판단을 해야 할 필요가 없는 경우 간이하게 면소의 선고를 함으로써 공판을 종료하는 제도입니다.

다. 그런데 재심의 경우는 이미 과거에 실체 판단을 모두 거쳐 확정된 종국 판결에 대해 과거의 판결이 잘못되었다고 판단된 경우 재심을 개시하여 새로운 소송절차를 거쳐 무죄를 선고하는 경우로서 재판의 성격이 근본적으로 다릅니다. 즉 재심의 경우 무죄의 판결은 면소의 선고와는 비교할 수 없는, 피고인을 위한 본질적인 법률상의 이익이 있습니다.

라. 이 점은 위헌으로 결정된 법률 또는 법률의 규정에 근거

한 유죄의 확정 판결에 대하여 재심을 청구할 수 있도록 한 헌법재판소법 제47조 제3항의 경우에도 마찬가지입니다.

　마. 따라서 형사소송법 제326조 제4호는 재심 대상 판결에는 해당되지 않으므로, 면소의 선고가 아닌 무죄의 판결을 선고해야 할 것입니다.

6. 결 론

　청구인들은 재심대상 사건 당시 대학생으로서 동료 대학생들과 함께 학내에서 정치의 민주화를 요구하는 시위에 참여하였다가 체포되어 유죄 판결을 받고 장기간 투옥되는 등 초헌법적인 긴급조치 제9호 위반으로 엄청난 고통을 겪었습니다. 이처럼 기본권을 유린당한 청구인들에 대하여 과거의 억울하게 받은 잘못된 판결을 바로잡고 무고함을 선언하는 것은 청구인들의 잃어버린 명예를 되살려냄과 동시에 사법권의 민주적 회복을 위해서도 반드시 필요한 일입니다. 그러므로 재심 대상 판결에 대하여 재심을 개시하는 결정을 내려 주시기 바랍니다.

2009. 9.

청구인 소송대리인 **법무법인 한결**

담당변호사 이 상 희

서울중앙지방법원 귀중

----

[1] 재심대상사건의 공동 피고인은 청구인들을 비롯하여 심지연, 박

홍석, 한경남, 선경식, 김헌웅, 박계동, 이정국, 정민수, 이명복, 우영제, 송영길, 박진선, 최열, 서상섭, 이석동, 장성효 등 20명입니다.

[2] 당시 항소했던 피고인은 청구인 조성우를 비롯, 여석동, 정민수, 서상섭, 최열, 김헌웅, 이명복, 장성효 등 8명이었습니다.

[3] 당시 상고했던 피고인은 청구인을 비롯, 정민수, 서상섭, 최열, 김헌웅 등 5인이었습니다.

[4] 당시 상고한 청구인을 비롯한 공동 피고인들은 고장난 국법체계를 바로 잡아야겠다는 의지의 표현이었으므로 죄가 되지 아니한다(청구인 조성우), 민주주의와 정의실현을 위해 반대주장을 한 것이다(정민수), 공소사실은 허위이고 민주기본질서에 입각한 국민의 기본권을 행사한 것뿐 죄가 되지 아니한다(최열)라고 주장하였으나, 대법원은 긴급조치 9호가 위헌무효라 함을 근거로 하는 주장은 이유없다면서 이를 배척하였습니다.

[5] 서울지방법원은 1963.7.1. 서울형사지방법원, 서울민사지방법원으로 나뉘었는데, 이는 법원의 권한을 의도적으로 나누기 위한 정치적 의도였다는 의견이 있습니다.

양보론에 대한 단상

오는 6월 2일 지방선거를 앞두고, 민주 제 정파 사이에 연합 정치에 대한 논의가 한창이다. 이명박 정권의 역주행을 저지하기 위해서는 작은 차이를 극복하고 대동단결하자고 한다. 선거에서의 연합은 결국은 후보단일화로 귀결되는데, 무조건 최강자 중심으로 뭉치자고 하면, 나머지는 들러리를 서는 꼴이 되는 셈이어서 '묻지마 연합은 안 된다'는 목소리도 높다.

단일화 논의

정치권에서 후보단일화 논의는 1987년 6월항쟁으로 조성된 대통령 선거에서 김영삼-김대중 두 후보가 모두 대통령이 되려고 경합하는 상황에서 비롯되었다. 밀실에 두 분이 들어가서 담판을 짓고 나오라는 주문에서부터, 알 만한 분이 양보해야 된다는 주장, 상대적으로 진보적인 분으로 단일화해야 한다는 주장에 이르기까지, 다양한 견해가 표출되었었다.

민주당 양보론

최근에는 정치연합을 하려면, 맏형격인 민주당이 양보해야 한다는 것이 민주당에 대한 다른 민주 정파들의 일관된 주문이다. 나 역시 이러한 주장에 100% 동의하지만, 순전히 개인적인 경험만 가지고 말하라면, 솔직히 혼란스러운 심정임을 고백하고 싶다.

평민연으로 정치 입문

나는 1988년 임채정, 이해찬, 김학민 등 98명이 결성한 평민연이라는 조직의 일원으로 평민당에 입당하면서 팔자에도 없는 정치판에 뛰어 들어가게 되었다. 1987년 대선 패배로 위기에 몰린 김대중 세력에게 도움을 주고, 재야인사들이 정치세력화해야 한다는 명분으로 아무 생각 없이 국회의원 출마까지 하게 되었던 것이다.

인천시 북구 갑 지역 출마

내가 출마한 곳은 인천시 북구(부평구가 당시는 북구였다) 갑 지역이었다. 원래 내가 다니던 공장이나 운영했던 샘터서점이 북구 을 지역이었지만, 나는 북구 갑 지역을 선거구로 택했던 것이다. 북구 을은 4공단이 있는 지역이고, 북구 갑은 부평시장과 부평역이 있는 지역이다. 누가 보아도 나는 당연히 북구 을 지역에 출마하는 것이 맞는 것이었다.

북구 을 지역구, 민중당에 양보

그러나, 북구 을에는 대우자동차 출신의 송경평이 민중당으로 출마를 준비하고 있었다. 양김이 단일화를 못해서 87년 대선에서 패배했다고 국민들이 질타하는 상황에서, 내가 북구 을에 출마해서 (당락을 떠나서) 똑같은 욕을 먹을 수는 없다고 나는 생각했다. 그래서, 송경평을 보자고 했다. 두 가지를 이야기했다. 하나는 당신이 잘나서 내가 '양보'하는 것이 아니라는 사실을 명백히 한다는 것이었고, 다른 하나는 비밀을 지켜달라는 것이었다.

공천 지연으로 괴로움 겪어

1988년 4.26 총선의 평민당 공천장은 4월 1일 교부되었다. 그러나 나는 공천장을 받지 못했다. 중앙당이나 지역에서나, 내가 북구 을로 출마하는 것이 너무나 타당하다고 판단하고 있었기 때문이었다. 민중당에게 '양보'했다는 말을 할 수가 없어서, 억지 논리로 내가 갑으로 나가야 하는 이유를 강변하면서 버텼다, 나는 4월 4일에서야 겨우 공천장을 받을 수 있었다. (22년 만에 그 전말을 털어 놓는 것이다)

1991년 지방선거는 출마자가 절대 부족했다

1991년에는 지방의회선거가 처음으로 실시되었다. 당시 김대중 평민당 총재는 지방자치제를 앞당기라는 요구를 걸고 단식투쟁을 했고, 어쨌든 지방선거가 치루어지게 되었다. 막상 선거를 치루려니 출마자가 절대적으로 부족했다. 출마할 사람 찾느라고 아우성이었다. 누가 흙탕물에 발을 담그려고 하겠는가? 정확한 기억인지 잘 모르겠지만 전국적으로 아마도 40% 미만의 출마자를 확보했지 않았나 싶다. 출마자가 전부 당선되어도, 선거 전체적으로는 지는 그런 선거를 치룰 판이었다.

지방자치 하자고 해놓고, 사퇴 압력에 내몰리는 상황

보수 언론들은 선거결과 50% 이상을 차지하는 쪽이 이기는 것이라는 식의 논리를 온통 전파했던 것으로 기억된다. 언론 환경 탓에 힘든 일이었겠지만, (이론적으로만 말하자면,) 그동안 보수세력이 100% 지배해오던 지방 권력이 20%만 우리에게 넘어와도 성공이라는 식의 논리를 폈어야 하는데 그러지 못했다. 김대중 총재는 지방자치 하자고 해놓고, 선거패배에 대한 정치적 책임을 져야하는 상황으로 내몰렸던 것이다.

김대중 총재가 울면서 지방선거 출마를 종용

당시 원외 지구당 위원장들에 대한 징발이 시작되었다. 원외 위원장들은 아무래도 국회의원 출마를 하려는 사람들인데, 단계를 낮춰서 지방선거에 나가라는 것이었다. 김대중 총재 앞에서는 아무 말도 못하다가, 원외끼리 모이면 "잘못하면 한방에 정치인생 끝난다" 숙덕거리기 일쑤였다. 오죽하면, 김대중 총재가 눈물까지 보이고 그랬겠는가?

그래, 나 같은 놈은 나가자. 국회의원이 무슨 가문의 영광이라고. 결과는 참패였고, 나는 또다시 낙선했고, DJ는 은퇴 압력에 시달렸던 것이다.

1992년 총선서는 아예 접수도 안 받아

1991년 지방선거 참패 후, 1992년에 탄생한 것이 통합민주당이다. 총선이 있는 해였는데, 웃기는 것은 공천장 접수를 받으면서 1991년 지방선거 출마자는 원천적으로 배제한다는 것이었다. 나 같은 91년 낙선자는 뒤에서 손가락질 받으면서 92년 총선에는 명함도 못 내미는 처지가 되었던 것이다. 그러니까, 함부로 '양보'하면 안 되는 거야…

한번 밀리니까 계속 밀리더군…

이후, 나는 낙선한 놈, 공천도 못 받은 놈, 심지어는 지방선거에서도 떨어진 놈 등등 낙인이 찍혀서, 정치판에서 이리저리 밀려다니는 처량한 신세로 전락했던 것이다. 변방에서 정치판을 기웃거리던 모진 세월 끝에, 같은 변방 출신인 (나보다는 물론 '고급' 변방이었지만) 노무현 우연히 잘 만나서, 그나마 청와대에 가보기도 했지만 말이다.

물론, 순전히 개인적인 경험담에 불과한 것이기는 하지만, 너 같으면, '양보' 하겠니?

진보야, 객지에서 고생이 많았구나

진보는 우리 모두의 자식이란 말야!

진보야. 너 지금 어디에 있니?

객지에서 뭐하고 있어?

날씨는 점점 추워지는데, 옷은 따스하게 입고 지내기나 하는 거야?

지들끼리만 먹겠다고 아우성인데, 밥은 제때 찾아먹고 있기나 한 거야?

진보야. 너 지금 어디에 있니?

많은 사람들이 너 찾아서 헤매고 있어.

노무현은 네 걱정 하느라 밤잠도 하나 못 잤다잖아. 이해찬도, 한상진도, 김상근도, 김호기도, 유시민도, 이병천도, 정회성도, 박주현도, 여기저기서 너 찾으러 지금 난리가 아니야. 한명숙도 지금 난리야.

용산에서, 남북문제에서, 언론자유에서, 4대강에서, 세종시에서, 민주인사 탄압에서, 노동조합에서, 장바구니에서, 여기저기서 너 찾으러 지금 난리가 아니야.

21살 나이에 군대에 강제 징집되어 가면서, 25살 나이에 교도소에 가면서, 나이 들어 공장에서 일하면서, 어찌 어찌 정치판에서 밀려다니면서, 나도 너 땜에 참 많이 울었어.

그런데, 노회찬-손호철이는 진보가 자기 자식이라며, 자기 자식 건드리지도 말라고 울타리만 치고 있어. 한심해. 참여정부와 노무현이 한미 FTA협정 체결, 이라크 파병, 양극화 현상을 초래한 신자유주의 정권이어서, 네 이름은 꺼내지도 말라는 거지.

나는, 매우 복잡한 사안을 지나치게 단순화시키면 안 된다고 생각해. 최소한, 웃으면서, 기분 좋아서 한 일이 아닌 것만큼은 분명하잖아.

한·미 FTA 문제에 대해서 나는, 개방 없이 세계경제에 참여할 수가 있을까 생각하면서도 우리 사회의 경제 주체들의 견해를 좀더 충분히 수렴하고, 대책을 세워가면서 할 수는 없었을까 정도로 생각하고 있어. 그런데, 의견을 충분히 수렴하는 문제는 관료제와 거버넌스의 문제와 연결되어 있고, 관료제 혁신과 거버넌스 강화는 우리 모두에게 아직도 어려운 숙제잖아?

이라크 파병 문제에 대해서 나는, '세계평화와 질서유지'라는 미국의 주장은 엉터리가 분명하다고 생각해. 어쩌면 미국을 위한 침략전쟁에 동조한 것이 맞을 꺼야. 그런데, 우리가 미국과의 관계가 중요하잖아.

이 무렵 나는 청와대에서 일했는데, 내 책상에는 반전구호가 적혀 있었는데, 미국의 주장에 동조하지 않으면 안 될 것 같은 묘한 압박감 같은 것이 나날이 늘어 가더구만. 먹고 살기 위해서는 때로 범법 행위나 도적질도 불가피한건가? 뭐 이런 기류에 압도되더군…

잘했다는 건 아니고, 힘들었다는 거야.

참여정부가 양극화를 초래했다는 지적에 대해서는 할 말이 없어. 무조건 잘못했어. 지금도 가슴이 아파.

그런데, 구태여 변명하자면, 사실 나는 참여정부 초기에 이헌재를 경제 책임자로 임명하는 데 반대했었지. 성장론자가 어떻게 양극화를 극복할 수 있겠어. 그러나 변형윤으로 대표되는 '중경회(진보적인 경제학자들 모임)'가 현실정치에서는 힘을 못 썼잖아. 이 부분은 왜 그렇게 되었는지, 나는 사실 잘 모르겠어. 좀 따져 볼 필요가 있다고 생각해.

나름대로 해명(?)을 해보았지만, 참여정부와 노무현 그리고 민주당에 대한 이러한 비판은 정당하다고 생각해. 그러나, 그렇다고 해서, 참여정부를 신자유주의 정권이었다고 일방적으로 규정하는 것은 지나치게 단순한 생각이고, 운동에 무지한 독선일 뿐만 아니라 오만방자한 태도라고 생각해.

참여정부와 노무현도 힘들고 어려웠잖아. 고민도 많이 했잖아. 솔직히, 처음 해보는 일이라서 잘못도 많았을 수 있잖아. 뭐가 문제였는지, 많이들 느끼고 있잖아.

그래서, 속죄와 성찰의 뜻으로 참여정부 출신 인사들이 먼저 '하방'해야 한다고 나는 오래전부터 주장해왔고, 아마도 그런 생각을 하고 있는 분들도 많이 있는 것으로 알고 있어.

우리가 하는 일들이 얼마나 복잡하고 어려운 일인지 알아? 인내가 필요하고, 서로 힘을 합치는 일이 절대로 필요하지.

그거 알아? 객지에서 고생하는 진보는 우리 모두의 자식이란 말야.

남북정상회담에 대한 소회

2007년 10월 2일부터 사흘 간 노무현 대통령과 김정일 위원장은 평양에서 남북 정상회담을 했다. 언론 보도에 의하면 우리 국민들은 74%가 '성공적'인 회담이었다고 평가한 것으로 나타나고 있다. 특히 노무현 대통령은 저간의 평판과는 전혀 다른 진중한 모습을 보여 주었고, 20%대를 맴돌던 지지율은 40%대를 넘어선 것으로 나타나고 있다.

남북 정상회담이 끝나자마자 온갖 매체들이 평가와 해설을 내놓았다. 남북정상 회담과 관련해서는 다양한 해설과 토론이 가능할 터이지만, 중요한 쟁점일 수 있는 '개혁 개방' 문제를 심도 있게 제대로 다룬 해설이 부재한 것 같아서 아쉽다.

'개혁 개방'을 왜 노무현 대통령이 김정일 위원장에게 들이대지 않았는가 하는 황당한 주장까지 대학교수라는 사람의 입에서 나오는 정도였으니…

이 문제에 대해서는 노무현 대통령도 (대통령 발언의 전후 맥락을 추론해 보면) 김정일 위원장에 대한 스터디가 부족했던 것은 아닌지, 하는 생각이 든다.

노무현 대통령은 10월 3일 옥류관에서의 남측 방문단 오찬에서, 오전에 있었던 김정일 위원장과의 회담 결과를 설명하면서, "김정일 위원장에게 '개혁 개방'이 좋은 것입니다 라는 식으로 말했더니, 김정일 위원장이 대단히 싫어하더라. 앞으로는 이 말을 쓰면 안 되겠다. 역지사지해야 한다"고 발언한 것으로 나와 있다. 개성공단에서도 이와 유사한 발언을 대통령이 거듭한 것으로 보도되고 있다.

정상회담 당시의 분위기를 잘 알 수는 없지만, "개혁 개방은 좋은 것이니 하십시오"라는 식으로 발언했다면 이는 김정일 위원장을 엄청 모독하는 말이라고 필자는 생각한다. 비유하자면, 결혼하려고 서두르는 사람에게 "결혼하면 이런 점이 좋습니다"라고 말하는 것과 유사한 일인 것이다. 단순한 '역지사지'의 문제가 아닌 것이다.

김정일 위원장은 2002년 4월, 2006년 1월 등 두 차례에 걸쳐서 중국의 '광동 남순'을 했다. '남순' 코스는 소위 덩샤오핑의 '남순' 코스와 같다. 덩샤오핑의 '남순'은 개혁과 개방의지를 상징하는 의미 있는 행보였다. 김정일의 '광동 남순'은 두 차례 모두 중국당 정치국 상무위원 9명이 교대로 함께 했을 정도로 파격적인 대접을 받았다.

광저우는 그중에서도 가장 먼저 개방에 착수, 현재 '중국 자본주의의 창구'로 일컬어지는 지역이다. 광저우 인근에는 경제특구인 선전과 주하이가 있다. 두 곳은 80년 초 경제특구로 지정된 뒤 지금까지 초고속 성장을 구가하고 있다. 이에 감명 받은 때문인지, 김정일 위원장은 평소 이곳을 둘러보고 싶다는 말을 입버릇처럼 해왔다.

따라서 김정일 위원장의 광저우 방문은 북한이 중국의 경제 발전 현장을 학습하는 데 그치지 않고, 향후 중국식 발전모델을 도입하겠다는 의미를 내포한다.

통일연구원 모 연구위원은 "김정일 위원장의 광저우 방문 자체는 개혁·개방에 대한 의지를 대외적으로 과시하는 계기가 될 것"이라고 설명하기도 했다.

한편, 북한의 조선중앙통신을 인용한 보도에 의하면 김정일 위원장은 후진타오(胡錦濤) 중국 국가주석과의 회담에서 "남방 지역의 발전상과 약동하는 중국의 현실에 깊은 인상을 받았다" 고 강조, 중국의 개혁 개방 조치에 깊은 관심을 나타낸 것으로 나타나고 있다.

이런 정황을 잘 살펴보면, 김정일 위원장은 '개혁 개방'의 효용성을 잘 알고 있을 것이라는 것이 필자의 판단이다. 다만, 저간의 미국과의 적대적인 관계 속에서는 '개혁 개방이 불가능 하다' 라고 판단하고 있었다고 보는 것이 맞을 것이다.

'개혁, 개방은 좋은 것' 이라고 생각하는 사람에게, '개혁 개방은 좋은 것' 이라고 설명하려 들었다면 이는 분명히 결례다.

이제 '북한의 핵 불능화 조치 - 북미수교 - 평화협정 체결' 이 이루어진다면, 북한은 문을 활짝 열 것이라고 필자는 장담한 다. 얼마 남지 않았다. 가벼운 내기를 해도 좋다.

지구 환경을 살리기 위하여

휴머스정화법 창시자 이박 회장과 그 연구회장 김용석의 제안

현대인들은 눈부신 과학의 성취와 경제적인 번영을 구가하고 있는 세상에 살고 있음을 자부하지만, 무엇인지 모르는 암운이 다가오는 것을 피부로 느끼기 시작하였다.

우리들의 먹거리인 농산물들은 농약 제초제가 잔류되어 있고, 축산물의 근육 속에는 항생제·항균제가 잔류되어 있으며, 계란·우유 등 낙농제품들 역시 안심할 수 없는 상황이다.

이와 같은 농산물·축산물·낙농제품을 우리들의 아이들이 먹고 있으니 농약항생제·제초제가 인체에 끼치는 해악이 나타나는 다음 세대 인류의 미래는 과연 어떠할 것인가 염려하지 아니할 수 없다.

우리들 삶의 터전인 환경 즉 물·흙·대기는 어떠한가? 예로부터 물은 석자 흐르면 깨끗해진다고 하였는데, 지금은 날이 갈수록 수질이 악화되고 있으며, 바다는 적조에 시달리고 있다.

흙은 화학비료, 화학농약의 오남용으로 날이 갈수록 고화되어가고 있으며 흙속에 살고 있는 미생물을 비롯한 소동물들의 생태계의 밀도와 균형이 무너져 가고 있다.

대기 역시 정상적인 상태를 일탈하고 있다.

이와 같은 환경문제의 심각성을 모든 사람이 공감하고 있으면서도 적절한 해법을 찾아내지 못하고 있는 현실을 안타깝게 생각한다. 더욱 두려운 것은 최근에 이르러 치료방법을 알 수 없는 SARS의 발병, 항생제로 치료되지 않는 폐결핵을 비롯한 각종 전염병의 창궐은 페니실린 발견으로 상징되는 현대 의학의 근간을 뒤흔들고 있다는 점이다.

이를 해결하고저 수많은 관련 기업이나 병리학자·약학도가 새로운 내성균의 구제약 개발에 혈안이 되어있으나, 천신만고 끝에 새로이 개발된 항생항균제 역시 또 다시 새로운 내성균에 의해 무력화되는 악순환을 막을 길이 없다.

이와 같은 끝없는 악순환을 언제까지 되풀이할 것인가? 근본적인 해결책이 찾아지지 않는 한 인류의 미래는 없다고 단정할 수 밖에 없다고 생각한다.

이를 해결하기 위한 해법은 먼저 ① 농약을 뿌리지 않고도 병충해가 발생하지 않는 농법은 없는가? ② 항생제를 사료 속에 투입하지 않고 가축을 건강히 자랄 수 있게 하는 방법은 없는가? ③ 폐수 처리장에서 처리하여 방류하는 방류수를 염소 소독이나 약품처리를 하지 않고도 대장균, 유해균이 서식할 수 없는 처리수를 얻을 수 없는 것인가? 오히려 동 처리수가 자정기능이 뛰어나서 하류를 정화시킬 수 있는 기능을 가질 수는 없는 것인가?

이 문제 해결을 위하여 주목한 것은 좋은 흙이 환경정화의 근원이라는 점이었다. 그러므로 이 문제를 연구하는 발상의 시발은,

첫째, 나무를 보고 숲을 보지 못하는 우를 범하지 않고 우선 숲의 전체 상을 파악한다. 즉 미시적인 대중 요법보다는 사물의 전체상을 파악하는 거시적인 노력을 하였다.

둘째, '사람은 죽어서 흙이 된다. 산자는 반드시 죽고 죽은 자는 반드시 흙으로 돌아간다'는 동양사상을 근간으로 삼고 유기물은 흙이 된다는 생각에서 시발하였다.

셋째, 식약은 동원이라는 동양의학의 고전사상을 근간으로 하였다.

우리들이 개발한 내용은 아래와 같다.

1. 음식물 쓰레기를 비롯한 각종 유기폐기물은 감량, 퇴비화 방법 및 동 방법을 통하여 생산된 퇴비는 농약을 살포하지 않는 무공해 작물을 재배할 수 있는 자재가 된다.

2. 축산분뇨 및 인분뇨를 비롯한 오폐수를 처리하여 정부가 정한 규제치를 만족하면서 방류수는 염소 소독을 하지 않아도 대장균이나 유해균이 서식할 수 없고, 처리수나 생성오니는 토양 개량능력이 있는 토양 개량제가 만들어진다. 위 토양 개량제를 농작물에 투여하면 무농약 재배가 가능해진다.

3. 위에서 말한 퇴비와 액체토양 개량제를 가축에게 사료첨가제로 소량 투입하면 항생제를 투여하지 않아도 가축이 병들지

않고 건강히 자란다.

4. 사람이 섭취하는 영양물질들은 원료로 하여 이를 분해 발효시켜 각종 항생제에 내성이 생긴 내성균을 멸균시키는 새로운 항생제가 개발되어 있다.

세상을 뒤바꿀만한 상식을 벗어난 과학적인 가설은 초기에는 웃음거리가 되고, 멸시받는 경우가 많다고들 한다. 그러나 종국에는 과학이 그 타당성을 증명하게 되는 것이다.

과학자의 자질에도 여러 가지가 있어 그 판단 기준은 상식을 벗어난 새로운 가설에 대한 태도로 확실히 구별된다고 한다.

첫째는 비과학적인 발상이라고 몹시 화를 내는 자, 둘째는 전적으로 무시하는 자, 셋째는 재미있어 하면서 흥미를 갖고 자신이 실험해보고 싶어하는 자의 세 부류로 분류할 수 있는데, 문제는 앞 두 종류에 비하여 셋째 번의 비율이 극단적으로 소수파이지만 과학정신을 유지 발전시킨 것은 이들 소수파에 의한 것이라고 할 수 있다.

우리들의 연구개발 결과가 세 번째 부류의 위대한 과학도들의 주목을 받아 그 타당성을 인정받기를 바란다.

우리들이 제안하는 가설의 내용은

첫째, 10억년 장구한 세월 동안 공생산관계를 유지하던 편성혐기성 미생물군, 통성혐기성 미생물군, 호기성 미생물군이 결합하여 다세포 생물을 탄생시켰다.

이와 같은 다세포 생물을 탄생되게한 태고환경물질은, 위에서 말한 각종 미생물군이 공생하는 환경속에서 배설한 대사산물이 농축되어 있는 고대토양이었으며, 동 환경은 그들의 후손인 우리들 인류를 비롯한 고등식물의 모태환경이며, 동 환경에 생물의 죽은 시체가 떨어지면 미생물에 의해 분해되어 무기화되고 종국에는 새로운 고대토양이 생성된다.

둘째, 고대 토양환경은 그 속에서 서식하는 생물군에게는 성장촉진 기능이 있고 침입하는 외적에게는 멸균기능이 있을 수밖에 없다.

그러므로 이와 같은 고대토양 환경을 재현하는 길만이 오늘날 우리들이 안고 있는 흙 · 물 · 대기의 환경문제와 인류를 비롯한 각종 동식물의 질병의 원인을 해결하는 첫 단추가 될 것이라고 믿는다.

우리들의 조그만한 시작이 인류사회에 크게 공헌하게 될 것을 기대한다.

음식물 쓰레기 해법고(考)

휴머스 정화법연구회를 열며

이 분야에 관심을 갖게 된 배경

저는 학생운동과 노동운동을 했고 사회활동도 많이 했습니다. 특히 참여정부 초기에는 청와대 인사혁신비서관으로 일했습니다. 인터넷에 들어가셔서 '청와대 김용석' '철도공사 김용석' '국가운영 김용석' '휴머스 정화법' 등을 치시면 저에 대한 자료를 쉽게 보실 수 있습니다.

저는 음식물 쓰레기 처리 문제에 대해서 전혀 모르던 사람이었습니다. 지난 2006년 초에 '이박'이라는 분이 대통령 면담을 요청해온 사실이 있었고, 이때부터 이박 회장님과의 대화를 통해서 음식물 쓰레기나 축분 등 유기성폐기물 처리 문제에 입문하게 되었던 것입니다.

이박 회장님은 충분한 근거를 가지고 나름대로 해법을 제시했습니다. 그래서 저는 문제해결을 위해서, 관련 부서나 음식물 쓰레기처리 현장을 여러 곳 방문하였고, 많은 사람들을 만나기도 했던 것입니다. 벌써 3년이 지나가버렸습니다.

사람들은 말합니다. "완벽한 해법은 없다"라고. 그러나, 저는 "이박 회장이 해법이다"라고 감히 말씀드리고 싶습니다. 21세기 첨단과학 시대에, 이런 극단적인 견해 차이가 극복되지 않는 이유는 무엇일까요? 세 가지 정도 그 이유를 들 수 있겠습니다.

1. 이박 회장의 '휴머스 정화법'은 러시아 토양학회의 연구 성과에 그 이론적 뿌리를 두고 있습니다. 우리나라에는 솔직히 러시아에서 관련 분야를 공부하거나, 러시아와 교류하는 집단이 없다는 점입니다.(최근 안성시 소재 한경대학교가 러시아와 교류하고 있다는 정보를 들었는데, 아직 그 수준이나 내용을 확인하지 못하고 있습니다)

따라서, 전문가 집단 사이에서 '휴머스 정화법'은 본의 아니게 따돌림 당하고 있다는 것입니다. 이는 서양의학이 주류인 사회에서 한방이 처한 위치와 유사하다고 볼 수 있을 것입니다.

주로 미국 등에서 공부한 관련 전문가들에게 '휴머스 정화법'은 이단 취급을 받고 있는 것입니다. 관심을 갖지 않습니다. 기존에 적용했던 음식물 쓰레기 처리방식이 음식물 쓰레기 대란이라는 문제만 낳고 있는데도….

2. 창의적인 마인드가 절대적으로 부족하다는 점입니다. 문제 해결의 본질에 접근하려는 분들이 거의 없었다는 점이었습니다. 저는 폐수 처리 전문가도 아니고, 비즈니스에도 어두운 사람이지만, 무엇이 문제의 본질인지에 대해서 추적하는 훈련은 비교적 많이 받아온 사람입니다.

음식물 쓰레기 대란이 있다고 하면, 그러한 문제를 어떻게 해결해나가야 하는지에 대해서는 조금 알고 있다고 자부합니다만, 관련 부서에서 일하시는 분들은 이미 뿌리 깊은 기존 처리방식에서 벗어날 수 없는 업무 구조상의 한계와 정보 부재로 복지부동적 태도만 취하고 있습니다.

국가운영 측면에서 보더라도, 심각한 문제입니다. 안타까운 것은, 주요한 위치에 계신 분들이 자기중심적으로 편협하게 이해하거나, 부분적인 판단을 하고 있는 분들도 여러 차례 보았던 것입니다.

3. 이박 회장님이나 GNCA가 비즈니스 마인드나 영업능력, 자본력 등이 취약한 점도 중요한 요인이라는 점을 부인해서는 안 된다고 봅니다.

행정은 '관련 규정'과 '성공사례'만을 요구합니다. 비즈니스는 '돈'이 되는지에만 관심을 갖습니다. 이러한 행정과 시장(마켓)의 요구에 대해서, GNCA가 제대로 적응하지 못해온 것은 안타깝지만 사실입니다.

'휴머스 정화법연구회'는 이러한 문제들을 해결하기 위해서 만든 것입니다.

소책자를 발간하는 이유는?

저는 지난 3년 여간, 이박 회장님이 주장하는 이론적 배경과 실천적인 사례들을 나름대로 추적해 보았습니다.

그 결과물로, 2009년 2월에 〈자연순환농업, 여기 해법이 있다〉라는 소책자를 발간하였고, 2탄으로 '음식물 쓰레기 대란? 여기 해법이 있다'라는 제목으로 이 소책자를 발간하는 것입니다.

이론적인 측면에서는 앞에서 말씀드린 대로 러시아 토양과학회의 많은 연구자들이 60여년에 걸쳐서 실적을 내놓고 있습니다. 소련의 토양화학자 M. M. 코노노와는 〈토양유기물〉(1975)이라는 저서를 통해서,

① 부식물질이 존재하는 토양 환경에 유기물이 투입되면, 그곳에 서식하는 미생물군에 의해 분해가 시작되고 최종적으로는 새로운 부식 물질이 생성된다 하였고,

② 동 부식물질에는

첫째, 식물의 성장 촉진 기능이 다양하게 존재하고
둘째, 토양의 입단 구조를 발달시키는 기능이 있고
셋째, 키레이트 구조가 강력하여 중금속 등을 키레이트화하여 무해화시키고 동시에 촉매작용에 의해 악취를 제거하고
넷째, 항균 기능이 뛰어나고
다섯째, 자연계에서 양이온 교환능이 가장 뛰어나다는 몬모나이트와 같은 점토보다 수배에서 수십 배의 양이온 교환능(CEC)이 있다 하였습니다.

역시 러시아의 토양화학자 I. V. 알렉산드로와는 〈부식물질과 미생물 대사산물의 생리 활성에 대하여〉(1975) 라는 저서를 통해서, 위 이론을 작물의 재배 연구에서 실증적으로 증명하였

습니다.

한편 최근, 인터넷에서 검색한 자료를 통해 저는 코노노와 탄생 100주년을 기념해서 러시아에서 기념논문집이 발간되었음을 확인할 수 있었습니다.

솔직히 우리나라에는 미국 유학자는 많아도, 러시아에서 토양학과 관련해서 공부한 사람이 거의 없는 것 같습니다. 추론컨대, 이런 점들이 우리나라에서 러시아 이론이나 자연정화법이 홀대받는 주된 이유일 것이라고 생각합니다.

한편 동경대학 출신 화산암석학자 우찌미르 마모르는 〈물, 흙, 대기의 자연학〉(1985)이라는 저서를 통해 위 이론을 부식물질을 인위환경인 콘크리트 구조물인 폐수처리장에 투입하는 연구를 통하여 토양에서와 같이 새로운 부식물질이 생성되는 것을 확인하고 시스템화하였습니다.

마쓰시다에 전기부품을 납품하는 아오끼 전기(靑木電氣)라는 회사가 친환경사업부를 만들어서 우찌미즈 마모르를 스카우트해서 책임자로 일하도록 해서, 800건이 넘는 물(水)처리 시공 사례를 갖고 있기도 합니다.

저는 지난 해, 일본 오사카대학의 정경학부 최윤용 교수를 통해 일본 아오끼 전기의 실체에 대한 조사를 부탁한 적이 있는데, 일본 최고의 물처리 회사라는 점이 확인된 바 있습니다. 70여 페이지에 달하는 이 보고서는 조만간 번역해서 세상에 내놓을 예정입니다.

일본에서 출생하였고, 일본에 연고를 갖고 계신 **이박 회장**

님은 1993년 이러한 이론체계를 도입하였으며, 연구를 거듭한 끝에 '토비'라는 친환경적인 부식토를 개발하여 이론체계를 한 단계 높였으며, 구체적이고 실증적인 적용 사례들을 만들어 내기 시작했던 것입니다.

일반적인 음식물 쓰레기 처리 방법은 다음과 같습니다.

먼저, 이물질을 선별하고, 탈수기로 탈수를 합니다.

침출수가 대체로 50~80% 가까이 나오는데, 해양투기를 하거나 하수종말처리장에서 처리합니다.

건더기(케이크)는 가공해서 사료로 만들거나 톱밥 발효를 해서 퇴비로 만듭니다.

그러나, 이박 회장님의 공법은 탈수를 안 합니다. 대체로 10~15% 정도 나오는 자연 침출수를 소취제로 만들어서 사용하기 때문에 해양배출 물량이 하나도 없게 됩니다. 소멸화, 감량화 모두 가능합니다.

기존의 방식과는 비교할 수 없을 정도로 혁명적이면서 경제적인 방법이라는 점은 두말할 필요도 없습니다. 믿기 어려우시겠지만, 사실입니다.

음식물 쓰레기 문제, GNCA 이박 회장님과 더불어 해결해 나가시기 바랍니다. 머리를 맞대고, 함께 개선 방안을 찾아나갑시다.

도시 노인의 자아강화 활동방안

성공회대학교 대학원 사회복지학과 사례연구 리포트

Ⅰ. 사례 개요

이것 저것 자료를 뒤적였으나, 이 글에서 활용하기에 적당한 사례를 찾지 못하였습니다.

그 이유는 본인이 '사례연구' 분야에 과문한 탓도 있겠지만, 대부분의 사례들이 이미 소득보장, 의료보장, 주거보장, 여가 프로그램 등 나름대로의 활용목적에 의해서 준비된 것이어서, 이 글에서 시도하고자 하는 취지에 적절한 사례가 없기 때문이라고도 생각합니다.

그래서, 이 글에서 시도하려는 취지에 적합하게 사례를 만들어 보기로 하였습니다.

사례 : 도시, 5인가족의 김노인
- 동거가족 구성원 내역 : 김노인 - 70세, 홀아비 노인 / 아들
- 45세, 직장 생활 / 며느리 - 42세,
주부 / 손자 - 19세, 학생 / 손녀 -

15세, 학생

- 가정 사정(재정) : 아들에게 물려준 유산은 거의 없으며, 아들의 봉급으로 5가족이 생활, 손자 손녀 학비 비중이 큰 편임, 용돈으로 근근이 지내고 있음.
- 생활 패턴 : 차려주는 식사를 한다, 틈만 나면 TV를 본다, 낮잠 잔다, 요즘 유행하는 노인 목욕에 쫓아다닌다, 월 1회 정도 약국이나 병원에 간다.
- 김노인의 욕구 : 다른 가족에 대한 걱정도 있으나 현실적으로 도와줄 방법은 없고, 그저 건강하게 지내다가 죽는 것이 최고다, 약값, 병원비가 부족하다
- 가정내의 문제 : 사소한 문제로 며느리와 갈등이 많다. 집에 별 도움이 안 된다

II-1. 사례에 대한 사회적 · 윤리적 이해

본인은 사회복지 정책이 어떻게 수립되고, 진행되어야 하는지에 대한 관심 때문에 대학원에 입학하였습니다. 과거에 비하면 잘 살게 되었다고 쉽게 말들 하지만, 조금만 주위를 둘러보면 '이렇게 사는 것'에 만족할 수 없는 많은 욕구들을 접하게 됩니다.

복지사회를 만들어 보자! 우선 뜻은 거창하게 세웠습니다.

그러나, 이러한 거시적인 정책적 내용들도 (거시적 안목을 견지하면서도) 어차피 구체적이고 미시적인 접근을 통해서 이루

어지는 것이기 때문에 다양한 분야에 대한 학습이 요구되는 것
이라고 생각합니다.

　복지사회란 쉽게 말하면, '더불어 잘사는 사회' '쾌적한 삶
이 보장된 사회' '민주적인 삶의 공동체' '서로 돕는 복지 공동
체' 등 여러 가지 표현이 가능하겠지요. 사회복지 실천이란 (본
인이 대학원에 들어와서 배운 가장 마음에 든 컨셉 중의 하나입
니다만) 'c의 자아를 강화하고, c의 환경적 조건을 향상시키는
것'이라고 합니다.

　이러한 개념을 확대하면, 복지사회를 '자아가 강화된 사회'
라고 정의하고, 복지사회를 향한 실천 방향을 '사회적(?) 자아의
강화'로 잡는다면 무리한 개념규정이 될까요? '사회적 자아'라
는 것이 말이 되는지 모르겠습니다.

　어쨌든, 노인문제를 조금 더 연구하겠다는 점에 초점을 두
고 이 과제물을 다루는 것은 아닙니다만, 노인문제가 심각하다
는 생각을 평소에도 많이 하고 있었기 때문에 나름대로 부분적
으로라도 해법을 강구할 목적을 갖다보니 위와 같은 사례를 들
게 되었습니다.

　사례는, 핵가족 제도가 많이 확산되었음에도 불구하고, 도
시지역에 거주하는 상당수 가족들의 한 전형처럼 보여지는 경우
라고 생각합니다.(시간관계로 통계를 찾지는 못했습니다) 여러
형제들 사이에서 '누가 부모를 모실 것인가'를 둘러싼 갈등은,
언론에도 걸핏하면 등장하는 첨예한 쟁점으로 되어 있습니다.
또한, 설사 핵가족이라고 하더라도, 연로한 부모들과 어떻게 관

계할 것인가 하는 문제는 아직도 커다란 사회적 갈등 요소로 작용하고 있다고 생각합니다.

본인은 특히 사회의 흐름에 맞는, 시대가 요구하는 그러한 아이디어와 방안들을 개발하고 정책으로 구체화할 수 있는 길이 무엇인가에 대해 천착하려고 합니다.

지난 1987년 6월 민주화 운동의 성과로, 우리는 민주사회, 자율적인 사회로 빠르게 전환하고 있다고 생각합니다. 숨죽였던 다양한 욕구들이 터져 나오고 있습니다. 이를 잘 수렴하고 제대로 정책화하는 일이 매우 중요해졌다고 생각합니다. 의약분업이 명분이 있음에도 불구하고 여러 가지 반발에 직면해 있고 난항을 거듭하는 것만 보아도 정책의 수립과 집행을 시대적 감각에 맞게 세우고 추진하는 일이 중요하다고 생각할 수 있습니다.

지난 시기와 같은 관료적 마인드로는 해결이 어려워진 측면들이 많아졌다고 생각합니다. 쉽게 말하라면, 해결책은 물론 관료제의 획기적인 변화와 민간부분의 조직화, 정책적 고려, 그리고 각 실행단위 사이의 타협과 조정 기능의 활성화에 있다고 보아야 하겠지요.

이 글에서는 '민간단위의 조직화'라는 측면에서도 접근하고자 합니다.

복지사회란 이러한 어려움을 가정적인 해결보다는 사회적인 해결을 도모하는 사회를 말한다고 생각합니다. 현실적으로도 노인문제를 가정 내에서 해결하려는 시도는 점점 더 많은 어려움에 부딪히게 될 것입니다. 특히 우리 사회의 경우, 경제문제와 더불어 가치관의 차이가 가장 큰 갈등 요소로 작동하고 있다고 생각합니다.

1920~30년대에 출생한 김노인 또래의 노인들은 일제 치하에서 교육을 받았고, 해방과 6.25전쟁이라는 극도의 격변기에 젊은 시절을 보낸 분들입니다. 극소수를 제외한 대부분의 사람들은 안정적인 교육이나 취업의 기회를 보장받지 못한 세대입니다. 물론 그후에 출생한 우리들도 대부분은 격동의 풍랑 속에서 많은 가치관의 혼돈을 겪었기 때문에 아직도 큰 줄거리에서는 가치관의 혼란이 계속되고 있습니다만… 전체적으로 냉정하게 보면 개인적으로 자아를 확립하는데 상당수가 실패한 부분이 많은 세대라고 보아야 할 것이라고 생각합니다.

세대 간의 갈등은 상당 기간 불가피한 것처럼 보여집니다.

따라서 이러한 사회적 성장배경에 맞는 대책을 수립하기 위해서는 통합적인 접근이 필요하다고 생각하기 때문에, 김노인과 같은 경우에는 개별실천이나 가족방법론은 그 노력에 비해서 실효가 적을 것이라고 판단됩니다.

또한 우리 사회에 그래도 보편화되어 있는 집단실천(노인복지회관, 경로당, 노인교실, 노인휴양소) 방법론에 대해서도 창조적인 비판이 필요하다고 생각합니다. 특별한 경우를 제외하고는 시설수용을 본인은 절대 반대합니다. 사회 속의 노인으로 자리매겨져야 한다고 생각하기 때문입니다.

김노인과 같은 경우의 문제를 해결을 위해서 지역사회방법론과 사회정책 쪽에 초점을 맞추어 대안을 찾아보고자 합니다.

대책을 세우면서, 가장 중요한 점은 현실적으로 가능한지에 대한 판단의 문제라고 생각합니다. 예를 들어 아무리 그럴듯한 의료보장책을 내놓아도, 재원 마련에 대한 아무런 대안이 없다면 부질없는 정책이 될 것입니다. 경제적인 문제가 현실적으로는 매우 중요하기 때문에, 가능한 한 경제적인 부담 없이 실천할 수 있는 방안을 모색하는 쪽으로 접근하려고 합니다.

아울러, 고령인구의 증가와 가정부양 기능의 약화 및 시설보조의 취약성 등을 고려할 때, 아쉬운 대로 근본적인 해결책은 아니지만 주간보호와 노인 서비스 프로그램의 개발이 우선 절실하다는 문제의식을 갖게 됩니다.

노인문제에 대한 전반적인 해결책은 아니지만, '도시지역 노인들의 주간 자아강화 활동'을 모색하는 차원에서 도시지역에 '실버 존'(가칭)을 설치하여 운영하는 것은 어떨까 하는 생각을 해 봅니다. 아이디어 수준이지만, 구체적인 검토에 들어가도록 하겠습니다.

II-2. 정부의 노인정책에 대한 평가

사례가 노인문제에 관한 것이므로, 차제에 정부의 노인정책에 대해서도 공부삼아서 가볍게 검토하도록 하겠습니다.

정부는 산업사회의 노인문제로, 경제적 생활의 어려움, 만성질환 등 건강문제, 사회적 역할상실에 따른 고독, 소외감 등을 들고 있고,

노인복지 시책방향으로 산업사회의 노인문제에 대응하여 가족-사회-국가의 3위1체 지원체계(현대적 孝) 구축, 취약노인

은 시설보호, 생계지원 등을 통해 기초생활을 보장하고, 근로능력이 있는 노인에 대해서는 일자리 제공 자원봉사 등을 통한 생산적 복지 형태의 사업전개, 보건 및 복지 서비스의 연계를 통한 노인의 특성에 맞는 서비스 제공 등을.

세부 추진현황 및 발전계획으로서 생활안정 기반의 조성을 위하여, 전국민연금 실시, 경로연금 지급확대, 고령자 재취업 촉진, 결식노인 급식지원 등을,

건강한 노후생활에 대한 보장책으로, 노인의료비 부담경감, 치매노인 대책 강화, 재가노인복지 서비스 확충 등을,

지역사회 중심의 서비스체계 및 활기찬 노년문화 형성을 위해, 노인자원봉사 활성화, 노인여가시설 확충 및 서비스 확대 등을,

경로효친 분위기 조성을 위해, 가족의 부양기능 제고, 경로효친 사상의 앙양, 경로우대 이용요금 할인범위 확대 등을 거론 및 제시하고 있습니다.

이제 대학원에 갓 입학해서 전반적인 노인정책에 관한 흐름을 자세히 알 수는 없지만, 본인의 느낌을 몇 가지 적어보고자 합니다.

첫째, 전반적으로 '노인들에게 무엇을 해줄 것인가' 하는 쪽에 초점이 맞추어져 있다는 느낌입니다. 노인들의 '자아를 어떻게 강화할 것인가?' 하는 측면의 고민이 부족하다는 생각입니다.

둘째, 시대적인 흐름과 맞지 않는(최근에 나온 자료에는 바꾸었는지 몰라도) 용어들이 많이 나옵니다. 예를 들면 '산업사

회' '현대적 효' '경로효친' 등등. 재미있는 것은 '현대적 효'라는 것인데, 이런 말을 함부로 써도 되는 것인지 잘 모르겠습니다.

셋째, 노인문제에 관한 가족의 역할에 대해 면밀한 재검토가 이루어져야 합니다.

넷째, 시설 확충 및 연계 서비스 방안은 노인복지회관, 경로당, 보건소 등 각 시설들에 대한 역할검토가 충분히 검토된 후 확충되어야 하는 것은 아닌지 하는 생각이 들었습니다.

다섯째, 물론 계획이라고는 하나 지나치게 선언적인 문구들이 많이 들어있어서 그 집행의 실효성이 검증된 것인지 잘 모르겠습니다.

III. 접근 방법

1. 개별실천론, 가족접근 방법론, 집단실천론

'실버 존'을 구체적으로 언급하기 전에 개별실천론, 가족접근 방법론, 집단실천론을 검토하도록 하겠습니다.

* 개별실천론

김노인에 대해서 고용과 취업의 알선이 가능한지, 노령수당이나 공공부조에 의한 소득 보장, 경로연금 등을 제대로 타고 있는지 알아보아야 할 것입니다.

또한, 건강진단이나 노인전문병원 등에서의 진료 기회가 있을 수 있는지도 알아보고, 의료보험에 정한 혜택을 제대로 찾아 먹고 있는지도 알아보아야 할 것입니다.

아울러, 본인이 희망한다면 시설수용이 가능한지도 알아보아야 할 것입니다.

지역사회 보호 서비스인 가정봉사원의 파견, 식사 서비스, 의료 서비스, 우호방문 서비스 등과 재가복지 프로그램인 건강지원 서비스, 사회지원 서비스, 접근지원 서비스(교통, 법률, 정보제공) 등을 받을 수 있는지도 알아보아야 할 것입니다.

그러나, 이러한 개별 실천 서비스가 우리 나라의 경우 그 실효성이 대단히 미약하다고 본인은 판단하기 때문에, 김노인에게 실질적인 도움이 될 수 있을지는 회의적이라고 보아야 할 것입니다.

* 가족접근방법

특수 장애아처럼 그 인원이 제한적이고 가족의 절대적인 도움이 필요한 경우와는 달리, 김노인과 같은 경우에 사회복지사가 가족들을 통해서 김노인의 문제를 접근하는 것은 우리 사회의 통념에서 벗어나는 일이라고 생각합니다.

가족의 사사로운 문제에 개입이 쉽지 않은 풍토일 뿐만 아니라, 오랜 동안 형성된 가족 내부의 문제에 '감 놓아라, 대추 놓아라' 하는 식으로 섯불리 조언한다는 것도 아마 거의 불가능한 일일 것입니다.

또한, 비슷한 '김노인들' 이 너무나 많을 것이고, 소그룹으로 가족들을 네트워크 한다고 하더라도 그 실효성 있는 관리를 기대하기는 어려울 것으로 보여집니다.

* 집단실천론

①노인복지회관 : '실버 존'과 관련해서 중요한 기능을 담당할 것이므로, 추후 상세하게 검토할 것입니다.

②경로당 : 경로당의 경우, 어쨌든 운영이 매우 부실한 것이 사실입니다. 그럼에도 불구하고 대다수의 노인들이 경로당을 찾는 이유는 '친구들과 어울리기 위해서' '이곳 외에는 갈곳이 없어서' 등으로 나타나고 있습니다. 이러한 욕구를 수용하는 대안으로 '실버 존'을 추후 검토할 것입니다.

③노인교실 : 비교적 지적 수준이 높고 형편이 나은 노인들에게 해당하는 곳으로 알고 있습니다.

④노인휴양소 : 다수의 노인이 365일 일상적인 활용이 가능한 곳은 아닌 것으로 알고 있습니다.

2. '실버 존' 이란 무엇인가

'실버 존'은 하나의 아이디어 차원에서 검토한 '노인특정지구'입니다.

'실버 존' 프로그램이란 도시의 특정 지역을 선정하여 '실버 존'으로 선포하고, 노인 특별활동에 대한 원조를 집중시켜서, 주간만이라도 노인들이 '실버 존'에서 머물게 유도함으로써 가정에서의 갈등을 줄여나가고, 나아가 '실버 존'을 노인들의 집단적인 사회교육의 장으로 활용하여 노인들의 자아를 강화하는 활동을 집중하자는 것입니다.

Ⅱ절의 사례에 대한 사회적 · 윤리적 이해에서도 언급했지

만, '실버 존'을 설치하고 운영해야 하는 구체적인 이유를 정리하면 다음과 같습니다.

① 급격하게 노령화 사회로 가고 있습니다. (이제 노인들이 거리로 넘쳐나게 될 것입니다)

② 노인의 소득이 획기적으로 높아질 가능성이 전혀 없습니다.(거리를 배회하는 노인이 많아지게 되거나, 가정에서의 불화가 높아지게 될 것입니다)

③ 사회변화의 속도가 빨라지고 있습니다.(가족 구성원들과의 의식차이가 점점 벌어지는 쪽으로 사회가 가고 있습니다 / 가족간의 갈등의 골이 깊어지는 쪽으로 가게 될 것입니다)

④ 노인문제를 가정이 부담하는 것은 점차 어려워질 것입니다.

⑤ 지방자치 시대로 가고 있으므로, 지방자치단체와 지역의 단체들이 지역의 문제를 스스로 해결한다는 관점에서 지방자치단체가 의무적으로 도시 지역의 '실버 존'을 운영해야 한다고 생각합니다.

⑥ 노인복지회관은 수용과 프로그램 그 자체로서는 노인들에게 인기가 있습니다. 그러나 제한된 공간 등으로 인하여 대대적으로 노인들이 활용하는 것이 불가능하므로, '실버존' 속에서의 노인복지회관 또는 '실버 존'을 풍부하게 하기 위한 '실버 센터'(가칭)로 그 컨셉을 바꾸어서 운영해야 합니다.

⑦ 경로당의 경우, 보통 '시설이 협소하고 낙후해서' 여가 공간으로 제 구실을 못한다고 하는 지적을 많이 하는데, 물론 그 말이 틀린 것은 아니지만, 근본적인 문제는 그러한 작은 공간으

로는 시설이 아무리 좋아도 제한적인 성격의 노인들만 활용하게 되어 있다는 점에 있는 것이고, (정확한 비용산출은 향후의 연구 과제이지만) 경로당이라는 것이 노인 인구에 대비한 상대적인 재정부담은 매우 클 것이라고 판단되므로, 지금과 같은 작은 규모의 경로당을 '정책적으로 일부러 확충하는 것'이 좋은 대안이라고는 생각되지 않습니다.

물론 동네 사랑방으로 역할하는 것까지 억지로 막을 필요는 없겠습니다.(경로당은 많은 노인들이 활용을 꺼려하고 있는 실정이라고 생각하고 있습니다)

⑧ 시설보호에서 지역사회보호로 전환하는 것이 올바른 방향이라고 생각합니다.(과연 그러한지는 연구해보아야 할 과제이지만, 서구의 노인정책의 상당한 부분이 보호시설의 확충과 더불어 시설과 서비스의 질을 높이는 방향에서 계획되고 있는 것으로 알고 있는데, 어떤 자료에 보면 이탈리아의 경우는 점차 지역사회보호 쪽으로 가고 있다고 합니다. 정확한 실태는 연구 과제입니다)

⑨ 노령인구의 증가로 각종 연금 등 국가의 부담도 늘어나기 때문에 대책이 필요합니다.(복지국가에 대한 요구가 강해지면서 국가·사회적인 부담과 요구가 늘어날 것입니다)

⑩ '실버 존' 설치 및 운영의 가장 중요한 이유는 '새로운 노인문화'를 형성키 위해서입니다. 노인들이 극복해야 할 여러 가지 과제들, 즉 소득보장, 건강확보, 역할발견, 여가 활용, 소외 극복 등의 문제 중에서 현실적으로 개선이 가능하면서도 경제적 부담이 별로 없으면서 대책도 세울 수 있는 우선적으로 중요한

문제는 소외극복의 문제라고 생각합니다.

가장 중요한 노인문제로 일반적으로는 경제문제를 꼽고 있는 것이 사실이지만, 경제적으로 풍요로워진다고 해서 소외가 극복되는 것은 아니라고 본인은 평소에 생각해왔기 때문에 하는 말입니다. 오히려, 소외의 극복은 자아발견에서 가능하다고 생각합니다. 자아가 강화되면 역으로 경제문제 등에 제대로 적응할 수 있는 길도 열릴 수 있다는 점에서 자아개발의 중요성을 강조하고 싶습니다.

자아 개발의 기회를 만들어 주는 프로그램은 집단적인 분위기 속에서 가능하고, 이를테면 '실버 존' 같은 집단생활 속에서 자아개발 프로그램을 작동할 때 '자아개발'의 실효를 거둘 수 있는 것이 아닌가 하는 생각을 하게 됩니다.

3. '실버 존' 의 설치 및 운영

'실버 존' 설치 및 운영에는 다음과 같은 점들이 고려되어야 합니다. 아이디어 차원입니다

벤치마킹이 많이 필요합니다. '실버 존' 은 파고다공원과 서울노인복지센터를 돌아보다가 얻은 아이디어입니다

예를 들면, '차이나 타운' '청소년 문화의 거리' '외국인 노동자 구역(안산)' '벤처 타운' '자동차 없는 거리' 같은 곳을 조사 연구해야 합니다. 앞으로의 과제라고 생각합니다.

① 전체 도시 인구의 규모에 맞추어 노인들이 일상적으로

사회적 접촉이 가능한 정도의 적절한 규모의 섹타가 확보되어야 합니다. 시설에서의 수용개념과는 달라야 하며, 일반인들과 항시 접촉이 자연스러워야 합니다. (사회성 보장 측면)

② 섹타 안에 '실버 존'을 운영 및 '자아개발' 프로그램을 입안하고 수행할 '실버 센터'(가칭)가 포함되어 있어야 합니다. '실버 센터'에 대한 노인들의 접근성이 좋아야 합니다, 파고다 공원과 서울노인복지센터의 경우처럼 1~2Km 이내가 적당할 듯합니다.

③ 녹지(공원 등)가 적절하게 포함된 구역이어야 합니다. 노인들의 휴식과 건강증진을 위해서는 녹지가 반드시 필요합니다.

④ 지역 노인들의 '실버 존'에 대한 접근성이 좋아야 합니다. 특별 순회버스를 운행, '실버 존'행은 무료 등.

⑤ 각종 프로그램 중에서 자아를 강화하는 프로그램들이 많이 배치되어야 합니다. 노인복지회관을 비롯한 온갖 노인 프로그램들이 자아강화와는 거리가 먼 것이 현실인데, 이해가 잘 가지 않는 일입니다. 예를 들면, 서울노인복지센터의 경우, 경로식당, 휴게실, 수지침, 취미교실, 공동작업장, 당구, 탁구, 컴퓨터교실, 체력단련, 물리치료, 영화관람실, 노래교실, 강당, 공연장, 게이트볼, 한글교실, 상담실, 발 맛사지, 온돌방, 이미용실, 샤워실, 서예교실, 도서관, 등으로 구성되어 있습니다.

각종 교양강좌, 토론회, 가정의 기능, 자식들에 대한 이해, 통일의 길, 기초질서, 노인의 역할, 인간관계론, 대화기법―이런 것을 하면 왜 안되나요?

⑥ '실버 존' 운영을 위한 기구(이사회 등)에는 해당지역의

학계(사회복지 분야 전문가), 종교계, 기업체, 재력가, 사회복지 관련단체 들이 망라되어야 합니다. 전지역적으로 노인들에 대한 대책을 세운다는 의미입니다

⑦ '실버 존' 설치 및 운영에 관한 예산은, 상당 부분을 지방자치단체가 부담하여야 합니다.

⑧ '실버 존'에서의 노인 편의적 품목의 판매에 대해서는 일정한 할인제도를 도입하고, 그 업체에 대해서는 각종 세제감면 등의 지원을 골자로 하는 인센티브 제도를 도입합니다. 예를 들면 노인들을 위한 음식, 깔창이나 효자손 같은 각종 노인용품, 도서 등등.

⑨ 지역의 문화집단이 주도하여 거리문화 공연 등을 일상화함으로써 인성 함양과 여가활용에 기여하도록 하여야 합니다.

⑩ '실버 센터'에는 사회복지전문 상담사들과 건강 의료진이 배치되어야 합니다. '실버 센터'가 어떤 기능을 하여야 하고 어떤 프로그램을 진행해야 하는지에 대해서는, 아직은 어설프지만 이어서 다루어 보겠습니다. 솔직히 말하면, 살아온 세월 탓이지만 자아가 미숙한 노인들이 많은 것이 현실인데, 무조건 경로효친 사상만 강조한다고 해서 가정에서의 갈등이 해소됩니까?

4. '실버 센터'(가칭)

'실버 센터'는 '실버 존' 안에 있는 일종의 노인복지회관(컨셉은 좀더 자아강화 쪽으로 바뀌어야 함)으로 생각해 본 것입니다. '실버 센터'가 해야 할 기능이라고 생각한 것을 표로 정리해 보았습니다.

접근방법	지원영역	지원의 구체적인 내용	사회복지사의 역할
개별 실천론	1)가정문제 상담 2)건강 상담 3)역할(자아) 상담 4)진로 상담	1)가정의 평화 유지방안 2)질병 예방 등 3)나는 누구인가? 4)일자리, 아르바이트 주선	1)가족관계론 등의 상담역 2)건강·의료진의 배치 3)인간발달 등의 상담역 4)사업체, 기관과 연결, 　취업자료 축적 등
집단 실천론	1)교육집단 2)치료집단 3)지지집단 4)자조집단 5)여가집단	1)교양 강화, 2)각종 만성질환의 치료 3)지지모임을 통한 지원 등 4)일하는 기회제공 5)여가 활용 기회 제공	1)교양프로그램 제작, 운영 2)예방의학반, 당뇨반, 　고혈압반, 관절반 등 운영 3)자원봉사그룹, 지지자 그 　룹 조직 및 운영 4)소공장 운영 등 5)각종 여가프로그램 운영
가족 방법론	1)가족 접근 2)부부 접근 3)가족 네트워킹	1)가족들의 노인에 대한 이해 2)부부애 확인 3)유사한 처지의 가족 모임	1)월1회, '가족의 날' 등 2)월1회, '부부의 날' 등 3) '가족 사랑방' 운영 등
지역사회 방법론	1)지역사회 지지체계 2) '실버 존' 공동체 3)타 지역과의 연대	1) '실버 존'에 대한 후원기능 강화 2) '실버 존' 내의 유대강화 3) '실버 존' 끼리의 협조 강화	1) '실버 존' 후원회 조직, 운영 2) '실버 존' 만남의 날 등 3) '실버 존' 협의회 구성 등
사회정책	1) '실버 존' 육성정책 2) '실버존' 인센티브등	1) '실버 존' 활성화 방안 　마련 2) '실버 존' 참여 유도	1) '실버 존' 지원법 등 2)참여자 '노인수당' 등

5. 사회정책적 접근

겉으로만 보면, 우리 사회의 갈등 양상은 점점 더 다양해지고 있는 것처럼 느껴집니다.

의사들이 파업하기도 하고, 신문지상에는 '소집단의 데모' 기사가 끊이지를 않고 있습니다. 그러나 분명한 것은, 민주주의라는 것이 어쨌든 대화하고 타협하는 가운데에서 모든 구성원들의 이해를 조정하는 것이기 때문에 시끄러운 것이 사실이고, 더구나 간접민주주의를 할 수밖에 없는 현대사회에서는 누구도 개인으로서의 이해관계뿐 아니라 집단으로서의 이해를 요구할 수밖에 없는 쪽으로 가게 되어 있는 것도 사실이 아닌가 하는 생각을 해봅니다.

아니 좀더 적극적으로 말한다면, 사회적 이해는 어차피 집단적 관계를 중시하는 쪽으로 간다, 말하자면 집단적 유대를 강화하도록 사회정책적으로 유도하되, 문제는 그 '구체적인 해법을 정확하게 찾는 것'이 사회적 자아를 강화하는 길이 아닐까 하는 생각도 해봅니다.

예를 들어서, 앞으로 점점 노인부담비용이 사회적으로나 국가적으로 늘어갈텐데 노인 1인 1인마다 생활에 필요한 모든 부분들을 쪼개서 부담한다는 정책방향(교통수당, 급식비, 기초생활수당, 건강보조금 …) 보다는, 소화가 가능한 적절한 범주의 노인들을 묶어서 집단적으로 기본적인 생활보장을 주간만이라도 확실하게 해주는 쪽으로 정책방향이 가는 것이 좀더 나은 것이 아닌가 생각해 봅니다. 경제적으로도 한번 따져볼 일입니다.

'실버 존'이 설치 운영되면, 중식은 '실버 존'(또는 '실버 존'에 위치한 노인복지관)에서 해결하게 됩니다. 기본적인 건강서비스나 문화욕구도 '실버 존'에서 해결됩니다. 우선은 가정에서의 며느리와의 평화가(주간평화에 국한하는 것이지만, 며느리와 야간에만 만나게 되면 오히려 지금보다 더 반가운 관계로 바뀔 수도 있다) 개선되는 것만 해도 엄청난 효과가 있다고 생각합니다.

중요한 것은 '실버 존'에서는 파고다공원의 경우처럼 노인들 사이에 유대감이 강해지고, 토론이 활발하게 전개되는 문화가 자리를 잡게 될 것입니다.

지역사회에서 각 부분의 리더들에 의해 건전한 리더쉽이 작동해주기만 하면, 노인들의 자아는 엄청나게 발달하게 될 것입니다. 사회복지사들이 사회봉사 마인드를 제대로 발휘해주면, 노인들의 사회적 적응과 이해 기능도 많은 발달을 하게 될 것입니다.

'실버 존'에 대해서 좀더 세밀한 검토와 연구가 물론 필요하다고 생각합니다.

'실버 존'을 제대로 설치 운영하려면, 우선 국회는 '실버 존' 지원법을 만들어야 할 것입니다. 아니면, 시범적으로 특정 지역을 선정하여 운영해 나가면서 문제점을 고쳐나가고 보완책을 찾는 것도 한 방법이라고 생각합니다.

'실버 존'의 기본취지에 맞도록 정책지원을 이끌어 내야 할 사항들에 대해서는 조금 더 연구와 토론이 필요하다고 생각합니다.

특정 지역에 의료, 건강, 여가, 인성함양, 소외극복, 가정의 평화 등을 한데 담은 '실버 존'이라는 구상은, 잘하면 노인문제를 부분적으로는 돌파하는 대안이 될 수도 있다고 생각하는데, 우선은 컨셉이라도 제대로 잡은 것인지? 아니면 결정적인 문제점이 있는지? 관계 전문가들과 더불어 세밀한 검토를 해보았으면 하는 생각입니다.

Ⅳ. 평 가

과제물을 수행하면서, 짧은 기간이나마 '사회복지학 개론'
을 공부하면서 배웠던 지식들을 제대로 다 써먹었는지 곰곰히
생각해 봅니다. 사례가 지나치게 지역사회방법론적 접근에 치중
할 수밖에 없었던 점이 다소 마음에 걸리기는 합니다만, 본인이
파고다 공원과 서울노인복지센터를 배회하다가 떠오른 아이디
어여서 생각날 때 정리해볼 수 있는 기회로 활용하려다 보니 그
리 되었습니다.

과제물을 소화하면서 다소 아쉬웠던 점은, 이 시기에 마침
'인간행동과 사회환경' 과목의 시험이 있어서, 아무래도 시간이
부족했다는 점입니다. 인용한 자료도 조금 부족했다는 생각이
듭니다.

무엇보다도, '실버 존'이라는 것이 말이 되는 것인지? 모르
겠습니다. 어쨌든, 새로운 시대에는 새로운 마인드가 필요하다
고 생각해 봅니다.

일본 아이노가와 동애회
학습노트

아이노가와 동애회 실습기

□ 슈퍼바이저의 역할에 대한 평가

일본인 직원인 슈퍼바이저 나오끼 선생은 성실한 사람이다. 오후 5시만 되면 어김없이 '반성회'에 나타나서 실습 과정에서 발생한 사안이나 궁금한 부분에 대해서 자상하게 대답해 주었다. 나오끼 선생은 착한 성품의 소유자다. 맑은 눈동자가 그것을 말해준다.

슈퍼바이저가 어떻게 하는 것이 잘하는 것인지를 말할 처지에 있지는 않지만, 성실하고 맑게 실습생들을 대해준 나오끼 선생을 하나의 표본으로 꼽아도 책잡히지는 않을 것이라고 확신한다.

실습생들의 역할에 대해서, 시설의 여러 가지 상황에 대해서, 이용자들의 특성에 대해서 가능한 아는 바를 상세하게 전달해주려고 노력하는 나오끼 선생의 모습에서 국경과 슈퍼바이저를 초월한 찐한 인류애적 감동을 느꼈다고 표현한다고 해서 본인의 '오버'라고 지적할 사람은 없을 듯하다.

젊은 처자 실습생들 사이에서 나오끼 선생의 인기가 폭발적이었다는 사실은 우연이 아니다. 통역을 맡기도 하고, 스스로 설명에 앞장서기도 한 또 다른 슈퍼바이저 김강현 선생은 살아 움직이는 '자동응답기' 같은 존재다.

시설 전반에 관한 이해가 깊고, 활동력이 출중하다. 대학원에서 지금의 원장님을 만났다고 하는데, 아주 잘 맞는 콤비가 될 것 같다.

다른 분야도 그렇지만, 사회복지 시설을 제대로 운영하려면 혼자 힘으로는 어려운 것이다. 동지가 필요하고, 협력자가 요구된다. 김강현 선생은 분명히 한 몫 하는 조력자로 성장할 것이다.

김강현 선생은 일머리를 잘 아는 타입이다. 늘상 일의 흐름을 주시하고, 필요한 상황에 적절하게 개입한다. 실습생들의 처지를 잘 이해하고, 상응하는 조치를 취한다.

김강현 선생은 책상머리에서 학문을 전념하고 배우고 그러한 사람은 아니다. 그러나, 이론이 밝다고 해서 조직을 잘 꾸려가거나, 상황을 잘 장악하는 것은 아니다.

나오끼, 김강현 두 선생과 더불어 실습을 하게 된 것은 이번 실습생들의 행운임이 분명하다. 짧은 시간이었지만, 매일 저녁 5시에 열리는 반성회에서는 물론이고, 이동 중이거나 또는 저녁 늦은 시간에 사회복지 전반에 걸친 다양한 대화가 진행되었다.

우리 사회복지는 지금 새로운 도전에 직면해 있다.

기초생활보장제도가 도입되고, 의약분업이 시행되고 있으며 각종 연금제도가 정비되고 있다. 그러나, 삶의 질 향상을 원하는 각계 각층의 복지적 욕구는 날로 팽창하고 있고, 사회갈등은 그 폭이 넓어지고 있다.

이러한 갈등을 완충할 사회안전망은 허약하다.

실습 그 자체에 대한 지도도 중요하지만, 사회복지제도 전반에 관해 토론할 수 있는 좋은 슈퍼바이저를 만나게 된 기쁨과 추억을 오래도록 간직하고 싶다.

□ 실습내용에 대한 평가

전반적인 실습평가는 '전체 소감문'에 있다. 여기서는 노인주간보호센터 중심으로 서술한다.

＊노인주간보호센터의 일과는 대체로 다음과 같다.

09:00 - 모시러 가기, 차량 출발

09:30 - 이용자 맞이하기, 휠체어 밀어주기 등

10:00 - 이용자 도착, 건강체크, 목욕하기, 머리 말리기, 손 발톱 깎기, 녹차 마시기 등

11:40 - 식사준비 / 12:00 - 식사

14:30 ~ 15:30 - 간식준비 및 간식

15:30 - 돌아가실 준비 / 16:00 - 사요나라 / 대청소

16:50 - 종료

17:00 - 반성회

- 하루 이용자는 대체로 15명에서 20여 명 수준이고, 직원들은 6~7명 내외다. 이용자들의 연령은 대체로 75~80세 사이라고 한다.

- 우선, 노인센터 직원들 모두에게서 독특한 특징을 발견할 수 있다. 누구나 다 잘 웃는다는 점이다. 특히 마끼하라 노인센터 소장의 웃음은 그야말로 '작품'이다.

단추만 누르면 음악이 흘러나오듯, 마끼하라 소장은 노인들 앞에 서기만 하면 박장대소를 한다. 가히 엽기적이다. 처음에는 '쇼'(?)하는 것으로 착각할 정도였으나, 시간이 가면서 철저한 프로정신에서 나오는 웃음이라는 결론에 도달하게 되었다. 정도의 차이는 있지만, 모든 직원들이 성심껏 열심히 이용자들에게 봉사하려는 자세를 우리도 무조건 본받아야 하겠다.

- 노인들에게 가장 긴요한 서비스는 역시 목욕이었다. 자동 목욕시설이 잘 되어 있었다. 목욕은 이용자들이 시설에 도착한 후에 혈압 등 간단한 건강체크를 한 후 가장 먼저 하는 일과다. 청결한 상태에서 하루를 유유자적하면서 보낼 수 있는 노인들을 다른 노인들은 부러워할 것임에 틀림없다.

- '담소'(대화 / 말벗하기)는 역시 노인들에게 중요한 일과다. 오순도순 지난 날들을 담소하는 모습은 살아있는 인간의 정취를 느끼게 해준다. 직원들은 노인들이 편하게 담소할 수 있는 분위기를 만들려고 노력하고 있었다. 본인의 일본어가 짧아서 판에 끼지 못하는 것이 아쉬울 따름이었다. 외국에서의 실습에서는 당연히 어학실력이 중요하겠지만, 특히 노인시설에서는 그 진가가 더욱 빛날 것 같다.

- 노인주간보호센터의 주변 환경도 대단히 좋아 보였다. 시설이 위치한 곳이 농촌지역이어서이기도 하겠지만, 공기 좋고, 터가 넉넉하고, 동물들도 더러 있고, 프로정신이 투철한 직원들

이 있으니, 지상낙원이 어디메뇨? 여기로다.

　본인이 나이가 다소 많아서인지, 직원들이 과감하게 부려먹지는 않은 것 같았다. 그러나, 노인들에 어떤 서비스가 필요한지, 직원들이 이용자들을 어떻게 '케어'하고 있는지, 반드시 알아야 할 것들은 대충 챙긴 것 같다.

　□ 실습기관 평가 : 사회복지법인 동애회 / 아이노가와
　- 기본 이념과 운영에 대한 평가 : 아이노가와 동애회가 강조하는 기본이념과 운영방침은 기꾸찌 원장의 선도적인 사회복지 철학에 바탕하고 있다.
　- 사람과 사람의 관계를 복지의 기본으로 한다 : 우리 사회복지 분야에서 비인간적인 작태들이 횡행하는 것을 볼 때, 인간존중의 정신을 제대로 구현하는 모습은 실습생들이 반드시 배워야 할 점이다.
　- 지역속에서 생활을 지향한다는 점이다 : 사회복지 영역에서 지역사회의 역할은 점점 더 중요해지고 있다. '수용' '감금'은 지역사회에 대한 닫힌 모습이다. 지역사회에 열린 마음으로 다가가고 있다. 이사진들을 보호자들로 구성한다고 하였고, 지역축제에 적극 참여한다고 하였다.
　- 기꾸찌 원장은 사회복지의 시대적 흐름에 민감한 사람이다 : 잘 하는 일이다. 지역사회에 대한 관계 설정, 지방자치단체와의 관계설정 문제 등에 관심을 많이 기울이고 있다.
　- '이용자 중심'이라는 확고한 운영원칙이 있다 : 원장이나 직원은 이용자들이 있으므로 해서 존재한다. '이용자'들은 이곳

에서 주인으로서 생활한다. 직원들의 교육에도 이러한 원칙은 철저하게 관철된다.

- 경영관리는 적정, 합리적 그리고 효율성을 중시한다 : 직원들은 이용자의 보호자나 관청직원들 누구나 경영상태를 언제라도 들여다보아도 좋다고 말한다. 이용자 보호자들이 이사진을 구성하고 있다. 부정은 없다. 영양은 이용자들에게 충분히 공급된다. 총평은 A+다.

전체 소감문

- 실습기간이 너무 길다 : 실습은 8박9일로 이루어졌다. 그러나, 대부분의 실습생들이 직장인이어서 휴가 기간을 활용해야 한다. 아무래도 9일씩이나 짬을 내기는 어려웠을 것이다. 축소 조정이 필요하다.

- 실습 '도입부' 부분은 비교적 순조로웠다 : 도착한 날(7.31) 저녁, 오리엔테이션이 있었다. 원장님의 간단한 인사말씀과 질의응답이 있었다. 생소한 환경인지라 긴장했던 마음이 다소 풀렸다. 이튿날(8.1)은 각 시설에 대한 견학형식의 순회 오리엔테이션이 진행되었다. 무조건 현장에 투입하기보다는 이런 식으로 가볍게 접근하는 것이 실습생 입장에서는 부담이 없었다.

- 축제 참여, 이용자들과 동반나들이를 하다 : 이어서 8월 2일(토요일)에는 요이지 마쓰리(지역 축제)에 대한 설명을 듣고, 오후에는 이용자들과 함께 지역나들이를 하였다. 지역민들도 비교적 따스하게 맞아주는 것 같고, 이용자들도 쉽게 응해주어서

긴장했던 마음도 풀리고 다정한 마음까지 생기기 시작했다.

야간 축제에는 1시간 정도 도보 행진이 있었다. 지역민들과 함께 어울리려는 기관의 노력이 돋보였다.

- 가볍게, 분위기를 익히다 : 8월3일 오전에는 배정된 인원별로 실습장소로 떠났다. 고기샤로, 라이키엔으로…

오후에는 나스공육학원에서 직원들을 도와주는 일을 하게 되었다. 침구정리도 하고, 세탁물도 정리하고, 동물들에게 먹이도 주었다. 이어서 정원관계로 입소하지 못하고 대기중인 정신질환 이용자들이 이용하는 시설인 통소시설(주간보호소)에서 2시간 정도를 지내게 되었다.

말도 안 통하고, 이용자의 상태도 잘 모르고 해서 답답하고 긴장된 시간을 보냈다. 그러나, 이용자들과 조금은 친숙해질 수 있는 기회였던 것 같다.

- 노인시설에서 3일간(8월 4~6일) 풀타임으로 실습하다 : 8월 4일부터는 노인주간보호센터에서 3일간 본격적인 실습을 하게 되었다. 노인복지에 대한 관심이 많았던 터여서, 노인센터에서 실습하게 된 것을 내심 다행스럽게 생각하였다. 자세한 일과와 실습내용에 대한 평가는 별도의 난('실습내용에 대한 평가' 부분)에서 하였다.

- 매일 일과 후, 반성회를 하다 : 일과가 끝나면, 매일 저녁 5시경부터 '반성회'가 이루어졌다. 나오끼 선생의 주도와 김강현 선생의 통역으로 간단한 소감이나 질의응답이 진행되었다. 궁금한 사항에 대한 대화는 매우 유익했다. 특히 일본의 사회복지 정책이나 현황에 대한 대화가 사회복지 정책에 관심이 많았던 본

인에게는 대단히 유익했다.

　우리나라도 지금 사회복지 정책의 전환점에 서있다는 현실을 감안하여 이러한 '정책토론'의 기회가 많아지는 실습으로 발전하기를 바란다.

　- 종합평가 : 웃는 얼굴, 충분한 수면, 부지런한 몸놀림! 실습의 기본 자세다. 나스공육학원은 이러한 몸놀림을 배우기에 적합한 복지시설이다. 실습기회를 제공해준 분들께 감사드린다. 직원들께도 감사드린다.

　신영복 교수님의 '처음처럼'… 우리 모두 함께 꾸준히 발전하기를 기대한다.

눈물 젖은 사부곡

2003년 8월 1일자 〈주간동아〉 김기영 기자의 기사

"결혼생활 20여년 만에 처음 받아본 생활비 1백만원"

최근 김용석 청와대 비서관의 아내 안순분씨가 갑작스럽게 세상을 떠났다. 올해 초 남편이 청와대에 입성해 첫 월급을 받아오자 아이 같이 좋아한 아내였다.

80년대, 명문대 출신 노동운동가와 노동자로 처음 만나 부부이자 동지로 순탄치 않은 길을 걸어온 두 사람의 가난했지만 행복했던 지난 날을 취재했다.

지난 7월 2일 오전 5시 45분, 김용석 청와대 인사혁신비서관(54)은 아내 안순분씨(50)의 배웅을 받으며 여느 때처럼 집을 나섰다. 인천시 부평구 부평공원묘지 부근, 전세 2천 5백만원짜리 허름한 연립주택을 나서 전철과 버스를 갈아타며 1시간을 달려 청와대에 도착한 시각이 7시경. 김비서관은 평소처럼 샤워실에 들러 세수를 하고 구내식당에서 아침식사를 했다. 그리고 사무실로 돌아와 그날의 일정을 살피며 업무준비를 했다.

청와대 직원들에게 이 날은 특별한 날이었다. 오전 8시 반부터 노무현 대통령이 참석하는 직원조회가 예정돼 있었기 때문이다. 조회장으로 가면서 김비서관은 휴대전화를 껐다. 9시 반, 조회가 끝난 뒤 휴대전화를 다시 켜자 대학생인 큰아들의 다급한 메시지가 남겨져 있었다. 아들과 바로 연결되는 통화 버튼을 누르자 아들이 울먹였다.

"어머니가 위독해요. 지금 모시고 병원에 도착했는데 의사 말이 가망이 없대요."

눈앞이 캄캄했다. 오늘 아침까지도 멀쩡하던 아내가 아닌가. 그런데 가망이 없다니, 도대체 무슨 날벼락 같은 소리인가. 택시를 잡아타고 아내가 입원해 있다는 인천 길병원까지 달려가는 동안 그는 내내 '아파서 잠시 의식을 잃었을 뿐 아내에게 다른 일이 생긴 것은 아닐 거야'라고 되뇌었다.

병원에 도착했을 때 그를 맞이한 건 아내가 이미 이 세상 사람이 아니라는 이야기였다. 아내의 사망원인을 설명하는 의사의 목소리가 멀어졌다 가까워졌다 했다.

"집사람 얼굴을 보고 싶습니다."

그는 간신히 입을 열어 이렇게 말했다. 22년을 함께 살아왔건만 임종을 지키지 못했다는 자괴감이 그를 엄습했다. 영안실에서 만난 아내는 출근 전 보았던 얼굴 그대로였지만 이미 싸늘

하게 식어 있었다. 불과 몇 시간 전까지만 해도 "잘 다녀오라"며 밝게 웃던 그 사람에게 어떻게 이런 일이 생길 수 있을까.

사망 원인이 급성 심장마비라고 하는데 갑자기 일을 당할 만큼 평소 건강이 나빴던 사람도 아니다. 몇년 전인가 부정맥이라는 진단을 받기는 했지만 부정맥은 보통 사람에게도 흔히 나타나는 증상이 아니던가. 사는 게 바빠 건강검진도 제때 받아보지 못했는데 이런 일이 닥칠 줄이야. 마침내 아내의 죽음을 인정할 수밖에 없게 되자 그는 참았던 눈물을 쏟아냈다.

가난한 집안의 딸로 태어나 중학교를 간신히 마친 뒤 생업의 현장에 뛰어들었던 아내는 여공 시절 노동환경을 개선하기위해 격렬하게 싸운 투사였다. 그런 아내와의 만남과 결혼, 그리고 전셋방을 전전하며 가난하지만 따뜻하게 살아온 20여년의 세월이 그의 머릿속에 파노라마처럼 스쳐 지나갔다.

김비서관이 아내를 처음 만난 건 79년, 그가 명동대학생모임 사건으로 4년간의 옥고를 치른 뒤 서울의 한 방직공장에 취직해 노동운동을 할 때였다. 당시 아내는 어린 나이에 생활전선에 뛰어든 뒤 몸으로 노동현실을 깨친 실천가였다. 노동조합 활동에 열성적으로 가담했고 노조 부지부장까지 역임할 정도로 책임감도 높았다. 그러나 다니던 회사가 화재로 문을 닫으면서 안씨는 직장을 잃었다.

그뒤 노동운동가들이 돈을 모아 차린 '공단서점'의 관리인으로 일하게 됐는데, 그곳에서 두 사람이 처음 만났다. 공단서점은 당시 서울시 구로구 가리봉동 5거리에 있던 작은 서점. 구로

구 일대 노동운동가들의 아지트 비슷한 곳이었는데 각종 노동법 관련 도서와 사회과학 서적을 구해볼 수도 있었고, 현장 활동가들끼리 서로 연락을 남길 수도 있었다. 김비서관도 공단서점을 자주 드나드는 사람 중 하나였고, 두 사람의 인연은 그렇게 시작됐다.

"처음부터 결혼할 생각이 있었던 건 아닙니다. 서점에서 처음 봤을 때 아내는 수녀가 될 준비를 하고 있다고 했어요. 집사람의 첫인상은 무척 지쳐 보였습니다. 세상사에 시달리고 사람 관계에 치이면서 종교에 귀의할 생각을 하고 있었던 겁니다. 그런 아내에게 '그런 선택이야말로 도피다. 인간은 원래 악한 존재가 아니라 환경에 지배를 받을 뿐이다'라며 함께 지금의 어려움을 극복해가자고 설득했어요. 그렇게 오랜 시간 서로의 문제를 두고 대화를 나누면서 가까워졌고 마침내 결혼에 이르게 된 거죠."

그는 아내와의 추억을 담담하게 이야기했다. 요즘 사람들에겐 삼엄한 노동운동 현장에서 만나 어렵게 키워온 아름다운 사랑 이야기로 들릴 수 있지만 결혼을 앞두고 두 사람이 겪은 고통은 이루 다 말할 수 없다.

김비서관은 서울의 명문대(연세대) 출신인 반면 아내는 가난한 집안의 딸로 중학교 졸업이 학력의 전부였다. 지난해 작고한 그의 아버지는 두 사람의 결혼을 극구 반대했다. 경찰서장 출신인 그의 아버지는 아들이 4년간 옥고를 치르는 동안 단 한 차례의 면회도 오지 않을 만큼 완고한 분이셨다. 아버지는 내로라 하는 대학을 나온 아들이 못 배우고 가난한 집 딸과 결혼하는 것을 끝내 못마땅하게 생각했다. 하지만 주변의 반대도 두 사람의 사랑을 끊어놓지는 못했다.

"어떤 어려움이 있더라도 남을 위해 살자던 우리 처음 맹세를 잊지 말자."

두 사람은 이렇게 다짐했다. 비록 아무 것도 없이 시작하지만 부정한 것을 탐하지 말고 언제나 인생의 원칙을 지키며 살자고도 약속했다. 81년 봄, 두 사람은 마침내 한 가정을 이뤘다.

그러나 그 후의 삶은 고단했다. 노동운동과 재야운동의 현장을 오가는 그에게 풍요로운 결혼생활은 애당초 기대할 수 없었다. 그를 대신해 아내가 생업에 나서기도 했다. 남편이 6남매의 맏아들인 까닭에 시부모를 모시고, 세 아이의 뒷바라지까지 해야 했던 아내에게 안락한 삶을 기대하는 것 자체가 사치였을지도 모른다.

생전 처음 해외여행, '집 한채 있었으면…' 바라던 아내의 말

그러한 처지에서도 아내는 순수한 소녀 같은 마음을 잃지 않았다. 김비서관의 대학동문으로 함께 재야운동을 했고, 지난해 부부동반으로 함께 여행을 가기도 했던 김학민씨(학민사 대표)는 안씨를 "참 마음이 순수한 분"이라고 기억했다.

"지난해 10월쯤인가, 김비서관 부부와 우리 부부 등 네 쌍이 중국 연변을 거쳐 백두산에 오르는 단체관광을 간 적이 있어요. 당시 '평생 처음 가는 해외여행'이라며 소녀처럼 기뻐하고 감격해하던 부인의 모습을 잊을 수가 없습니다. 우리가 묵은 숙소가 중국의 중급 호텔이었는데 '호텔이 이런 곳인 줄 처음 알았다. 호텔 구경을 하게 돼 정말 좋다'며 마냥 즐거워하더라고요."

민주화 운동을 하던 사람들이라고 다 그런 것은 아니지만 김비서관은 유독 재산 불리는 데 관심이 없는 사람이다. 청와대 1급 비서관이면서도 그는 전철로 출퇴근한다. 청와대 1급 비서관이라서가 아니라 50대 가장이라면 탐낼 법한 자동차가 아예 없다. 심지어 "내 인생에 자동차를 탈 일이 없는데 운전면허가 무슨 필요가 있냐"며 운전면허 따는 것에도 관심이 없다고 한다.

그래서 재야운동가 시절, 그는 아무리 흥겨운 술자리도 밤 10시 반이면 자리를 떴다. 전철이 끊기면 부평 집까지 갈 길이 막막해지기 때문이다. 심야택시를 탄다거나 여관에서 외박을 한다는 것은 상상도 할 수 없는 일이었다. 그럴 마음도, 경제적 여유도 없었다.

노동운동, 재야운동을 거쳐 그는 88년, 김대중 전 대통령이 평화민주당 총재로 있을 때 입당해 정치권과 인연을 맺었다. 87년 대통령 선거 때 김대중 후보의 상대적 진보성에 주목하고, 지지한 재야 인사들을 '비판적 지지론자(비지론자)'라고 부르는데, 김비서관도 그중 한 사람이었다. 대선이 끝난 뒤 그를 비롯한 비지론자들은 차제에 정당에 입당해 본격적으로 김대중 총재를 돕기로 작심했다.

그 첫 번째 계기가 88년 봄 14대 총선이었다. 김영삼 총재의 통일민주당과 갈라서면서 절대적으로 인재가 부족했던 평민당은 비지론자 재야인사들을 대거 영입해 지역구에 출마시켰다. 김비서관도 그때 그야말로 '얼떨결에' 인천 부평에서 출마했다. 하지만 이것이 그에게 처음이자 마지막 출마였다.

그후 정당인으로, 지방자치단체장 비서실장으로 활동했지만 정치인으로서는 그다지 성공을 거두지 못했다. 시쳇말로 가진 것 없고 '빽'도 없는데다 '융통성'마저 없던 그에게 정글 같은 정치판에서 살아남기란 애당초 불가능한 일이었는지도 모른다.

그런 남편을 내조하는 아내의 생활도 편할 리 없었다. 성장배경이 다른 까닭에 아내는 남편 형제들과도 잘 어울리지 못했다. 함께 사는 시부모들로 인한 마음고생도 비켜갈 수 없는 짐이었다. 독실한 가톨릭 신자였던 아내는 삶이 고단하고 힘들 때마다 성당을 찾아 조용한 명상으로 마음을 다스리곤 했다.

김비서관은 "비록 가난하지만 원칙과 벗어나는 타협은 하지 않았다"고 자부한다. 청와대 인사혁신비서관의 역할은 행정자치부, 중앙인사위원회, 국무총리조정실 등 정부부처의 인사 관련 기능을 청와대 차원에서 조율하고 점검하는 것. 또 정부투자기관, 정부산하 연구기관의 인사기능 점검도 그가 챙겨야 할 업무다.

이처럼 정부의 인사 관련 업무를 조율하는 중요한 자리에 있다 보니 주변의 청탁이 끊이질 않는다. 그러나 그는 그런 요청을 대쪽같이 거절한다. 지금까지 적당히 타협하며 살아오지 않았는데 청와대 비서관 자리에 있다고 그 원칙이 달라지는 건 아니라는 것이다.

하지만 가정적으로 그는 '무능한 가장'이라는 비판에서 벗어날 수는 없다. 누구나 어려웠던 고난의 80년대에는 그렇다 쳐도 90년대 2000년대에 들어서도 가족들을 가난에서 벗어나지 못하게 했고, 나이 50세가 넘어서도 전셋집을 전전한 것이 자랑스러운 이력일 리 없다. 가난을 부끄러워하지 않았지만 그래도 가끔 "우리집 하나쯤은 있어야 하는데" 하는 말을 입버릇처럼 하곤 했던 아내가 떠난 지금, 그는 그런 아내의 넋두리가 그렇게 한스러울 수 없다고 한다.

"하지만 우리는 한 번도 가난을 불행으로 생각하지 않았습니다. 아내가 죽자 나와 우리 가족이 부평의 허름한 동네에 산다는 신문기사가 났더군요. 나는 못 느꼈는데 아이들은 상처를 받은 것 같아요. 우리는 스스로 한 번도 가난한 동네에 산다고 생각해본 적이 없는데 언론에서 그렇게 표현하고, 주변에서 뭐라고들 하니까 신경이 쓰이는 모양이더라고요."

아내에게 가장 행복했던 순간은 언제였을까. 김비서관은 "아마 나의 청와대 입성이 평생 가장 큰 기쁨이었을 것"이라고 말한다.

"집사람은 처음에 청와대 비서관이라는 직책이 뭔지 잘 몰랐어요. 그런데 인수위원회 시절, 청와대 비서관 내정자라고 내 이름이 언론에 나고 하니까 주변 사람들의 태도가 달라지는 거예요. 아내에게 '축하한다'는 인사가 쏟아지고, 심지어 어떤 동네 분은 우리 마을의 오랜 숙원사업을 들고 와 남편을 통해 해결해달라고 부탁까지 했다는 겁니다. 이런 주변의 반응에 어리둥절하던 아내도 마침내 내가 남들이 선망하는 자리에 가게 된 것을 알고는 크게 기뻐했어요. 큰아이가 대학에 합격했을 때도 좋아했지만 아마 내가 청와대 비서관으로 발탁된 것이 아내에게는 가장 행복한 뉴스였을 겁니다."

아내를 기쁘게 한 사건이 또 하나 있다. 3월부터 남편이 생활비를 가져다 주기 시작한 것이다. 김비서관이 아내에게 준 돈은 월급의 일부인 1백만원이 전부. 하지만 지난 3월 말부터 꼬박꼬박 손에 쥐게 된 1백만원은 지금까지 아내가 남편에게서 받은 월 생활비로는 가장 큰 액수였다.

가난했지만 언제나 서로 존중했고 사랑했다

그러나 그 작은 행복은 오래가지 않았다. 아내가 세상을 떠난 게 7월 2일. 남편이 제대로 된 월급을 받기 시작해 '생활비'라는 것을 따로 받아본 지 겨우 넉달 만에 세상을 떠나고 만 것이다.

'가난한 청와대 비서관과 그 아내의 죽음'을 취재하기 위해 기자는 두 차례 김비서관을 만났다. 처음 만났을 때 그는 "언론이 괜히 우리 얘기를 미화하고 있다"며 취재를 꺼렸다. 자신과 아내의 삶이 사실과 다르게 알려진 점이 많다는 것이다. 그는 "가난했지만 아내와 나는 언제나 동지처럼 서로 존중했고 사랑했다"고 말했다. 기자와의 몇 차례 만남 끝에 그는 어렵게 몇 달 전 아내가 눈물을 흘렸던 일을 들려줬다.

　　"청와대 월급을 받은 지 두 달째 된 어느 날이었습니다. 집 사람과 이런저런 얘기를 하다가 '언제라도 청와대 비서관직을 그만둘 수 있으니 마음의 준비를 하라'고 말했습니다. 내가 하는 일은 사심이 있어서는 안되고, 만약 그런 상황이 온다면 당장이라도 그만둘 결의로 일하겠다는 각오를 말하려는 것이었는데 갑자기 아내가 눈물을 뚝뚝 흘리는 겁니다. 아내는 '그만 두겠다'는 말만 듣고는 당장 사표를 내는 것으로 오해했던 모양이에요. 결혼생활 22년 만에 처음으로 제대로 된 월급을 받고, 작은 돈이지만 계획을 갖고 쓸 수 있는 처지가 됐는데 그만두겠다고 하니 억장이 무너지지 않았겠습니까."

　　아내가 세상을 떠난 뒤 김비서관에게 작은 변화가 생겼다. 저녁약속을 일체 잡지 않는다는 것. 갑작스럽게 엄마를 잃은 충격에 빠져 있는 아이들과 더 많은 시간을 보내기 위해서다. 아직 감수성이 예민한 중학교 3학년 딸아이와 초등학교 5학년짜리 막

내 아들에게 어머니의 빈자리를 채워주고 싶은 절박한 심정에 그는 오후 6시만 되면 마음이 초조해진다고 한다.

"동네 할머니 한 분이 와서 집안일을 돌봐주고 계세요. 하지만 상실감에서 헤어나지 못하는 아이들에게 정말 필요한 것은 충분한 대화라고 생각해요. 그래서 곧장 집으로 달려갑니다. 지금 내게 가장 중요한 것은 혼란에 빠진 우리 아이들을 잘 지켜내는 것이니까요."

처음 부인상을 당했을 때 주변 사람들은 넋이 나간 그를 보고 안타까워했다. 그리고 충격에서 헤어나지 못하는 건 아닌가 걱정하는 이도 있었다. 그러나 다행히 씩씩하게 위기를 극복하고 있는 것 같았다. 아내를 대신해 아이들을 돌봐야 하는 강한 아버지로 변해가고 있었다.

잠깐의 인터뷰가 끝나자마자 그는 잘 가라는 인사도 하는 둥 마는 둥 하고 허겁지겁 자리를 떴다. 인터뷰 내내 울려대는 휴대전화는 또 얼마나 취재에 방해가 됐던가. 다음 약속 때문에 시간을 많이 낼 수 없다고 사전에 양해를 구하기는 했으나 급히 자리를 뜨는 취재원의 뒤통수에다 인사를 해야 하는 기자로서는 조금 서운한 느낌이 드는 건 어쩔 수 없었다.

그러나 어디론가 달려가는 그의 뒷모습을 우두커니 바라보고 있으려니 문득 이런 생각이 들었다. '어려운 시절을 함께 보내며 고생한 아내를 이제 겨우 고생이 끝날 듯하니까 돌연 잃게 된 초로의 남자가 본능적으로 깨달은 상처 치유의 방법이 바로 일 속에 자신을 내던지는 것은 아닐까' 하고 말이다.